国家"十一五"科技支撑计划项目（2008BAD96B08）
国家自然科学基金青年基金项目（51208419）
教育部人文社会科学研究青年基金项目（17YJCZH060）
陕西省教育厅项目（12JK0927）

退耕还林背景下陕北丘陵沟壑区乡村聚落变迁与发展研究

贺文敏　著

中国建筑工业出版社

图书在版编目(CIP)数据

退耕还林背景下陕北丘陵沟壑区乡村聚落变迁与发展研究 / 贺文敏著. —北京：中国建筑工业出版社，2020.2
ISBN 978-7-112-24835-3

Ⅰ.①退⋯ Ⅱ.①贺⋯ Ⅲ.①丘陵地-沟壑-乡村-聚落地理-研究-陕北地区 Ⅳ.①K928.5

中国版本图书馆CIP数据核字(2020)第024638号

策　　划：中国建筑工业出版社华东分社
　　　　　（Email：cabp_shanghai@qq.com）
责任编辑：胡　毅
责任校对：党　蕾

退耕还林背景下陕北丘陵沟壑区乡村聚落变迁与发展研究

贺文敏　著

*
中国建筑工业出版社出版、发行（北京海淀三里河路9号）
各地新华书店、建筑书店经销
南京展望文化发展有限公司制版
北京市密东印刷有限公司印刷
*

开本：787毫米×1092毫米　1/16　印张：15½　字数：326千字
2020年11月第一版　　2020年11月第一次印刷
定价：138.00元
ISBN 978-7-112-24835-3
（35382）

版权所有　翻印必究
如有印装质量问题，可寄本社图书出版中心退换
（邮政编码100037）

内 容 提 要

  陕北丘陵沟壑区最突出的问题是生态环境退化和农民的贫困,它们放大了生态不安全、社会不稳定的累积效应,这些皆与区域发展方式不合理有关。退耕还林工程的实施有效遏制了生态退化,对陕北丘陵沟壑区乡村聚落的发展起到了促进作用。但是,脱离当地生产生活需要、背离地域文化、一味追求城市化的乡村聚落规划方法与营建模式,正在进一步加重该区域的生态负担,加剧资源损毁。陕北丘陵沟壑区乡村聚落长久以来一直都是以传统农耕为主要的生产方式,因此乡村聚落主要依据所处地形特征进行分类,现在由于退耕还林的影响,该地区乡村聚落的生产方式发生了巨大的变化,产生了不同的产业模式。

  本书立足于国家生态安全战略格局的高度,通过分析退耕还林工程对陕北丘陵沟壑区乡村聚落的影响,揭示该地区乡村聚落营建特点、地域文化特征以及人与资源相互关系等方面内容,提出了以不同产业模式划分乡村聚落类型的方法,并根据产业模式的不同特征,探讨了三种陕北丘陵沟壑区乡村聚落适宜的发展建设模式,并针对模式的选择、技术支持、影响因子、乡村聚落发展模式等方面进行了详细的论述,有助于指导新型农村社区建设,有利于缓解人居矛盾,并为后续黄土高原丘陵地区的乡村聚落建设研究提供可靠依据,进而实现该地区乡村人居环境的可持续发展,对探索严峻生态环境条件下的高原人居环境可持续发展理论作出一定的贡献。

  本书主要适合两类读者群体阅读:第一类是研究黄土高原及西北地区传统建筑聚落现状及未来发展模式的相关领域学者及专业人士,包含建筑学专业的学生、教师、研究者等;第二类是针对本研究将陕北乃至黄土高原地区乡村聚落未来发展模式应用于实践的当地政府及乡民,对于促进当地建筑聚落发展、乡村规划及产业模式选择具有实际的参考价值。

序

中国建筑在繁荣的背后,面临着丧失本土文化的深刻危机。在欣欣向荣的建筑市场中地域文化的失落、城市"大建设"高潮中对传统文化的"破坏"、全球化对地域文化的冲击是时下建筑界面临的重大问题。当代中国很多标志性的建筑,"漠视中国文化,无视历史文脉的继承和发展,放弃对中国历史文化内涵的探索",致使本土建筑文化几无立锥之地。针对目前全球化带来的"强势"文化,处于"弱势"的本土建筑文化如果缺乏内在的活力,没有明确的发展方向和自强意识,不去自觉地保护与发展,就会显得被动,有可能丧失自我的创造力与竞争力,淹没在世界"文化趋同"的大潮中。在汹涌而至的全球化进程中,我们必须在学习汲取先进的科学技术,创造全球优秀文化的同时,对中华民族本土建筑文化保持"一种文化自觉的意识,文化自尊的态度,文化自强的精神"。[①]

乡土建筑是中华民族本土建筑文化的重要构成内容。乡土建筑具有的地域原型特点,可以启发我们追溯原型与探讨新的范式。我们应该总结中国各地民居的基本类型、各种类型建筑的发展源流、聚居形式的发展及演变轨迹,在找出原型及其发展变化的基础上理出其发展规律,并重返建筑学的基本原理。当代建筑应该从乡土建筑中学习这样一种智慧:即使在资源高度约束的条件下,也能够营造出引人入胜的建筑。在传统的乡土建筑中,我们看到这样一种情景:人们只是使用当地的建筑资源,却

---

① 引自吴良镛《论中国建筑文化的研究与创造》。

可以恰到好处地解决功能与形式、文化与技术、营造与环境的关系,并且把经费控制在很低的范围内。在这里,乡土建筑很好地诠释了"适用"、"经济"、"美观"的基本原则,理应成为现代建筑学习的榜样。

西北地区是中华民族建筑文化遗产的宝库。西北在行政区划上包括陕西、甘肃、宁夏、青海、新疆以及内蒙古的一部分,总面积约占全国的32.4%,总人口约为全国的7%。大西北地域辽阔,资源丰富,民族众多,文化积淀深厚,当地民居地域性特色鲜明。陕西、甘肃是中华文明的重要发祥地之一,历史上周、秦、汉、唐四大盛世的重要建筑遗产多积淀于此。自汉朝以来,始于长安通过河西走廊的丝绸之路横贯东西,连接亚欧大陆,融汇了中华文化、印度文化、伊斯兰文化和欧洲文化,推动了世界文明的进程。丝绸之路中国段的文化遗迹主要集中在中国的西北地区,丝绸之路沿线的聚落与民居营建也体现了这种多元文化交融的特征。西北地区也是多民族聚集地区,不同民族在长期的发展过程中形成了特色鲜明的聚落形态以及多种类型的建筑风格和营造技术,创造了丰富多彩的具有鲜明民族个性与地域特征的文化,充实了中华建筑文化的宝库,也是中国传统民居中最具鲜明特色的丰富多彩的大舞台。

西北是各类生土建筑的地域基因库。西北地区自然生态环境脆弱,历史上自然灾害与战争频仍等多种原因,导致西北地区经济薄弱,城乡布局分散,贫困人口较多。然而数千年来,在贫乏的物质生活条件下,西北地区各族人民积极探索对地方自然资源最有效的利用途径,摸索出用最经济的办法获取最丰富居住空间的营造方式,建造出各种类型的地域聚落、民居建筑,许多都成功地延续到今天,成为人类文化遗产。黄土高原地区,人们在厚厚的黄土地、黄土坡上挖掘窑洞居住;新疆、宁夏、甘肃河西走廊以及青海大部分地区,人们大量使用生土作为建筑材料,建造出各类以夯土墙、土坯墙为围护体的生土建筑,如新疆吐鲁番的土拱建筑、和田的阿以旺民居、青海的庄廓院等。窑洞与生土建筑,适应了西北地区的自然和社会条件,形成了低能耗、低成本、与环境融合的聚落营造模式,成为探索我国生态建筑、可持续建筑原型的"地域基因"库。

西北也是各民族文化碰撞和相互交融的舞台。西北是中国北方游牧文明与农耕文明的交汇处,历史上两种文明的冲撞与融合使得这一地区的聚落环境独具特色。如长城沿线的许多聚落就是当年戍边屯垦的军事堡寨的演变与延续。这些当年具有军事防卫功能的建筑形式,演变成为今天散布在陕北榆林地区、宁夏南部地区以及甘肃河西走廊地区的传统民居土堡子、高房子等,也构成了当地民居的地域特征。西北地区的社会结构是多民族并存,每个民族都有着自己独特的文化传统、民族风情、聚落特征及住宅表现形式。西北文化较之于东部文化更加多姿多彩,具有鲜明的多样性和民族特色,保留着较多的原生态文化形态,具有无穷的魅力和较高的生存智慧与美学价值。

西北民居在长达数千年的历史演进中变化缓慢,聚落和民居形制与当地气候、地貌、资源和谐共生。直到20世纪80年代,随着改革开放对农村生产力的解放,农村经济状况逐步改善,同时中国城市化进程加快,对西北民居产生了重要影响,传统民居的建筑风格、营建技术遭到前所未有的冲击。渭北高原的窑洞村落自20世纪90年代以来形成了"弃窑建房,别窑下山"的局面,在下沉式窑洞密集的陕西淳化、永寿,甘肃庆阳等县,今天已很少能见到"进村不见房,闻声不见人"的地下居住景观了,取而代之的是高门楼砖瓦房。21世纪以来,在政府的新农村建设倡导下,西北地区迎来了大规模的村庄建设高潮。此时的村落规划、民居营建在民居地域文化的传承与生态技术层面,遇到了前所未有的挑战。在当代社会变革的冲击下,面对价值观念、生活方式的深层变化,西北乡村民居营建呈现出盲目、无序、缺少技术指导的趋势。探寻西北新农村建设,在传承历史文脉与生态智慧的宗旨下,如何走可持续发展之路,是当今民居研究者的历史使命。

正是在上述背景下，本人自2011年开始策划推出了《西北生态环境与乡土建筑》丛书，主体内容来自由本人主持的西安建筑科技大学研究团队的博士研究生论文，主题涉及西北干旱区绿洲聚落、陕甘宁生态脆弱地区乡土建筑、黄土高原旱作农业区传统聚落、明长城沿线军事寨堡聚落等，内容丰富，并且在绿洲建筑学等方面的研究上具有开创性，本书的退耕还林背景下陕北丘陵沟壑区乡村聚落研究亦为上述主题之一。上述研究的角度，聚焦于乡土聚落、地方民居营造与西部生态环境、地域资源环境之间的相互关系，揭示出乡土建筑对地域生态环境的适应性特征及营造智慧，反映出乡土建筑在利用水资源、土地资源、建材资源和适应当地气候环境等方面的显著特征，不但能够为今天呼唤低碳经济、生态建筑提供借鉴，同时也将有助于探索"在低资源下建设高文明"的中国特色的建筑理论体系。

前　言

陕北地区一直都是中国生态环境最为脆弱的地区之一，以丘陵、沟壑为代表的典型生态脆弱地区不同程度地面临着自然灾害频发、生态系统失调、社会经济落后等众多严峻的问题。在这样一个受多种条件制约的区域中，人类应该如何适应、改善脆弱的自然生态环境，尽可能协调建筑、聚落与资源、经济、社会之间的内在矛盾，建立起符合该区域整体特征、生产生活规律的乡村聚落发展建设模式，无疑是当前迫在眉睫需要解决的首要问题。

针对以上问题，1999年党中央提出在生态环境脆弱的中西部地区首先实施退耕还林工程的重大决策，这无疑是陕北丘陵沟壑区的历史机遇。这一决策经过十多年的实施，对陕北丘陵沟壑区影响巨大，该区域的生态环境改善显著，生产生活方式发生转变，人居环境大幅度改善，乡村聚落的选址、规模及分布方式转变，乡村聚落的功能与结构体系转变，乡村聚落的发展建设模式不断更新，等等。

然而截至目前，针对退耕还林对陕北丘陵沟壑区乡村聚落的影响方面的研究极为匮乏。有关退耕还林的研究主要集中在生态环境、退耕还林相关技术以及退耕还林理论这几方面，但是有关退耕还林与乡村聚落之间耦合关系的研究很少。实际上，退耕还林工程对于改善陕北丘陵沟壑区生态环境效果显著，同时也对该地区乡村聚落产生了巨大的影响，使其开始由"分散"逐渐走向"集聚"的发展建设模式。现有研究主要侧重于研究生态环境、生产生活方式、经济发展变化对乡村农户的生活以及当地经济带来的影响，没有系统总结退耕还林工程实施之后，乡村聚落发生了哪些变化，产生了哪些新的变迁特征。退耕还林后，由于传统的农耕生产方式受到巨大冲击，新的生产建设模式对乡村聚落的影响逐渐加剧，致使该地区乡村聚落的发展建设获得前所未见的更新，由此产生了新型的乡村聚落营建模式，而针对新产生的乡村聚落发展建设模式以及类型的研究几乎没有。由此，迫切需要针对退耕还林后该地区发生的诸多变化以及与乡村聚落之间的关系展开系统、翔实的科学研究，从认识论、方法论和技术层面全面剖析该地区乡村聚落在退耕还林后发展建设模式的更新及其发展类型，寻求生态环境改善之后乡村聚落的发展规律，并积极探索适宜的乡村聚落建设理论与可操作模式。

本书基于国家"十一五"科技支撑计划重大项目中的"西北旱作农业区新农村建设关键技术集成与示范"课题（2008BAD96B08）、国家自然科学基金青年基金项目"农业转型期西北旱作区乡村聚落形态严禁机制及营造模式研究"（51208419）、陕西省教育厅项目"现代农业转型背景下陕北旱作区聚落更新与营建模式研究"（12JK0927）、教育部人文社会科学研究青年基金项目（17YJCZH060）的研究成果。研究以特定区域生态环境改善与乡村聚落发展建设的内在关联作为切入点，综合运用可持续发展理论等指导理论、方法，通过广泛的调查与深入的资料搜集，以退耕还林对陕北丘陵沟壑区的影响为契机，寻找、揭示在新的历史机遇里影响该地区乡村聚落的形成、发展及建设的主要因素、特定规律与主要特征，进而挖掘出生态环境改变对区域乡村聚落发展建设模式及类型的影响规律，探索适宜该地区的乡村聚落发展建设模式。

本项研究的创新之处概括如下：

（1）通过对陕北丘陵沟壑区乡村聚落生态环境和形态特征的考察与分析，解析该地区生态环境演变与乡村聚落历史变迁的耦合效应，首次揭示了陕北黄土丘陵区乡村聚落应对生态环境变迁的营造策略与智慧。

（2）突破传统建筑学科以文化或社会作为主要研究架构的取向局限，从退耕还林入手，结合区域特点，选取陕北丘陵沟壑区为研究对象，解析退耕还林对陕北丘陵沟壑区乡村聚落的影响。

（3）通过解析退耕还林对陕北丘陵沟壑区乡村聚落的影响，构建适用于该地区的、可持续发展的、绿色建筑技术与地域文化相结合的乡村聚落规划方法与发展模式，探索乡村聚落的规划与设计方法，进一步完善城乡规划理论体系。

本书力求图文并茂，可供建筑学、城乡规划学、生态脆弱研究等领域的专业学者、大中专院校的学生、行政管理部门参考，同时亦可供关注中国西部生态脆弱地区当代乡村弱势群体发展的公众人士阅读。

贺文敏

2019年8月

目　　录

序 / 王军

前言

1 引论 …………………………………………………………………… 1
 1.1 核心概念与理论解析 ………………………………………………… 2
  1.1.1 乡村聚落的界定 ……………………………………………… 2
  1.1.2 退耕还林 ……………………………………………………… 4
  1.1.3 可持续发展理论 ……………………………………………… 4
 1.2 背景与核心问题 ……………………………………………………… 5
  1.2.1 研究背景 ……………………………………………………… 5
  1.2.2 历史的机遇 …………………………………………………… 9
  1.2.3 核心问题 ……………………………………………………… 10
 1.3 研究综述及未涉及的问题 …………………………………………… 11
  1.3.1 研究综述 ……………………………………………………… 11
  1.3.2 既往学术研究未涉及的问题 ………………………………… 13
 1.4 研究目标与思路 ……………………………………………………… 13
  1.4.1 研究目标 ……………………………………………………… 13
  1.4.2 研究思路 ……………………………………………………… 14

2 陕北丘陵沟壑区自然生态环境历史演变与乡村聚落历史变迁 …… 15
 2.1 生态环境历史演变 …………………………………………………… 15
  2.1.1 历史时期生态环境演变 ……………………………………… 15
  2.1.2 近现代时期生态环境演变 …………………………………… 23
  2.1.3 生态环境现状 ………………………………………………… 24

2.2 乡村聚落历史变迁及特征 ·· 26
    2.2.1 乡村聚落类型划分及特征 ···································· 26
    2.2.2 乡村聚落的变迁及特点 ······································ 29
    2.2.3 乡村聚落空间及用地特点解析 ································ 35
    2.2.4 乡村聚落布局方式 ·· 39
    2.2.5 乡村聚落空间结构特征 ······································ 44
2.3 影响乡村聚落变迁的因子及其权重 ···································· 46
    2.3.1 影响乡村聚落变迁的一般性因子及其权重 ······················ 46
    2.3.2 影响乡村聚落变迁的地域性因子及其权重 ······················ 52
2.4 生态环境演变与乡村聚落变迁耦合关系解析 ···························· 63
    2.4.1 生态环境对乡村聚落的作用 ·································· 63
    2.4.2 乡村聚落对生态环境的作用 ·································· 66

3 退耕还林对陕北丘陵沟壑区乡村聚落的影响 ································ 68
3.1 退耕还林实施背景与基本问题解析 ···································· 68
    3.1.1 实施背景 ·· 68
    3.1.2 基本问题解析 ·· 68
    3.1.3 发展历程 ·· 72
    3.1.4 陕西省实施现状 ·· 73
3.2 影响因子 ·· 81
    3.2.1 自然因子 ·· 81
    3.2.2 人文因子 ·· 82
3.3 退耕还林的影响——非空间维度 ······································ 84
    3.3.1 生态环境改善 ·· 85
    3.3.2 生产生活方式转变 ·· 86
    3.3.3 人居环境改善 ·· 89
    3.3.4 社会传统观念转变 ·· 92
3.4 退耕还林的影响——空间维度 ·· 92
    3.4.1 乡村聚落选址、规模及分布方式的变化 ························ 92
    3.4.2 乡村聚落功能与结构体系的转变 ······························ 93
    3.4.3 乡村聚落营建模式更新 ······································ 97
    3.4.4 建筑院落及单体建筑转型 ···································· 98
    3.4.5 乡村景观的变化 ·· 99

4 典型案例解读 ... 102
4.1 榆林地区绥德县——韭园乡高舍沟村 ... 102
4.1.1 基本概况 ... 102
4.1.2 退耕还林前后高舍沟村概况 ... 103
4.1.3 建筑形态的变迁 ... 107
4.1.4 其他 ... 109
4.1.5 现存问题 ... 112
4.2 延安地区吴起县——吴起镇马湾村 ... 113
4.2.1 基本概况 ... 113
4.2.2 退耕还林前后马湾村概况 ... 113
4.2.3 建筑聚落形态的变迁 ... 114
4.2.4 其他 ... 118
4.2.5 现存问题 ... 120
4.3 延安地区安塞县——沿河湾镇侯沟门村 ... 123
4.3.1 基本概况 ... 123
4.3.2 退耕还林前后侯沟门村概况 ... 123
4.3.3 建筑形态的变迁 ... 127
4.3.4 其他 ... 130
4.3.5 现存问题 ... 134
4.4 影响因子及权重 ... 138
4.5 陕北丘陵沟壑区乡村聚落退耕还林后现存问题解读 ... 140
4.5.1 传统窑居建造技术的停滞不前和新技术的表面化文章 ... 140
4.5.2 新建建筑群落与陕北地区的生态环境不相融 ... 142
4.5.3 忽视地域文化，脱离农户需求的集中式居住群落规划设计方式 ... 144
4.5.4 缺乏规划的散落式建筑群落，人居环境混乱不堪 ... 146
4.5.5 乡村基础设施后期管理滞后 ... 147

5 退耕还林后陕北丘陵沟壑区乡村聚落发展建设模式及类型 ... 150
5.1 退耕还林前乡村聚落类型划分 ... 150
5.1.1 沟壑山地型乡村聚落 ... 150
5.1.2 小流域川道型乡村聚落 ... 155
5.1.3 台塬型乡村聚落 ... 157

5.2 退耕还林后乡村聚落变化概述 ···159
    5.2.1 生态环境的变化 ··159
    5.2.2 生产方式的变化 ··160
    5.2.3 生活方式的变化 ··161
    5.2.4 人居环境的变化 ··162
    5.2.5 社会传统观念的变化 ···162
    5.2.6 乡村聚落选址、规模以及布局方式的变化 ···163
5.3 以产业模式类型划分乡村聚落建设类型 ···164
5.4 模式一：以维护生态修复成果为主的乡村聚落发展建设模式 ···································165
    5.4.1 模式的选择 ···165
    5.4.2 相关技术支持 ···165
    5.4.3 影响因子解析 ···166
    5.4.4 乡村聚落发展建设模式 ··169
5.5 模式二：以设施农业及设施养畜业为主的乡村聚落发展建设模式 ····························176
    5.5.1 模式的选择 ···176
    5.5.2 相关技术支持 ···178
    5.5.3 影响因子解析 ···179
    5.5.4 乡村聚落发展建设模式 ··181
5.6 模式三：以旅游开发为主的乡村聚落发展建设模式 ···184
    5.6.1 模式的选择 ···184
    5.6.2 模式分类 ··184
    5.6.3 影响因子解析 ···187
    5.6.4 乡村聚落发展建设模式 ··188

附录 ···193
    附录一 退耕还林实施现状 ···193
    附录二 退耕还林相关政策 ···199

参考文献 ···225

致谢 ···230

1 引 论

生态环境与人类发展息息相关,是社会与经济发展的基本条件。生态环境的持续恶化是全人类目前所面临的共同问题,它已经成为全球关注的热点。中国的西部一直都是生态环境极为脆弱的地区,自然环境的不断恶化已经成为妨碍中国西部经济发展和走可持续发展道路的主要影响因素之一。

陕北丘陵沟壑区是中国西部地区环境问题尤为突出的区域,其面临的最突出问题是生态环境的退化和农民的贫困,它们放大了生态不安全、社会不稳定的累积效应,这些皆与区域发展方式不合理有关。陕北丘陵沟壑区的乡村聚落发展有其特殊性,它脆弱的生态环境和有限的资源承载力决定了其必须走新型绿色社区的可持续发展道路。

陕北丘陵沟壑地区(图1-1)位于黄土高原中部,跨黄河干流峡谷两侧,是陕北黄土高原的主体部分,总土地面积为4.47万 km^2,占陕西省土地总面积的21.34%,由包括榆林、延安在内的21个区县组成,其中乡镇210个,行政村5 626个,自然村31 367个,农村人口399.47万人,聚落平均密度约为0.45个$/km^2$[1]。该地区人居建设一直处于两难境地:一方面生态环境恶劣,千沟万壑,偏远荒僻;另一方面人口密度大,农耕历史久,土地承载超负荷,经济落后。资源环境条件、人口与经济发展

图1-1 陕北丘陵沟壑地区地形地貌

(图片来源:安塞县退耕还林领导小组办公室①)

---

① 2016年6月,国务院同意延安市安塞县撤县设区,设立延安市安塞区,以原安塞县的行政区域为安塞区的行政区域。因本书中部分调研数据早于2016年,故书中仍使用"安塞县"旧称。

之间的长期矛盾，导致该区域生态安全与社会稳定问题日益突出，严重制约着区域的可持续发展。

1999年党中央提出在生态环境脆弱的中西部地区首先实施退耕还林工程的重大决策，经过十多年的实施，对陕北丘陵沟壑区影响巨大，主要表现在生态环境改善、生产生活方式转变、经济发展模式更新、社会传统观念转变、乡村景观变化等方面。

退耕还林在改善陕北丘陵沟壑区生态环境的同时，对传统生产生活方式及乡村人居建设影响巨大，但是乡村聚落的营建模式仍停滞不前，因此出现了新的人居矛盾。政府发放粮食和经济补贴给退耕农户，农耕不再是农户唯一的生存手段，乡村聚落摆脱"耕作半径"的制约开始走向"集聚化的新型乡村聚落发展模式"，由此产生一系列新问题。一是生产生活方式与聚落布局模式的矛盾。新型乡村聚落大多数照搬城市居住模式，这种布局模式与退耕还林后农户的生产生活方式不匹配，忽视了居住者在生产生活方式改变后对居住方式的内在需求；二是传统地域文化的断裂与消失。大规模、集聚式的乡村聚落建设无视当地自然与文化特征，遗弃传统聚落所蕴含的生态优势与文化内涵，导致新建民居地方特色消失、样式杂乱、室内热环境质量差、地方景观遭到建设性破坏等问题。以上这些已经成为陕北丘陵沟壑区乡村聚落及人居建设当前所面临的首要问题。

针对退耕还林实施后对乡村聚落营建与发展模式的影响，建筑学界迄今没有给予足够的重视，相关理论探索与技术操作层面的研究较为滞后，致使地方政府在退耕还林工程实施过程中，出现地方建设与规划不够科学、建筑营造与现状矛盾、科研工作落后、技术储备不足等问题，其结果是陕北丘陵沟壑区新的人居矛盾仍在加剧。

本研究立足于国家生态安全战略格局的高度，通过分析退耕还林对陕北丘陵沟壑区乡村聚落的影响，揭示该地区乡村聚落营建特点、地域文化特征以及人与资源相互关系等方面内容，探索适宜于该地区的乡村聚落发展模式，有利于指导该地区新型绿色社区建设，有助于完善退耕还林与乡村聚落建设耦合效应研究领域的不足，为后续黄土高原丘陵沟壑地区的乡村聚落建设研究提供可靠依据，进而实现该地区乡村人居环境的可持续发展，并对探索严峻生态环境条件下的高原人居环境可持续发展理论作出一定的贡献。

1.1 核心概念与理论解析

1.1.1 乡村聚落的界定

研究乡村聚落，首先就应清楚什么是聚落，其次应了解与聚落相关、相近的概念的含义，最后对比以上相关概念的异同之处。下面就本研究的主要概念"乡村聚落"及其相关概念进行阐述。

1.1.1.1 聚落

聚落是人类各种形式聚居地点的总称，它包括居住的人群、居住的场所以及与居住直接或间接相关的基础设施。聚落是人类活动的中心,是人类生产劳作的场所,也是居住、休息以及从事各种活动的场所。它不仅包含居住用房、生产用房、商业娱乐用房等各类建筑物,以及各类公共、基础设施,还包括周边日常生活必不可少的河流、山川,是整个社会精神与物质传播的空间载体。聚落通常都是固定的居民点,一般分为乡村聚落和城市聚落两大类。

1.1.1.2　乡村聚落

乡村是相对城市而言的。乡村聚落也叫农村聚落,主要指农业经济活动占主导地位的聚落。在平原地区或者林业发达地区,村落一般都是较为固定的;在牧区,定居聚落、季节性聚落和游牧的帐幕聚落兼而有之;在渔业区,还有以舟为居室的船户村。一般说来,乡村聚落具有农舍、牲畜棚圈、仓库场院、道路、水渠、宅旁绿地,以及特定环境和专业化生产条件下的附属设施。[2]

1.1.1.3　村庄、乡村、社区、城市聚落和乡村聚落的关系解析

1. 村庄与乡村聚落

村庄通常被称为村落,主要指农村居民居住和从事各种生产的聚居点①,还有很多地方把村庄称作庄、寨、沟、屯等。

中国的村庄包含行政村、中心村和自然村三类,都是数量巨大的建筑聚落。行政村在这三类中规模最大,由很多自然村组成;自然村是本研究重点关注的对象,是中国乡村最基本的组成单元,也是最基层的居民居住地,多数是由若干邻近的农户家庭院落组成,空间上分割明确,但是关系密切;中心村介于两者之间,一般都是村委会的所在地。

乡村聚落从空间范围上看,主要是指散落分布于乡村地域上的一些固定居民点,主要是以中心村和自然村的形态呈现出来,是农民生产和生活的重要场所[2]。

村庄只是乡村聚落的一个分支或者重要组成部分,乡村聚落包含村庄,村庄的内涵更小。

2. 乡村与乡村聚落

乡村是除去城市地域以外的所有地方,通常不包含荒无人烟的荒野和无人区。它的腹地通常比较宽广,农业人口相对集中,农业在经济上占主导地位。

从地域范围来说,乡村聚落与乡村是个体与整体的关系。乡村聚落是个体的点,而乡村是整体范围的面。通过对比分析可以得出结论,乡村聚落的范围较小,而乡村包含的范围更大[3]。

3. 社区与乡村聚落

社区对于乡村聚落而言概念比较新,主要指的是一定区域范围之内的社会群体。社区主要有以下特点:首先,占有一定的地域范围并且包含一定数量的人群;其次,这些农户之间具备共同的思想意识以及利益关系,且社会交往很密切。乡村聚落指乡村农户的集中聚居地,包括一定数量的人群,一定数量的建筑物以及相关的基础设施。社区与乡村聚落之间既有联系又有区别,它们的共同之处主要是均包含一定数量的人口和一定的地域范围;差异在于侧重点不

---

① 国务院《村庄和集镇规划建设管理条例》,1993年。

同,乡村聚落主要强调的是人与人之间的自然属性,而社区侧重的是人与人之间的经济属性。

4. 城市聚落与乡村聚落

乡村聚落和城市聚落(城市)是聚落发展和演化过程中的两个不同阶段。前者处于低级阶段,后者处于高级阶段。乡村聚落在人口规模和占地面积上均比城市聚落小,其人口的职业构成、社会经济发展系统也没有城市聚落复杂[4]。

1.1.2 退耕还林

对于退耕还林的含义,各界学者从不同角度均做出过解释,在此可以归纳为:"退耕还林"就是将容易造成水土流失的坡耕地和容易造成土地沙化的耕地有计划、有步骤地停止耕作,根据宜林则林、宜草则草的原则,因地制宜地造林种草,恢复良好植被。退耕还林主要针对已经开垦或不宜开垦的土地,恢复其原有相对适宜的植被覆盖,顺从自然的选择,包括以下三方面的含义。

第一,退耕还林主要是对退化的土地生态系统的保护与恢复的过程[5]。人类的干预与不合理的使用,给土地生态系统造成了重大的损害,使其不断退化,生态环境不断恶化。因此实施退耕还林主要是基于对退化的生态系统的保护与恢复的过程。

第二,退耕还林是政府有计划、人为干预实施的自然资源重新配置的过程。通过实施退耕还林政策,土地利用结构发生改变,劳动者的劳动对象以及投资者的投资方向都随之变化,直接导致了生产要素的重新配置。由于退耕还林是政府推行的具有政策性的工程,因此由此产生的资源配置属于人为的、计划的方式,国家为实施该政策的地区与个人提供粮食和资金补助,并且有计划、有规划地实施,人为地实现坡耕地向林地和草地的转化。[5]

第三,退耕还林对地方或者区域的可持续发展提供了可靠的前提和基础。自然生态环境对于区域经济的可持续发展作用明显,实施退耕还林将会重新建立起区域经济发展的新系统,并且很好地协调生态环境与经济、社会之间的关系。自然生态环境与区域经济的可持续发展之间密切相关,两者相辅相成,共同进退。因此生态环境的良性循环为区域的可持续发展提供了有力保障。

1.1.3 可持续发展理论

1.1.3.1 可持续发展理论的内涵

可持续发展理论主要是指现今的发展不仅能满足现在人的需求,而且对子孙后代的需求没有威胁,该理论主要关注的是人与自然的和谐相处。

1987年,以挪威首相布伦特兰夫人为首的世界环境与发展委员会(WCED)在其著名的《我们的未来》一书中首先正式提出了可持续发展的定义和基本理论,并得到了国际社会的广泛认同和响应。1992年联合国环境与发展会议(UNCED)通过了里约宣言及《21世纪议程》等多项协议,可持续发展更成为许多国家政府在制订面向21世纪发展规划时所广泛遵循的基本原则,被纳入行动计划之中。而且,从此以后,各国政府及科研机构对可持续发展研究进行了立项,取得了丰硕的成果[6]。

1.1.3.2 可持续发展理论的结构体系

欧洲在18世纪初就把可持续性作为调节林业活动的基本理念。西方经济学在19世纪对林业的研究和20世纪对渔业的研究,也分别提出并分析了可再生资源的"可持续产量问题"。[7]现今对于可持续性的认识是人类对生态环境的不断深入了解而提出的。可持续的本质是资源环境对于不断增长的人口数量以及社会经济的负载能力,现今它的含义和范围不断扩大,被运用到理论与实践研究的各个领域。

所谓体系的可持续性是指该体系能够持续不断地运作下去,直至实现目标,并根据新的情况进行适时的调整或转换,有助于后续政策目标的实现或演变成进一步的政策。具体来说,可持续性应包含以下几个方面[8]:

第一,在执行时效应的最大化,即该体系应以最小或较小的成本,取得最大或较大的效果或效益。第二,在执行时风险的最小化,即在执行过程中发生各种偏差的可能性尽可能地小,实施的成本和阻力基本符合预期,实施和影响各方付出的努力和代价也基本符合预期,同时体系的最终效果能尽量实现政策制定最初的目标。第三,调整或转换能力,即体系的弹性如何以及对变化的适应性和调整能力。主要包括两个方面:一是在实施过程中,实际运行和预期有偏差时,有调整适应新形势、新情况的能力;二是体系目标实现后转换为下一步政策的能力,能否有助于实现下一个目标体系的实施和进一步完善。第四,透明度和管理权。透明度是优化政府行为的基础与前提,它包括以下几个方面:清楚地界定政府的作用和责任;清楚地界定政策参与各方的权利和义务;政府活动的信息应当公布于众;政策的制定、执行和报告应公开化。对政策参与各方的权利进行明确的界定,是参与各方权利的保证,也是保证各方参与性的前提。因此,对于管理权限的界定也是可持续发展体系的内容之一。[8]

1.2 背景与核心问题

1.2.1 研究背景

我国是世界上水土流失最严重的国家之一。长期以来,随着人口的不断增长,人地矛盾日益突出,不合理的土地利用,毁林开荒、陡坡种植,造成严重的土地退化和水土流失。20世纪90年代末期,黄河断流高达267 d,造成工农业与社会经济损失巨大;长江与松花江的特大洪灾,导致人民群众生命遭到巨大威胁,社会经济损失更是不计其数;20世纪90年代以来我国接连发生的干旱和洪涝灾害,严重威胁着人民与国家的生命财产安全。

中国人口多,地质地貌特征复杂,陕北丘陵沟壑区的山地与高原的面积就占到67%以上。因为生产能力极为低下,为达到满足人类需求的目的,人们通过毁林开荒、过度开荒及过度放牧等手段将原本是森林与草场的地区改造成可耕之地,由此,导致森林、草场等地表植被的覆盖率不断降低,导致水土流失严重、土地沙漠化加剧

图1-2 陕北地区水土流失严重（图片来源：作者自摄）

等一系列生态环境问题。

西部地区是我国重要的石油与矿产资源的储备区,对于国家的生态安全起着决定性的作用,但是西部地区脆弱的生态环境使得该地区的发展严重滞后,是制约该地区走可持续性发展道路的重要因素。

陕北丘陵沟壑区地处黄土高原中部,跨黄河干流峡谷两侧,是我国水土流失最严重的区域之一（图1-2）,土地盐碱化、风沙、干旱等自然灾害频发,因此成为退耕还林工程最初实施的试点地区,亦是工作的重点地区之一。该地区的生态环境问题突出表现为以下几方面。

1.2.1.1 水土流失严重

水土流失(water and soil loss)是指在水力、重力、风力等外应力作用下,水土资源或土地生产力的破坏或损失[1]（图1-3）。根据1997年水利部发布的水力侵蚀强度分级标准和我国第二次水土流失遥感调查可知,20世纪90年代末,我国水土流失面积为356万 km^2,占国土面积的36.9%;其中,水蚀面积为165万 km^2（轻度的为83万 km^2,中度的为55万 km^2,强度的为18万 km^2,极强度的为6万 km^2,剧烈的为3万 km^2）,风蚀面积为191万 km^2（轻度的为79万 km^2,中度的为25万 km^2,强度的为25万 km^2,极强度的为27万 km^2,剧烈的为35万 km^2）,全国因水土流失每年流失的土壤达50亿t。[9]中国的水土流失现象较为严重,西北地区是重中之重,轻度侵蚀的面积、水蚀面积和风蚀面积均占到全国的50%以上。

陕北丘陵地区地处西北内陆黄土高原的腹地,水土流失面积最大,土壤侵蚀模数高达4 000~12 000 $t/(km^2·年)$,多年平均输沙量达 $2\,388×10^4$ t,年平均输沙模数达8 373 t/km^2,是中国水土流失最严重的地区[10-14]。

图1-3 水土流失景象
(图片来源:百度图库)

1.2.1.2 土地荒漠化不断加剧

土地荒漠化简单讲就是土地的沙漠化,即土地退化(**图1-4**)。

1992年联合国环境与发展大会对荒漠化的概念作了如下的定义:"荒漠化是由于气候变化和人类不合理的经济活动等因素,使干旱、半干旱和具有干旱灾害

图1-4 土地荒漠化加剧
(图片来源:百度图库)

的半湿润地区的土地发生了退化。"[①] 中国的土地荒漠化发展迅速。我国林业局发布的第二次全国荒漠化、沙化土地监测结果显示，截至2018年底，我国有荒漠化土地262.2万 km²，占国土总面积的27.4%；沙化土地173.92万 km²，占国土面积的18.01%。这些荒漠化和沙化的土地主要分布在我国的新疆、内蒙古、青海、甘肃、陕西等中西部的18个省区的471个县内，近4亿人口受到荒漠化的威胁，贫困人口的一半生活在这些地区，据中、美、加国际合作项目研究，我国因荒漠化造成的直接经济损失达540亿元人民币。当前我国土地荒漠化状况仍有不断扩展的趋势，据国家林业局提供的资料显示，20世纪末，我国沙化面积以每年3 436 km²的速度扩展，从1995年到1999年，5年净增荒漠化土地5.2万 km²，净增沙化土地1.72万 km²。[9] 土地荒漠化不但导致土地资源迅速消减，还使土地的生产力严重减退，最终导致沙尘暴频发。由此得知，土地荒漠化的发展进程虽然是渐进的过程，但是其危害以及后续产生的灾害是巨大而持久的，这就意味着它不仅危害着当今，还会祸及子孙后代，影响极为深远。

1.2.1.3 土地盐碱化加重

土壤盐碱化是地表易溶于水的盐不断累积的过程及现象，也可以叫作土壤盐渍化（图1-5）。发生土壤盐碱化的地方为干旱、半干旱以及半湿润的地区。

图1-5 土壤盐碱化

（图片来源：百度图库）

1.2.1.4 生物多样性降低

我国幅员辽阔，生态环境与自然条件南北与东西差异大，是全球生物多样性（图1-6）最为丰富的国家之一。由于生态环境的不断恶化，虽然我国已经进行了很多保护工作，但是生物多样性仍在不断降低，形势不容乐观。例如野马、新疆虎等许多野生动物已经濒临灭绝；朱鹮、大熊猫、金丝猴和银杉等国家一级保护的动植物分布地区不断地缩小，种群的数量降低很快。

多年来，中国生态环境存在边治理边被破坏的现象，而且破坏的程度远大于治理，这就加剧了生态环境的不断恶化。自然灾害频发，更加重了受灾地区的贫困程度，给国家经济发展与社会

图1-6 生物多样性

（图片来源：百度图库）

---

① 1992年联合国环境与发展大会。

发展造成了极大的危害。1998年长江和松花江以及嫩江流域发生特大洪水灾害，区域受灾严重，经济损失更是不计其数，这使全国都意识到，加快植树造林与植被建设，改善生态环境是我国面临的一项紧要任务，也是我国长远发展的根本基础。

综上所述，陕北丘陵沟壑地区生态环境问题日益突出，该地区也是中国脆弱生态环境治理的重点区域，因此生态修复刻不容缓。

1.2.2 历史的机遇

自改革开放政策实施以来，中国经济发展水平迅速提高，稳步增长，生产力发展迅速，社会环境日益稳定。

1999年，我国粮食产量继1996年和1998年之后第三次突破5亿t，致使全国粮食呈现出区域性与阶段性的供大于求的状况。特别是伴随改革开放的不断深化，我国的综合国力不断增强，财政收入涨幅很大，为大规模开展退耕还林工作奠定了坚实的经济和物质基础。以此为契机，党中央、国务院适时地提出"抓住当前粮食等农产品相对充实的有利时机，采取退耕还林（草），封山绿化，以粮代赈，个体承包的综合措施，以粮换林草"的基本方针，由此拉开了我国大规模地退耕还林（草）的帷幕。[15]

退耕还林工程的实施有效遏制了地区的生态退化，缓解了传统的人居矛盾，对陕北丘陵沟壑区影响巨大，主要表现在生态环境、生产生活方式、经济发展模式、乡村聚落选址、聚落规模、聚落的布局方式、单体建筑样式与材料、社会传统观念、乡村景观等方面（图1-7，图1-8）。

综上所述，退耕还林不仅与中国的生态环境建设密切相关，还与退耕还林区——陕北丘陵沟壑区的经济与社会发展紧密相连。陕北丘陵沟壑区在退耕还林实施之后乡村聚落的发展何去何从，是本研究重点关注的内容。

图1-7 1998年安塞镰刀湾新胜村退耕前
（图片来源：安塞县退耕还林办公室）

图1-8 2003年安塞镰刀湾新胜村退耕后
(图片来源:安塞县退耕还林办公室)

1.2.3 核心问题

1.2.3.1 退耕还林后陕北丘陵沟壑区乡村聚落现状及问题研究

退耕还林对陕北丘陵沟壑区影响巨大,主要表现在生态环境改善,生产生活方式转变,劳作半径的制约消失,经济发展模式改变,社会传统观念转变,乡村聚落选址、规模以及布局方式改变,乡村景观变化等方面,致使该地区乡村聚落的人居环境改善显著,由此带来一系列新的问题。针对上述变化所产生的现状问题的研究,对于探索因地制宜的、可持续发展的陕北丘陵沟壑区乡村聚落的规划方法与设计要点研究意义重大,将为后续黄土高原丘陵区的乡村聚落建设研究提供可靠依据。

1.2.3.2 影响陕北丘陵沟壑区乡村聚落变迁的内在机理

乡村聚落的变迁受到多重因子的影响,主要包括:地质地貌、资源分布、气候、生态环境等自然因子以及区位条件、人口状况、经济发展水平、社会风俗习惯等人文因子,上述因子既相互独立又有内在的耦合关系,结合陕北丘陵沟壑区的地域特征,以退耕还林为背景,对上述因子进行系统分析,提取不同权重的因子,解析它们与陕北丘陵沟壑区乡村聚落变迁的耦合效应,揭示乡村聚落变迁的内在机理是本研究顺利进行的关键问题。

1.2.3.3 退耕还林之后陕北丘陵沟壑区乡村聚落发展模式研究

退耕还林后,陕北丘陵沟壑区乡村聚落变化巨大,尤其是生产方式的改变,使得该地区乡村聚落呈现出新的特征。本研究依据退耕后乡村不同的产业模式类型,探讨了该地区乡村聚落现在及今后的聚落发展模式,并对不同模式的聚落选址、规模、聚落布局方式、建筑院落与单体建筑样式等方面进行研究,为该地区新型乡村社区建设提供可靠依据。

1.3 研究综述及未涉及的问题

1.3.1 研究综述

退耕还林之后,陕北丘陵沟壑区乡村聚落的变迁与发展模式是一个复杂的、多学科综合的问题,国内外在相关领域的研究主要涉及以下三方面内容:一是聚落历史演变及类型研究[16-18];二是生态环境改变对聚落的影响[19];三是针对退耕还林工程本身、退耕技术以及退耕理论的研究。现在就上述三个方面的国内外研究进展进行回顾。

1.3.1.1 聚落历史演变及类型相关研究现状

聚落的发展演变受到多重因子的影响。邢谷锐按照聚落空间演进的动力将其分为主动型、被动型和消极型[20]。蔡为民等人通过对黄河三角洲聚落景观格局在近20年中变化的研究,发现聚落在发展的初期与自然条件有关,但随着聚落的发展,产业经济、国家政策、人类活动等对聚落发展的影响加强[21]。李立研究了江南地区聚落的形态、类型及演进过程,并探讨了在新的发展条件下聚落形态的发展趋势[22]。尹怀庭[23]、汤国安[24]、赵牡丹[25]等人利用GIS从陕北黄土高原乡村聚落空间分布规律与区位特征入手,分析乡村聚落演变过程并预测了未来发展趋势;甘枝茂、岳大鹏等[26]从土地利用入手研究了陕北黄土丘陵地区乡村聚落类型。

德国地理学家科尔(Johann Georg Kohl)在《人类交通居住地与地形的关系》一书中,首先将聚落分为大都市、集镇和村落,系统研究了聚落的形成,并说明了地形与各类聚落尤其是与村落的关系;其后,法国学者白吕纳在《人地学原理》一书中研究说明了自然环境与聚落的关系,认为村落的位置与村落内部建筑的位置都是受自然环境影响的[27]。哈德森(F.S.Hudson)[28]的"聚落地理学"从区位条件入手研究了聚落演变特征。

上述研究揭示了乡村聚落演变和类型与地理条件之间的关系,为研究乡村聚落的变迁奠定了良好的理论基础,但是对其他外部条件改变之后如何作用于乡村聚落很少涉及。

1.3.1.2 生态环境与聚落发展关系相关研究进展

可持续发展理念的提出,使乡村聚落研究中开始不断加入生态学的理论,出现了乡村聚落生态系统、生态村落等概念,以云正明的《农村庭院生态学概论》为代表,他认为"村镇庭院生态系统"是农业生态系统的子系统,该研究范围仅局限于占地很小的庭院内的人、动物、植物、微生物组成的复合生态系统[27]。王智平在国内第一次提出"村落生态学"的概念,以河北省为研究对象,开展不同地区村落系统的生态分布研究,例如村落与土地利用、村落分布的影响因子等[29]。陈勇、陈国阶等学者对农村聚落生态系统的概念、特征和类型等方面进行了研究[30]。党晶晶从退耕还林工程入手,研究了该政策改变生态环境和生产生活方式之后对农村经济和农村社会的影响[31]。

发达国家的聚落生态学主要是研究生态人类学[32],如对非洲、拉丁美洲、南亚、东南亚和太平洋岛国的研究[33]。面对现代农业技术和外来文化的冲击,发展中国家的传统社会的聚落景观正在遭受着剧烈变化,一些学者应对此种情况,采用景观生态学中的文化景观理论进行了研究[34]。还有些学者针对发展中国家许多山区的聚落或部落能量流动与物质循环等问题,应用能量生态学进行了研究[35-37]。而对农村聚落的土壤侵蚀,也只见到宫村信夫(N. Mimura)等曾研究了海岸侵蚀对农村聚落的影响[38]。

维奥莱特(Violette)[39]的"农业过渡时期的聚落"由农业生产转型切入研究聚落特征;印度学者艾塞达通过对印度的研究认为土地环状分布的利用形式及其耕地类型影响了农村农业的发展和聚落的演化[40];苏联学者科瓦列夫研究了聚落位置与耕地之间的联系[41];格罗斯曼(D. Grossman)认为,聚落空间组织法则的确定要注重地域文化及经济技术对其的影响[42];邦斯(M. Bunce)也提出,聚落的发展模式是其所在地域经济社会发展的反映[43];陈国阶[44]、刘绍权[45]等以中国山区(长江流域)为研究对象,从生态环境、生态系统、复合生态系统理论出发对山区农村聚落进行了研究[46]。

上述研究解析了生态环境改变、地域文化特征不同和生产转型后乡村聚落的生产生活以及经济发展的变化,对于研究乡村聚落如何选择适宜的经济发展模式提供了可靠依据,但是对于生产生活方式改变与乡村聚落的规划方法及营建模式之间的耦合效应很少涉及。

1.3.1.3 退耕还林相关研究现状

美国是最早实施土地和环境资源保护政策的国家之一,从20世纪30年代实施的"保护与储备计划"(Conservation Reserve Program,简称CRP)[47]就与中国的退耕还林政策十分类似。该计划是一个由政府出资、个人自愿参与的长期计划,主要是将容易发生水土流失的耕地进行退耕。20世纪五六十年代,美国政府开始推行一种自愿退耕计划(Land Retirement or Acreage Division),即引导农场主把一部分耕地退出生产用于土壤保护[48]。

欧洲退耕还林是以无计划的自发方式出现的,1956—1983年,欧共体国家农业用地减少了1 100万hm^2,占耕地总面积的8%,森林覆盖面积则增加了15%。2000年欧盟国家已有1 200万～1 600万hm^2的农地退耕还林,其中法国就达200万～300万hm^2。英国计划造林3.6万hm^2,并将利用退耕还林的契机不断扩大林地。在英国,凡愿意长期退耕还林的,可签署农林协议书,政府据此付给农民每年125英镑/hm^2以下的补偿金,为期30年。[49]

由于国情不同,国外的城市社区与乡村区别不大,且发达国家的建设经验主要依靠技术与资金的支持,对于现在仍处于极端脆弱环境下的陕北丘陵沟壑地区的乡村聚落建设还难以借鉴。

中国对于退耕还林的研究主要集中在工程实施之后这些年,主要内容包括退耕政策研究、退耕技术研究、退耕理论研究等。张殿发[50]、吴志文[51]、李世东[52]等针对退耕还林工程实施进程中遇到的问题和对策进行了研究;黄富祥[53]、杨明洪[54]、罗荣桂[55]等对政策调适与生态补偿机制进行了研究;周普生[56]等就退耕还林还是退耕还草的确定进行了探讨;宫渊波[57]等对林种比例进行了研究;李育材[58]编写了《退耕还林技术模式》,陈宝书[59]编写了《退耕还草技术指南》等书;汪亚峰[60]对"黄土丘陵区退耕还林上线坡度"进行了论证;彭文英[61]提出了"黄土高原退耕还林紧迫性地域分级论证研究";朱芬萌[62]研究了"陕西黄土高原地区退耕与粮食补助"等。

已有研究均是针对退耕还林政策实施层面的有关技术和理论的研究,对于退耕还林进程中遇到的问题进行研究,但是对于退耕后,退耕区乡村聚落受到的影响以及发生的变化等方面研究甚少。

1.3.2 既往学术研究未涉及的问题

截至目前有关"退耕还林背景下陕北丘陵沟壑区乡村聚落"的研究成果多分布于基金课题与硕士博士论文之中,如"退耕还林政策对农村社区发展的效应研究——以榆林市榆阳区为例"(党晶晶,2011),"黄土丘陵区退耕还林生态系统耦合效应研究——以安塞县为例"(杜英,2008),"陕北黄土丘陵沟壑区农村聚落发展及其优化研究"(惠怡安,2010),"陕北黄土丘陵区农村聚落建设与生态修复关系研究"(徐明,2009)等。

尽管上述研究工作在不同程度上对我国退耕还林工程以及陕北黄土丘陵区乡村聚落均有所论述,但是受到专业角度、选题倾向等众多因素的影响与制约,以上研究针对退耕还林工程对乡村聚落变迁和发展模式等方面内容的研究很少,因此尚未全面、系统地揭示出退耕还林之后乡村聚落发展及变迁的规律和基本特征。具体而言,尚存在以下不足之处。

1.3.2.1 针对退耕还林与乡村聚落相互作用及关系的研究不多

现今,有关退耕还林的研究主要集中在生态环境、退耕还林相关技术以及退耕还林相关理论这几方面,但是有关退耕还林与乡村聚落之间耦合关系的研究很少。实际上,退耕还林工程对于改善陕北丘陵沟壑区生态环境的效果显著,同时也对该地区乡村聚落产生了巨大的影响。

1.3.2.2 针对退耕还林后陕北丘陵沟壑区乡村聚落的变化的研究很少

退耕还林实施之后,对陕北丘陵沟壑区乡村聚落影响巨大,主要包括生态环境改善,生产生活方式转变,经济发展模式转变,社会传统观念变化,乡村聚落选址、规模以及布局方式改变,乡村景观变化等方面,开始由"分散"逐渐走向"集聚"的发展模式。现有研究主要侧重于研究生态环境、生产生活方式、经济发展变化对乡村农户的生活以及当地经济带来的影响,没有系统总结退耕还林工程实施之后,乡村聚落发生了哪些变化,产生了哪些新的变迁特征。

1.3.2.3 针对退耕还林后陕北丘陵沟壑区乡村聚落发展建设模式的研究几乎没有

退耕还林后,由于传统农耕的生产方式受到巨大冲击,新的生产建设模式对乡村聚落的影响逐渐加剧,致使该地区乡村聚落的发展建设得到前所未见的更新,由此产生了新型的乡村聚落营建模式。针对新产生的乡村聚落发展建设模式及类型的研究几乎没有。

综上所述,本研究正是在已有相关研究的基础上,解析陕北丘陵沟壑区生态环境演变与乡村聚落形态变迁的耦合效应,揭示退耕还林后陕北丘陵沟壑区乡村聚落的变化,探索该地区乡村聚落发展建设模式及类型,为今后相关地区乡村聚落建设寻求可持续发展道路奠定一定的基础。

1.4 研究目标与思路

1.4.1 研究目标

本研究的核心目标是:以国家生态安全格局为基础,立足于退耕还林实施的背景,以生态环境历史演变为线索,考察与分析陕北丘陵沟壑区乡村聚落的形态特征,提取该地区乡村聚落变迁的影响因子,并在分析影响因子权重的基础上,解析该地区生态环境演变与乡村聚落形态变迁的耦合效应,揭示该类地区乡村聚落更新与发展模式的内在机理,探索适宜陕北丘陵沟壑区的、可持续发展的、绿色建筑技术与当地传统文化相结合的乡村聚落规划方法与发展模式,进而指导该地区新型农村社区建设,并为后续黄土高原丘陵沟壑区的乡村聚落建设研究提供可靠依据,构建乡村规划方法的理论框架,不断完善城乡规划的理论体系。

1.4.2 研究思路

研究思路如**图1-9**所示。

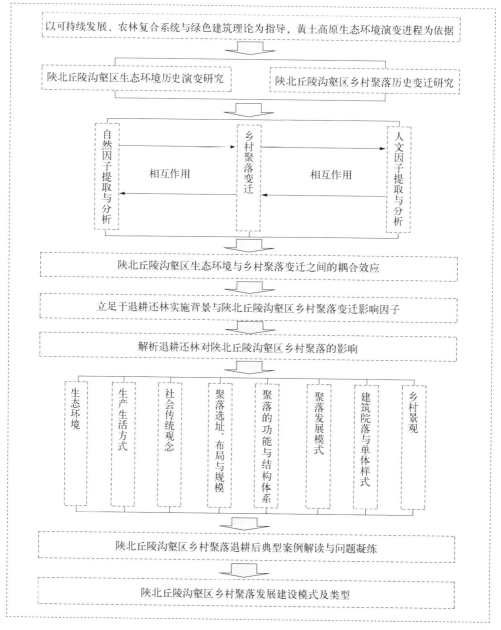

图1-9 研究思路
(图片来源:作者自绘)

2 陕北丘陵沟壑区自然生态环境历史演变与乡村聚落历史变迁

2.1 生态环境历史演变

自然生态环境的优劣与人类的发展息息相关,因此人类的聚居场所——聚落的变迁和发展与自然环境的关系密切。乡村聚落是人类与生态环境最前沿的链接点,也是最直接反映生态环境作用的时空单元与系统。

乡村聚落的形成与变迁进程,直接或者间接地从所处的环境中获取各种资源,之后又会以不同的形式反馈到自然环境当中,它们之间相互依存,互为因果并相互制约。自然生态环境是所有乡村聚落形成与变迁、可持续发展的根本前提,也是乡村聚落不断发展建设的基础。

因此研究陕北丘陵沟壑区乡村聚落历史变迁,就必须了解陕北丘陵沟壑区的自然生态环境历史演变的进程,从而有助于解析乡村聚落变迁与发展的内在机理,这对于把握乡村聚落的变迁规律与特征十分关键。

2.1.1 历史时期生态环境演变

陕北丘陵沟壑区地处黄土高原中部,是黄土高原的主体组成部分,也是黄河中游地区的主体组成部分,因此陕北丘陵沟壑区生态环境的历史演变与黄土高原的生态环境演变以及黄河中游的生态环境变迁密切相关。其地形地貌大部分是丘陵沟壑与高原沟壑,此外还有风沙丘陵、河谷川地级土石山地等,总体特征为沟壑纵横、地形破碎(**图2-1**)。

图2-1 千沟万壑的地貌现状
(图片来源:百度图库)

2.1.1.1 概述

人类以及人类社会的产生,加速了对自然生态环境的破坏。过度的毁林毁草的开荒种地是全球性的问题。根据联合国环境署(UNEP)和粮农组织(FAO)的考察,地球上2/3的陆地曾被森林覆盖,面积达 $76 \times 10^8 \, hm^2$,现在只剩下 $26.4 \times 10^8 \, hm^2$;亚洲农地的80%来自森林,世界耕地面积1850—1950年的100年间由 $5.38 \times 10^8 \, hm^2$ 增加至 $12 \times 10^8 \, hm^2$,到1980年已增至 $15 \times 10^8 \, hm^2$。耕地的年增长率近30年为前100年的1.5倍[63]。中国有着五千年的人类文明史和长期的耕垦历史,再加上历代封建统治阶级大规模的营建活动和内部的侵略战争等因素的共同作用,自然植被遭到的破坏十分严重。

黄土高原历史时期早期的环境背景是地质时期全新世温湿气候的承袭,林草植被丰茂。之后,在全新世晚期3 000年来自然生物—气候环境干冷趋势的背景下,叠加了人为活动对植被的破坏,自然侵蚀转化为人为加速侵蚀,侵蚀强度急剧增加,侵蚀与生态退化恶性循环,直至演变成当今与自然生物—气候地带性不一致的退化生态系统和恶劣的侵蚀环境[64]。

陕北丘陵沟壑区在历史上是诸多封建王朝的北部边陲,居住于此的游牧民族众多,通过陕北地区不断进入关中和中原地区骚扰,因此战事频发,较为混乱。也是这个原因,历代统治者都会派遣军队于此驻守,垦荒屯地,发展农业。因此,该地区在历史上长期都处于农牧业交替发展、此消彼长的状态。

2.1.1.2 原始社会时期生态环境

陕北丘陵沟壑区的自然景观是不断在演变的。自从有了人类生产活动以后,人为因素与自然因素的共同作用,加快了该地区高原景观面貌的改变。

根据考古考证所知,最早在新石器时代陕北丘陵沟壑地区就已经出现原始的聚落,距离现今将近8 000年。此时,就已经有人类在此定居。考古学家在无定河上游和中游地区均发现了新石器时代的人类遗址,并且经过对这些遗址的研究发现,早在几十万年之前的远古时期就已经有人类在此居住,而且还种植谷物类的农作物。几十万年之前,由于人类的活动受到自然条件的多方限制,因此在选择定居点时一般都会选择水文、地质等自然条件良好的地方。当时的人类选择此处定居,就说明在几十万年之前陕北丘陵沟壑区的自然环境与现今相去甚远,自然环境应当是很适宜人类居住的,没有那么多的山体沟壑。有关专家对古土壤的分析后认为,在新石器时期陕北丘陵沟壑区的气候是湿润宜人的,有着广袤的河川平原、林草果实和鸟兽禽鱼。

2.1.1.3 西周春秋战国时期生态环境

西周及春秋战国时期,陕北丘陵沟壑区大部分都居住着游牧部落。《山海经》记载,当时这里有森林分布,翟、戎游牧部落在这里定居。人们主要从事畜牧生产,"多马、牛、羊、筋角",人们都"食畜肉,衣皮革"①。由此可见当时陕北丘陵沟壑区应当是森林茂密,青草依依,若有山体亦是较低的、缓坡的丘陵,自然条件十分有利于畜牧业的发展。此时大面积的森林遍布在榆林地区、窟野河以及无定河沿岸(图2-2)。

---

① 《史记》。

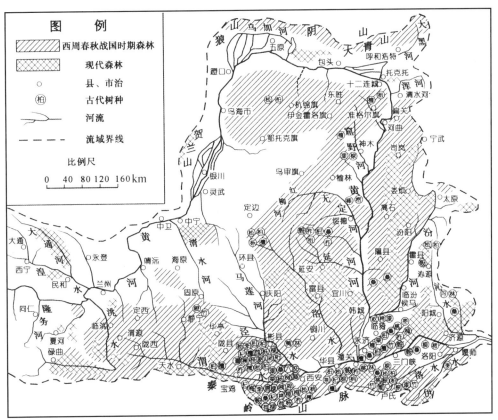

图2-2 西周春秋战国时期黄河中游森林分布状况[65]
(图片来源:《黄土高原历史地理研究》[65])

　　陕北丘陵沟壑区是黄河中游地区的重要组成部分,该地区森林的渊源可以追溯到新石器时代。由**图2-2**可以看到,春秋战国时期广大的森林存在于陕北丘陵沟壑区,榆林与延安地区在黄河的支流延河与窟野河流域森林与草原分布很广,由于山地很多,森林随处可见。

　　森林有生长繁育的时期,也有被破坏甚至消失的时期。这种破坏和消失,有自然的原因,也有人为的原因。干旱和严寒会使一些不能适应的树种枯死,土壤的盐碱化也会使许多树木不能生长,空中的闪电更能引起地被植物的自燃,因而引起森林火灾,就是有害的昆虫也同样能招致森林的灾害。[66]这时候人类对森林的破坏占主要地位,方式多样而且原因复杂。农业的不断发展,开垦耕地,砍伐树木,使得森林地区的面积不断缩小甚至消失。封建王朝的统治阶级修建宫殿与苑囿都需要大量的木料,一般的营建活动也是如此。因此,人类对森林植被的破坏越发严重。西周春秋时期陕北丘陵沟壑区的森林破坏,以地势较为平坦的地区较为明显,这显示出农业地区和森林地区的消长。农业的发展,农业地区的扩大,就意味着当地森林的减少以致灭绝,从而使森林面积不断缩小或者消失。由于陕北丘陵沟壑区的平坦地区较少,农业的发展就趋向于丘陵及山体,即通常所说的坡耕地,这对于森林、植被以及水土保持都十分不利。人口的增加,农业地区的扩大,森林地区的缩小,这就意味着森林受到了相当程度的破坏。

　　综上所述,随着人口的增加以及传统农业的不断发展,该时期陕北丘陵沟壑区森林的面积正在减少当中。

2.1.1.4 秦汉魏晋南北朝时期生态环境

这个时期的平原与山地地区的森林都遭到严重的破坏，到南北朝时期平原地区的森林几乎已经不能连成片了。

秦汉之时，关中的树木还很多，但是已经没有大规模的林区了。北方游牧部落对中原骚扰、威胁较多，为了解决这一问题，朝廷对陕北丘陵沟壑区采取了两项政策，一是在该地区驻扎大量的兵将进行守护与防卫；二是强制从别处搬迁一定数量的人口来此定居，繁荣、发展并稳定当地的社会与经济，因此就有大量的汉族军民来到当地开垦土地、种植粮食。当时的上郡（也就是今陕北）设县23个，共有106 638户、606 658人，平均每县2万～3万人[1]，这就与现今陕北的行政区划十分相近，但是人口只有现在的七分之一左右。由于当时战火纷繁，社会极其不稳定，因此人口增长十分缓慢；再加上着力开垦的主要是自然条件比较好的川道和平原地区，对自然环境与植被虽然有一定的影响，但是破坏程度较小，并没有造成大面积的自然生态的损失。

西汉时期，"上郡迫近戎狄，修习战备，高上气力，以射猎为先。"[2] 可以看出，当时住在此地的居民大多数是从事畜牧业的。所以，东汉晚期贾诩曾说过，上郡、北地沃野千里，"又有龟兹盐池，以为民利，水草丰美，土宜产牧，牛马衔尾，群羊塞道。"[3] 这是对当时陕北草原的真实描述。如若再将这句话与"龙门碣石以北，多马牛羊旃裘筋角"[4] 一起分析，那么就知道，在两千多年前的陕北丘陵沟壑区绝非现今的荒山秃岭、黄土漫天之景象，应该是地势平坦，河谷川道耕地富足，随处可见广袤的草原和繁茂的森林。

西汉时期，阴山山脉的森林也开始有了记载，但是山地地区的森林没有记载。由于农业的发展，平原地区的森林受到很大破坏，基本已经不复存在了，山地地区的森林自然生态也随着受到破坏。秦汉时代关中和洛阳先后成为封建王朝的都城所在地，宫殿、苑囿、官署、宅地的建筑都需要木材，当时还设立了一个叫作"主章"的官职，专门管理采伐大木[5]。由于冶铁事业在当时也有所发展，在一些县中设有"铁官"，专管冶炼事宜[6]，融化矿石也需要相当数量的木材，当时未闻从外地运输，应该就是在就近的山中采伐的。采伐数量虽没有记载，但是在东汉末年，董卓挟持汉献帝迁都长安时，曾说过可以利用陇右的木材建筑宫殿[7]，所谓陇右的木材就是指出自渭河上游的森林，这就说明终南山中已经没有什么大型的木材了。战国秦汉时期，渭河上游的居民都是利用森林砍伐来的木材搭建房屋，这个程度的破坏并不严重，但是东汉末年的征战使森林遭到了很大程度的破坏，表现明显的是六盘山山区和子午岭区域的北部，在这两座山体之间的大片土地，主要是宁夏的固原和甘肃的

---

[1]《汉书·地理志》。
[2]《汉书·食货志》卷34。
[3]《后汉书·西羌传》。
[4] 郦道元《水经注》。
[5]《汉书》十九上《百官公卿表上》。
[6]《汉书》二十八《地理志上》。
[7]《后汉书》五十四《杨彪传》。

庆阳市范围,当时刚从畜牧地区改为农业地区,紧接着又有大批的移民,当地房屋的建造都要采伐木材,致使森林遭到严重的破坏,长期没有恢复。

到了汉代末期,战乱频发,国力亦遭受很大的打击,逐渐衰退,因此朝廷无暇顾及北部边区,对于在北部边缘的郡县逐一舍弃不管,游牧部落趁此时机进入北部地区,原先从事农耕的汉族人口逐渐向外迁出,因此农田荒废,自然植被得以休养生息和恢复(图2-3)。

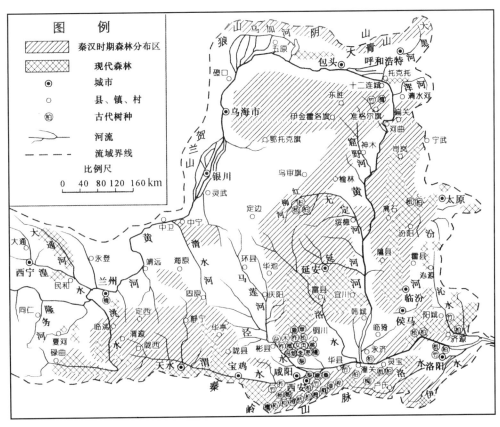

图2-3 秦汉魏晋南北朝时期黄河中游森林分布状况[65]
(图片来源:《黄土高原历史地理研究》[65])

后来从西晋到十六国再到南北朝时期,这300多年的时间里,陕北丘陵沟壑区都被游牧民族占领,由于游牧民族长期居无定所,所以乡村聚落在这段时间几乎不复存在。史书上所载的当时陕北地区为"羌胡地",应该就是指这一段时期。当时居住在此的游牧部落主要以突厥和党项①为主。北宋时期,党项部落的边界东达银(今横山)夏(今靖边),南至鄜(今富县)延(今延安),西至灵(今宁夏灵武)盐(今定边),厥土多荒隙②。由此得出,在北宋时期,游牧部落已经扩张到陕西黄土高原的中南部地区,所以可以推断出当时这些地区都是森林与草原。

2.1.1.5 隋唐以前陕北黄土丘陵区生态环境

隋唐以前历代封建王朝的"戍边"政策对黄土高原地区生态环境影响巨大,这

---

① 《元和郡县图志·关内道四》。
② 《续资治通鉴长编》卷35。

是陕北丘陵沟壑区生态环境不断恶化的首要政治原因。

从秦始皇三十三年(公元前214年)到汉武帝元鼎六年(公元前111年),先后5次共200多万汉族军民移驻河套地区和鄂尔多斯高原从事农垦,以往鲜为人至的这片草原逐渐变成农耕区,大片森林草场开始遭到破坏[67]。

到现在已经200多年,陕北、甘肃北部地区和宁夏北部的长城沿线大多数地区都被开垦成农业用地。移民与驻军是垦荒的主体,因此可以看出这个时期移民数量十分可观,西汉一代可以追溯的就达到82.5万人次,到了西汉末期自然增长达到120万人以上,再加上其他各种移民及其后裔人数可能达到150万人以上。因此,可以推断出,移民的剧增使得土地开垦过度,导致原有的自然生态环境不断恶化,人地矛盾突出,时至唐朝更为严重,造成了黄土高原地区许多河流断流或者变为季节性河流,河水不断减少,直至枯竭。与此同时,水土流失越发严重,土地沙漠化加剧,因为屯田而导致的滥砍滥伐以及过度开荒,导致大量牧区草场退化,加剧了黄土高原土地沙漠化的进程。

事实上,这种"移民戍边"和"屯田戍边"政策的效果最终都不甚理想,因为屯田本身就破坏了原有植被系统,而且这种军屯,流动性大,田土时荒时废,在干燥气候环境下,植被一旦被破坏,恢复起来很难,反而为沙漠化推进创造了条件。从隋唐以前国家制度来看,这种"移民戍边"和"屯田戍边"政策无疑是黄土高原生态环境变迁的一大因素。[67]

2.1.1.6 唐宋时期陕北丘陵沟壑区的生态环境

根据《元和郡县图志》和《唐书·地理志》记载,唐朝时期,陕北丘陵沟壑区已设有鄜、坊、丹、延、绥、银、麟、夏8州,38县,开元时(713—741)有98 655户①,大约有60万~70万人口②,与汉代人口规模十分相近。相对而言,北部的人口较为稀少,1人/km²,南部2~3人/km²③。以鄜、坊两州为例,这两州的面积相当于现在的甘泉县、宜君县、黄陵县、洛川县与富县这5县,人口约为37.3万人,而现今这5县的人口规模基本上在42万人左右,由此可知在唐代时,陕北丘陵沟壑区的人口规模与现今已经十分接近,人口十分稠密,而人口的稠密程度直接反映了当时的农业发展状况。当时,为了巩固北部边疆的稳定,建立稳定的农业秩序,陕北丘陵沟壑区大力鼓励耕地与开荒,并实行了均田制,此政令一经推行就立刻形成了滥砍滥伐之风。在免征税赋期间,开垦的土地基本上均为原先的荒地,所以新垦殖的土地富含有机质,养分足,不费什么力气就能有较好的收获。但是等到5年期满后,土壤的肥力与养分均大幅度地下降,就出现了弃田另垦的现象。这种政策看似有利于民众,实质上是典型的只顾眼前不管长远的误农,后果堪忧。往后发展就出现了滥伐滥垦的局面,地表植被被破坏殆尽,在黄土高原地区势必造成水土流失严重。当时就有人说:"由延州(今延安)北上横山(白于山),随川取道,夹以峻山,暑雨之期,湍流石泥。"④ 短短几句话,就已

---
① 《新唐书·食货志》卷51。
② 《元和郡县图志·关内道四》。
③ 据《元和郡县图志》计算。
④ 《新唐书·食货志》卷51。

经表明在当时由于垦荒破坏地表植被带来了巨大的水土流失。

时至唐晚期宋代初期,在延安以北的地区,除去县城附近还存在一些农业人口之外,游牧部落仍占据着广大的陕北丘陵沟壑区大面积的梁峁丘陵地区。

北宋年间,范仲淹曾经命令士兵开垦土地囤积良田。"金明(今安塞县城南杏子河与延河会合处)西北有军川(杏子河),川土肥沃,川尾有桥子谷,即夏人出入隘道,令狄青筑拓安寨于谷旁,募民垦殖,得粟甚多"①,开垦了2 000余顷土地。据吕惠卿《营田疏》所载,"叚芦、米脂良田一二万顷,宜尽垦辟"②。司马光在麟州(今神木)担任通判之职时,曾兴修延利渠溉农田③。由此可知,唐宋两代在陕北地区新开垦的土地并不算多,因此在陕北各地仍有很多森林分布④,均是绿树葱葱,可以看出当时陕北丘陵沟壑区是一个农牧交错、林木分布丛密的地带。在陕北黄土高原的南部,虽然人口众多,农业耕种比较发达,但是森林分布还是比较多的。所以可知,在唐宋两代时,从人口稠密程度、森林分布、土地利用情况以及农牧交错的状况来看,陕北丘陵沟壑区的水土流失比较少,所以当时的延河叫作清水河⑤。

陕北丘陵沟壑区北部边缘在长城沿线,宋代多风沙,据《水经·河水注》记载,诸次水(榆溪河)缘历沙陵,届龟兹县(今榆林古城滩);奢延河(无定河)西出奢延县(故址在红柳河上游内蒙古鄂托克前旗境)西南赤沙阜,奢延河又东北与温泉(那泥河)合,源西北出沙溪;黑水(纳林河)出奢延县黑涧。⑥

唐初,统治者在这一带设置6州,通称"六胡州"⑦。这就说明,当时在此地的人口较多,为了解决边区的将士和居民的食粮问题,就不得不开垦土地,大力发展农业,仅仅在夏州这一处就屯田2屯⑧,又开延化渠灌溉田百顷⑨。依据唐代的度量制度,1屯等于50顷,1顷等于100亩(1亩=0.066 7 hm², 下同),那么夏州与六胡州这两地就开垦土地近3万亩,其他地方依此类推。因为大面积的地表植被被开垦,使得土层松动、疏松,在干燥少雨及风力较大时,就产生了风力的侵蚀,由此加剧了草原的沙漠化进程。因此到唐代末期时,夏州已经是荒凉的沙漠了。

综上所述,从汉代到唐代末期的这1 200余年的时间里,毛乌素沙漠不断向南推进并逐渐扩张,特别是在唐代以后的400多年时间里,陕北丘陵沟壑区沙漠化进程加速。虽然沙漠化与自然条件的变化息息相关,但是在这一时期人类的破坏作用更加显著,很多时候都超过了自然因素的影响。过度的毁林开荒,发展地方经济以及农业,致使土地结构发生变化,生态环境由牧业草场变为农牧交杂。地表植被破坏严重,土地干燥没有保护层,加之北风强劲,黄土随处可见,使得草原的沙漠化进程加速(图2-4)。

---

① 《元一统志》卷4《宦迹》。
② 《续资治通鉴长编》卷344。
③ 《陕西通志》。
④ 司马光《温国文正司马公文集》。
⑤ 《中国历史地图集》第6册。
⑥ 《水经·河水注》。
⑦ 《旧唐书·玄宗纪》。
⑧ 《唐六典》。
⑨ 《新唐书·地理志》。

图2-4 唐宋时期黄河中游森林分布状况[65]（图片来源:《黄土高原历史地理研究》[65]）

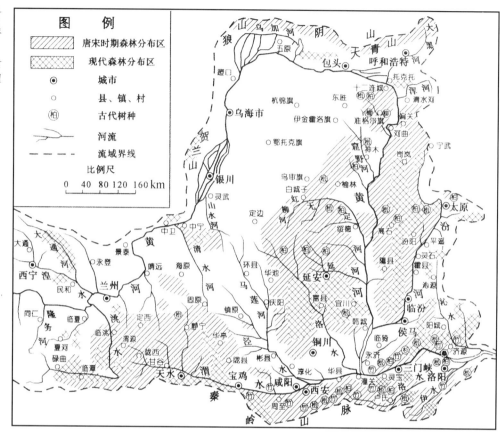

2.1.1.7 元、明、清时期陕北地区生态环境

在元代时,游牧部落开始向南部迁移,并逐渐扩张到陕北丘陵沟壑区的南部。因为游牧部落并不开垦土地耕作,而是根据当地水草生长状况不断迁移生活,所以陕北丘陵沟壑区的地表植被与土壤在此时得到了一定程度的休养生息与恢复,很多地域又呈现出林草繁密的景象。

时至明朝,陕北丘陵沟壑区设置有延安府和鄜州、绥州、佳州3州16县。由于陕北是历代的北部边陲地区,亦是汉族与游牧民族的争夺之处,仅仅在明代的200多年时间内,就陆续发生过20多起战乱。因此,1472年（明宪宗成化初年）,明宪宗命令余子俊修筑长城。

明代在陕北地区开垦土地的具体数字虽然文献中并没有详细记载,但明代嘉庆年间庞尚鹏在《清理延绥屯田疏》中曾说过,"查得西路镇靖堡（今靖边、定边）一带地方,近因修筑边墙,内有腴地万顷,该道动支官银置买牛种,分委千百户等官,拨与步军督率耕种"①;王崇古在《陕西四镇军务事宜疏》中也说过,"新边夹道内包田万顷,俱被豪强召集流亡占种"②。靖边、定边等地方,全部都变成了沙漠。

以这种大规模屯田来促进农业生产,可以在短时期内解决粮草问题,但是这是

---

① 《明经世文编》卷359。
② 《明经世文编》卷319。

过度的土地利用,十分不科学,导致自然生态环境加速恶化,生态平衡遭到破坏,草原沙漠化加剧,最终导致生态资源和农业生产均遭受巨大打击。

在此期间,由于社会相对稳定,聚落得到一定程度的发展,而且逐渐几乎所有可以开垦的土地都被开垦了,聚落空间的结构开始稳定下来。

事实上,在草原地区,破坏地表植被、大量垦荒种地是十分不合理的,又加之耕作较为粗放,广种薄收,因此开垦之土地在短时间内很快衰竭,不再适宜耕种。与此同时,因为大量的垦荒使得草原沙化加剧,吞噬农田,河道地、坝地逐渐减少,沙漠不断扩张。

由于以上不合理的土地利用,到了清末,长城内外,流沙随处可见,自然生态环境已经十分荒凉。

时至清朝中期,陕北丘陵沟壑区几乎没有什么森林了,极少数的零星林木仅存于一些山岭的冷僻之处。到了新中国成立前夕,除延安以南还稀疏存活有少量的林木外,延安地区以北几乎全是荒山秃山了(图2-5)。

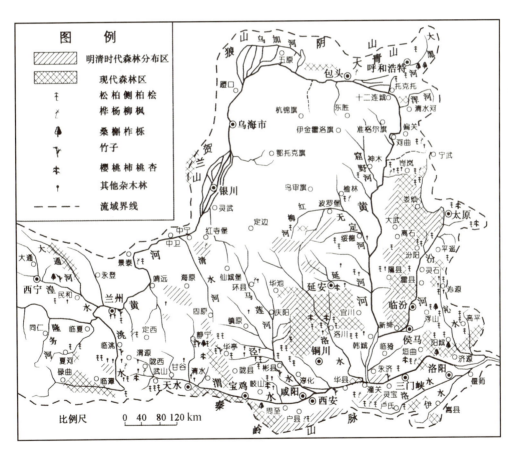

图2-5 明清时期黄河中游森林分布状况[65]

(图片来源:《黄土高原历史地理研究》[65])

2.1.2 近现代时期生态环境演变

到了清朝晚期直至民国,陕北地区一直处在军阀混战之中,战乱时有发生。在此期间,陕北丘陵沟壑区滥砍滥伐情况严重,旱灾和水土流失不断加剧,土地越来越贫瘠,生产生活条件不断恶化,粮食的产量也不断降低。广种薄收与粗放的耕作模式成为主要的耕作制度。自然生态环境急剧恶化和自然灾害频发,使得生活在该地区的民众苦不堪言。

20世纪50—80年代,子午岭林区因毁林开荒后退了20 km,林区内富县的人口由4.88万人增至12.01万人,人口年增长率达4.43%,每增加1人,毁林开荒0.3 hm²,县境内林线年均后退2.4 km。各县开荒的高峰期主要出现在1959—1962年的自然灾害严重的困难时期,以及70年代后期强调粮食生产时期。[68]

上百年间陕北丘陵沟壑区的土地过度开垦、耕作模式粗放及广种薄收均是导致这里水土流失加剧、土地衰竭、自然灾害频发之诱因。"峰头劈土耕成地,崖畔剜窑住作家,濯濯万山无草木,萧萧千里少禽鸦。"① 在传统的农耕条件下,清晚期的人口数量已经严重超出当地的土地承载力。因此,本地人口向外地迁移势在必行。当地一直有下南路(人口迁徙到延安以南地区)、走西口(人口迁徙到宁夏和三边地区)、跑边(人口迁徙到长城以北沙漠地区)和过黄河(人口迁徙到黄河以东山西地区)的说法。由于人口的急剧减少,相对人口增长速度放慢,聚落发展相对缓慢。[28]

2.1.3 生态环境现状

陕北丘陵沟壑区生态环境恶劣、脆弱,人类的活动给自然生态环境带来沉重的负担,导致该地区水土流失加剧,现在的主要环境问题有:水土流失严重,自然灾害频发;林草保存率低,配套措施落后;水资源匮乏;人地矛盾突出等。

2.1.3.1 水土流失严重,自然灾害频发

陕北丘陵沟壑区自然灾害主要有旱灾、暴雨、冰雹、沙尘暴和大风等。旱灾每年都会爆发,加上该地区地表植被破坏严重,土壤的蓄水能力低下,所以每年的7—9月,暴雨期间山洪、山体滑坡和泥石流等灾害层出不穷。此外,陕北地区大风天气多,多发的大风与陕北地区的土质特征结合在一起,致使该地区沙尘暴肆虐。由于森林资源有限,地表植被覆盖率低,地形地貌破碎,地表黄土疏松且抗侵蚀能力很差等原因,陕北地区成为黄河中游水土流失最为严重的地区。在黄河中游138个水土流失重点县中陕西省有48个,而陕北地区的每个县都在其中。[48]

2.1.3.2 林草保存率低,配套设施落后

陕北地区毁林开荒沿袭已久,自民国开始严重程度加剧。新中国成立之初全市水土流失面积为3.69万 km²,占总面积的84.68%。此后,受耕作制度的影响,垦殖指数居高不下,林草覆盖率一度下降到1.89%,水土流失更加剧烈[69]。地表植被破坏严重、覆盖率极低是陕北丘陵沟壑区的重要生态问题之一。截至2014年底,陕西省森林覆盖率虽达到28.8%,但南多北少,汉中、安康地区的森林覆盖率可以达到42%以上,而渭北及延安一带不足10%,陕北榆林地区仅有2.61%。同时,陕西省的草原退化率为58.55%,远高于全国平均水平的19.79%,仅次于宁夏,是全国草场退化第二严重的省区[48]。

人为的垦荒种地、滥砍滥伐、毁林开荒以及放牧过度等问题均对植被造成了极为严重的破坏,而且情况仍在不断恶化当中。自然环境恶劣,干旱少水,风沙大致使植

---

① 明延安知府李延寿《初入郡境延绥道中》。

树种草成本高、成活率低,平均成活率仅为13%。退耕还林之前,不算灌木林和疏林,森林覆盖率仅为6.5%。由此风沙连年增大、增多,水土流失加剧,恢复植被才是防止黄土高原水土流失的根本措施,亦是陕北丘陵沟壑区生态环境建设的必然选择,但是陕北丘陵沟壑区植被恢复与建设已有50多年的历史,但整体上效果并不是很好。

2.1.3.3 水资源匮乏

陕北丘陵沟壑地区年降水量为380~600 mm,不足全省的1/3。人均水资源占有约808.3 m³,为全省人均占有量的69.3%,是全国人均占有量的35.8%;亩均水资源量约为34 m³,分别为全省和全国的25%、17.4%。该地区水资源极为匮乏,加之时空分布不均匀、含沙量高、污染严重等特点,加剧了水资源利用的难度。

2.1.3.4 人地矛盾突出

陕北丘陵沟壑区的开发历史十分悠久,历史上一直在全国占有举足轻重的主导地位。

黄土高原一方面偏远荒僻、地形破碎、环境恶劣、经济落后;另一方面人口密度大,农耕历史久,过早地承载了过多的人口,人口密度1949年达每平方公里39人,1990年高达每平方公里98人,已远远超过联合国粮食及农业组织(Food and Agriculture Organization, FAO)制定的半干旱地区人口承载量上限(每平方公里20人),垦殖率已突破40%,偏高的人口密度和侵蚀环境构成了陕北地区的基本矛盾。另据陆仲臣文献,黄土丘陵沟壑区人为因素在加速土壤侵蚀中所占比例,8 000年前为0,6 000年前为2%,4 000年前为8%,2 000年前为18%,而到现代已达到30%,可见人为加速侵蚀在生态环境演变中起着重要作用[70]。

截至2018年底,陕北地区人口总数为562.33万人,占全省总人口的18.4%;农业人口计445.67万人,占老区总人口的79.2%,人口密度为每平方公里70.2人,其中延安地区为每平方公里58.3人,榆林地区为每平方公里82.0人。陕北地区人口的总体文化程度偏低,文盲及半文盲人口的数量高于全省的平均水平,而大、中学文化程度低于全省平均水平。但是相对于脆弱的生态环境来说,人口密度已明显超标。联合国环境署提出半干旱地区最大土地承载力为24人/km²,而黄土高原土地承载力远远超过其资源所能承受的最适界限。[48]

以人口相对较少的吴旗、志丹县算,也远远超过了这个限度,吴旗县人口密度为32人/km²,是最适密度的1.33倍;人口密度最大的绥德县为184人/km²,是最适界限的7.67倍[48]。

陕北丘陵沟壑区的人口主要分布于丘陵沟壑地区一级土石山区,大多数集中在沟谷与河川地带。人地矛盾日益突出,致使农户过度垦荒,不断地想要通过扩张耕地面积增加粮食产出量。而且由于该地区分布的主要是风积黄土,其颗粒很小,质地很疏松,因而在这种土地上耕地,雨稍微大一些,土壤表面的养分就会被雨水冲刷走,致使水土流失的面积不断增大。

新中国刚成立时,"大跃进"和人民公社政策的实施,导致"以粮为纲"的思想充斥着人们的头脑,生态环境保护不受关注,所以长久以来,陕北丘陵沟壑区以传统农业生产为主,原本适宜森林与草场发展的土地被盲目地开垦,使得生态环境不断恶化,再加上传统农耕方式一成不变的沿袭,人口的激增导致人与土地之间的矛盾加剧,只能通过开垦耕地来弥补粮食产量的不足。滥砍滥伐现象越发严重,过度放牧,均使得森林与草场数量不断减少,给原本就已经十分稀少的林草资源带来沉重的打击,再加之管理工作严重滞后,导致自然生态环境越发恶劣,水土流失进一步恶化。

综上所述,陕北丘陵沟壑区的自然生态环境演变经历了漫长而多变的历史进程。最初的森林遍布的良好生态环境,在人为因素为主导的影响下,经历了森林面积的不断减少、短期恢复、再减少几个阶段,上述影响以人为影响为主,主要是人口的激增以及农业的不断发展导致该地区自然生态环境不断遭到破坏,直至原始森林几乎消失殆尽。由此,陕北丘陵沟壑区的生态环境极为脆弱、人地矛盾突出、经济发展水平严重滞后等问题日益突出,有效缓解生态环境对于人居环境的压力是该地区乡村聚落及人居环境建设目前所面临的首要问题,自然环境的治理与恢复刻不容缓。

2.2 乡村聚落历史变迁及特征

聚落简言之就是人类居住场所的总称,并且兼有生产、生活与日常活动的功能。乡村聚落主要是指乡村农户的各种聚居地。从陕北丘陵沟壑区的发展历史来看,该地区乡村聚落的形成就是人们不断地利用自然与改造自然的过程。在这里自然环境对于乡村聚落的形成与发展的影响巨大,乡村聚落的发展与变迁和生态环境的演变息息相关。由于陕北丘陵沟壑区的乡村聚落及居住用房均是以窑洞式建筑为主要的居住形式,因此该地区乡村聚落的发展历史可以说与窑洞的发展历史关系密切,甚至可以说,该地区的乡村聚落发展历史就是窑洞建筑的发展史。

窑洞其实基于一种古老的居住形式——穴居。人类最早的居住形式就是天然岩洞,即洞穴,所以天然岩洞是最早的聚落模式之一。普遍存在于陕北丘陵沟壑区的黄土窑洞大多数是人为开挖的。

2.2.1 乡村聚落类型划分及特征

现今,陕北丘陵沟壑区乡村发展迅速,生产方式与生活方式亦发生了巨大的转变,乡村聚落的更新与转型已经势在必行。传统的乡村聚落发展模式显然已经不能适应新的社会经济条件,不能与新时代、新要求接轨。因此,研究陕北丘陵沟壑区乡村聚落的发展趋势与转型特点就成为推动该地区乡村聚落大发展的关键。然而要想把握陕北丘陵沟壑区乡村聚落的发展趋势与转型特点就必须先了解该地区乡村聚落的类型、特点及现存问题。依据传统的划分方式,主要是根据乡村聚落规模和乡村聚落所处地形特征进行分类。

2.2.1.1 依据乡村聚落的规模分类

乡村聚落是乡村人群基本的生产与生活的单位,大小不同的乡村居民居住点构成的乡村聚落可以划分成集镇、中心村和自然村三个等级(图2-6)。

1. 集镇型聚落

集镇型聚落就是乡镇的所在地,但是不包括县(区)政府及市政府所在地,也就是通常所说的县城。这种类型的聚落一般规模比较大,具有行政中心的职能,至少包含一个大的行政村或者自然村,人口在400～1000人,户数在100～200之间,分布较为稀疏。这类聚落是乡村聚落中的最高等级,聚落中的建筑已经代表了当地比较先进的技术与典型的风貌特征,基本上是以石砌的窑居、砖砌的窑居以及砖混的低层与多层建筑为主,并设有一定规模的学校、医院、商业、手工业等服务设施,亦有一定规模的稳定的农贸市场。

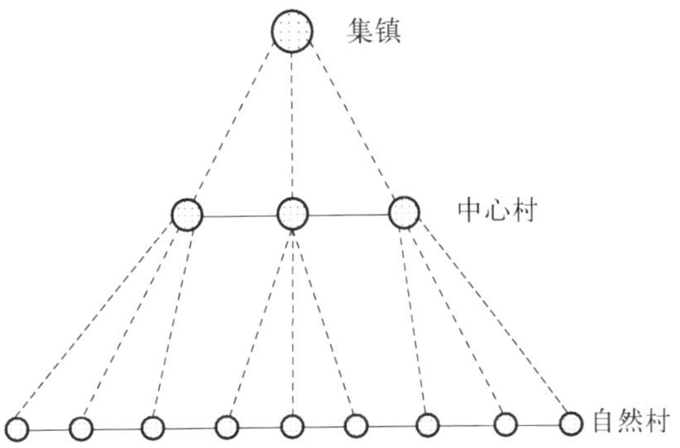

图2-6 乡村聚落依据规模分类示意图
(图片来源:作者自绘)

2. 中心村级聚落

这类聚落是村委会的所在地,一般都设在较大的自然村中,是乡村最低的也是最基础的基层组织。每个中心村基本上由3～4个自然村或者村民小组组成,150～400人不等,户数为30～150户。这类聚落分布较广,条件较集镇型聚落略差一些,但是又比自然村的条件好。

3. 自然村级聚落

泛指各类型的自然村,是乡村聚落最基本的结构单位,是最为典型的乡村聚落,亦是本课题所研究的重点。上述两类聚落均是以自然村级聚落为基本构成单位的,因此自然村级聚落的数量一般均包括以上两种类型。陕北丘陵沟壑区现在约有3万个自然村级聚落,密度约为0.47个/km²,人口在50～200人不等,户数一般在50户以下,分布十分不均匀,河谷较大的地区密度较大,人口较多。

每个自然村均设有村民小组,一般的自然村设有一个村民小组,也有规模稍大的会设有2～3个村民小组,还有村民小组包含2～3个自然村的。还有的自然村因为太小界定就更为复杂,甚至有的自然村就只有一两户人家。

综上,陕北丘陵沟壑区乡村聚落的空间结构是由集镇、中心村和自然村在不同地域根据相对位置关系和分布状况共同组成的。在乡村聚落的区域内,集镇的规模最大,职能最强,一般都是乡村聚落区域的首席聚落;自然村的规模最小,职能也较单一,数量最多,是乡村聚落系统结构的最底层;中心村在规模、职能与数量等方面均介于集镇与自然村之间。

2.2.1.2 依据乡村聚落所处地形特征分类

乡村聚落的类型、结构及布局特点与其所处的地形特征息息相关,因此根据聚落所在地地形特征差异可以将陕北丘陵沟壑区的乡村聚落分为以下4类。

1. 梁峁坡型聚落(**图2-7**)

这类聚落主要位于地势较高的梁峁坡或者沟脑缓坡地带。因为地势较高所以附近居住的农户为了便于耕种,均居于坡耕地附近,大多数是零星散落住户。因此自然村的户数一般不超过30户,聚落的密度相对较低。这类聚落由于地形的原因营建时多依山就势,以直接在山体上开挖黄土窑居为主,也有一些砖砌或石砌的接口窑。因为地势高的原因,交通不便,人与牲畜的饮水都很不方便,但是由于居住地靠近耕地,因此劳作较为方便。

27

图2-7 梁峁坡型聚落
（图片来源：作者自摄）

2. 坡麓台型聚落（图2-8）

这种类型的聚落主要分布在延河与无定河等大型河流一级支流的川坝地的后部及坡麓上。由于距离河流较近，水源充足，耕地的条件较好，聚落的密度较大，人口也较多。此类型聚落所处的地形条件较复杂，大都是高低起伏的山坡台地，因此其分布随山势高低错落，大多数均沿着河谷的方向分布，旁边通有县级或乡级公路，交通便利。此类聚落的居住建筑多利用坡体的厚层黄土营建砖砌或石砌的接口黄土窑洞。

图2-8 靠近道路与河流的坡麓台型聚落
（图片来源：作者自摄）

3. 支毛沟型聚落（图2-9）

这种类型的乡村聚落主要分布在延河及无定河等大河的二级支流的河谷内。耕地和居住地主要位于山坡和谷地，河谷大多数较为狭长，台地很少，即便有，宽度也很小，多数留作农用地。因为空间有限，此处的农户居住得比较分散，户与户之间也没有连接，户数一般在40户以内，聚落密度也较低。此类聚落主要利用坡麓的黄土因山势挖山建造，主要为黄土窑洞，也有一些砖砌和石砌的接口窑洞。由于地势原因，农耕地主要位于山坡，距离道路较远，交通与饮水都不方便。

自1999年退耕还林实施之始，坡耕地进行全面退耕，对此类型的聚落冲击较大。时至今日，此类型的聚落已经基本上见不到了。

图2-9 距道路较远的支毛沟型聚落

（图片来源：作者自摄）

4. 河谷平原型聚落（图2-10）

该类型的聚落主要分布于延河、清涧河以及无定河等大河的低阶地以及后缘部分。相较以上三种类型，此类聚落地形条件较好，因此聚落规模较大，密度较高，分布相对集中一些，呈树枝状沿着河谷方向分布，人口规模相对较大，百户以上的自然村很多。此类聚落的居住建筑主要以石砌和砖砌的窑洞为主，也有黄土及砖砌和石砌接口窑洞。因为地势平坦，近省道或县道等公路，交通便利，人与牲畜用水都很方便。

2.2.2 乡村聚落的变迁及特点

陕北丘陵沟壑区乡村聚落的历史变迁受多方面的因素影响，了解其历史变迁特点有利于科学地把握该地区乡村聚落现存问题以及未来的发展趋势。陕北丘陵沟壑区地域特点显著，其乡村聚落的变迁具有以下四方面特点。

图2-10 沿河流分布的河谷平原型聚落
(图片来源:作者自摄)

2.2.2.1 生产特征导向下的变迁特点

陕北丘陵沟壑区长期沿袭传统农耕的生产模式,因此其主要有农产品剩余量少、农作物商品化程度很低以及生产闭塞这三个特点。

首先,由于靠天吃饭,该地区农产品的产量一直都很低,因此农产品的剩余量很少。由于陕北丘陵沟壑区多山地,耕地条件有限,自然环境恶劣,自然灾害较多,再加上传统的农业生产方式技术含量低,生产力水平低下,因此普通家庭一年辛苦到头只能维持基本温饱,根本没有剩余产品可出售,生活水平无法得到提高。正因为如此,除了极少数拥有出租地的大地主有能力囤积粮食进行买卖之外,一般的家庭根本没有余粮出售,所以在聚落中也无法形成市场交易,大家的生活基本上局限于本村当中,与外界几乎没有联系,过着与世隔绝的生活。

其次,农作物的品种单一,几乎不能商品化。由于陕北丘陵沟壑区气候条件恶劣,自然条件较差,可耕种的土地中坡耕地所占比重很大,因此农产品种植单一,主要是谷子、糜子和玉米等耐寒耐旱的作物,仅有少数的坝地种植麦子,经济作物更少。因此,可以看出,陕北丘陵沟壑区的农业产品的商品化水平极低。

最后,陕北丘陵沟壑区的乡村聚落基本上是自给自足的生产方式且十分闭塞。该地区对外交通不发达,比较闭塞,从生产、流通、分配到消费都是出于一种原始的自给自足状态。因此,家庭与聚落都是独立的经济个体,与外界的联系很少。这就是典型的内向型经济发展模式,耕地成为农户们的活动场所,也使得乡村聚落的空间分布呈现出一种单一的特征。

综上所述,陕北丘陵沟壑区的乡村聚落在相当长的一段历史时期内,甚至直到改革开放之前,与外界的联系都很少,是十分封闭的,农户基本上从不离开聚落,大多数人过着"日出而作,日落而息"的简单生活。由于主要的生产方式依靠传统农耕,开荒种地就成为增加耕地面积的方式。但是陕北丘陵沟壑区沟壑密布,地形地貌破碎,可供开垦的耕地资源十分有限,因此乡村聚落呈现出一种沿沟谷呈纵深发展,较为零散,居住不集中,追随耕地进行聚落建筑营建的特点。

2.2.2.2 生活方式导向下的变迁特点

陕北丘陵沟壑区的农户在生活方式方面喜欢聚居。主要是因为该地区在历史上就是典型的农牧杂居区,游牧民族居无定所,迁移频繁,热情好客的性格对陕北地区居民的生活方式影响深远。其次,陕北地区历来战乱频繁,抵御外敌入侵使得人们的凝聚力加强,因此在日常的生产生活中,多数人都喜欢交往、聚会,吃饭时亦喜好集中在院外聊天。陕北丘陵沟壑区的住宅主要都是窑洞,一般都建在山体或坡体较平缓和向阳之处,因此,聚落基本上都是靠山或沿沟渠呈曲线或者折线排布,与平原地区的聚落住宅分布形式差别较大。

再者,由于陕北丘陵沟壑区过去用水困难,而人与牲畜的日常饮用水以及田地灌溉均需用水,因此,该地区乡村聚落的营建均选在靠近水源的地域,而且距离水源有一定的安全距离,多为在二级台地上营建聚落。但是随着深水打井的出现,各家都有自来水了,居住地选址受水源的影响逐渐减弱,窑洞聚落的营建逐渐向更高一级的台地发展,使得聚落的变迁仍然走向分散。

2.2.2.3 乡村聚落变迁的选址特点

陕北丘陵沟壑区因其传统的产业经济特点,在聚落修建选择基址时主要有以下两个特点。

第一,土地特别是耕地是选址的主要影响因素。农业生产是传统农业的基础,因此耕地是农户生存的根本保证。土地保有量的多少、土质的养分贫富程度都是导致乡村聚落人口数量和聚落规模的重要因素,乡村聚落的腹地范围主要是由劳作半径决定的。

第二,乡村聚落的选址因地制宜。安全原则亦是乡村聚落选址的基本原则,在此基础之上,传统乡村聚落的选址还受到以下三方面条件的限制。首先,受生产资料条件限制。由于陕北丘陵沟壑区的乡村聚落长期是以传统的农业耕种为主,所以乡村聚落的选址受到土地的制约显著,故而劳作半径即农民由居住地到耕种地的距离,是影响乡村聚落选址的首要因素。其次,受建造条件的限制。陕北丘陵沟壑区的住宅以窑洞为主(图2–11),所以建造窑洞的条件亦成为聚落选址的限制性因素。传统的窑洞一般都是垂直于山体开挖横穴,所以聚落营建的地区土质必须坚固耐用,且要选取向阳的地方营建。最后,还受到土地的所有权的影响。如果该村落的某姓家族土地所有权较大,就会影响到该地区的他姓家庭的居住选址。

总体来说,陕北丘陵沟壑区传统的乡村聚落大多数会在耕地数量较多,地表及地下水丰富的河谷川道,大河的主支流、河流的交汇处以及沟谷相连的地方选址营建。

综上所述,陕北丘陵沟壑区因其所处地域地形地貌条件特殊,耕种条件受到众多制约,其乡村聚落的分布呈现出零散不均匀的特点,基本上均是以劳作半径为范围进行聚落的营建与布置,也存在很多地域差异,具体表现为以下两个特点:

图2-11 传统土窑洞
（图片来源：作者自摄）

第一，建于河谷川道以及近水源的乡村聚落分布较为稠密，规模亦较大。

第二，建于梁峁坡地等条件较差地域的乡村聚落，因为地势高，用水困难，聚落的分布较为稀疏，人口规模不大，农业与林业兼顾。

2.2.2.4 乡村聚落的扩散与变迁特点

在传统的农业社会模式下，农户的生产生活完全依赖土地，聚落周边的土地构成其聚落的腹地范围，因此农业生产的耕作半径和土地的不断开垦是该地区乡村聚落空间扩散与分布演进的主要影响要素。

总体来说，在传统农耕时期，陕北丘陵沟壑区的乡村聚落主要有以下两种空间扩散过程（图2-12）。

图2-12 乡村聚落空间演变过程示意图
（图片来源：作者自绘）

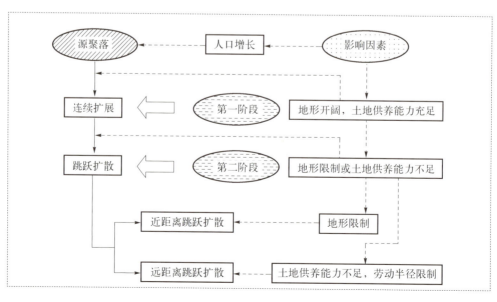

第一，连续性的扩散方式。主要是指乡村聚落向其外部进行连续性的扩散，并且根据土地的利用功能形成以乡村聚落为核心，向其周围依次布置高产的耕地、中低产的耕地以及超出耕作半径的林牧地和荒地。这种扩散实际上是在地形条件不受限制，且聚落的腹地尚能满足聚落人口规模要求的状况下发生的，随着聚落的不断连续性扩散，最后会形成集镇或者集村，相对比较理想，聚落的密度也较高。

第二，跳跃式的扩散方式。这种方式还可以分为近距离的跳跃式扩散和远距离的跳跃式扩散两种方式。

近距离的跳跃式扩散方式：这是当乡村聚落的空间因受到地形条件的限制无法进行连续性扩散时，会选择越过一些河流或者小型沟谷与原聚落发生隔断的一种扩散方式。通常这种近距离的扩散往往不会改变聚落本身的耕作半径，是在聚落的腹地尚可满足聚落人口规模要求的状况下进行的。在陕北丘陵地区，因为地形条件复杂，难免有沟壑、谷道、河流等出现，因此在近距离内发生的扩散十分常见，所以有很多这样的零散村落。零散村落中户与户之间的距离较近，基本上在数百米，所以还是以同一个称谓命名。[2]

远距离的跳跃式扩散方式：这是当乡村聚落在近距离跳跃式扩散之后人口的数量与规模增加较多，使得耕作半径之内的人均耕地数量不断下降，聚落腹地内已经不能满足人口的基本生产需求，而且耕地半径已经不能再继续扩大时发生的。这时，乡村聚落由于远距离的跳跃式扩散，已经形成了各自新的组织管理单位，并且也有了自己的村落腹地。这就是说，远距离的跳跃式扩散方式受到地形和耕作半径是否满足人口规模需求两个因素的双重影响。[2]

陕北丘陵沟壑区长期处于传统的农业社会当中，生产力发展缓慢，因此在受到地形条件的限制下，发生较多的是跳跃式扩散，实际上，连续性扩散与跳跃式扩散一般都会交替出现，或同时发生。

在陕北丘陵沟壑区乡村聚落形成的初期，聚落数量少，往往形成以乡村聚落为中心的环状土地利用带。在乡村聚落的周围由远到近分布有园地、高产耕地以及中低产耕地，最外围就是劳作半径之外的林业用地、牧场、荒地等非农业耕地。伴随着聚落人口的不断增加，聚落建设规模的不断扩张，劳作半径之内的人均耕地数量不断降低。因为传统农业的生产技术发展缓慢，人口的增长对于农产品需求数量的增长远远高于单位耕地面积农作物产量的增长，因此，一方面，人口的增长导致乡村聚落不断扩张，建筑用地吞噬农用耕地；另一方面，为了减慢人口激增带来的经济压力，乡村聚落除稍微扩大劳作半径把少量非农业用地变为耕地之外，还通过加强对耕地的投入来增加农产品的产量。但是当人口持续增长，腹地内的土地严重超负荷时，就会出现少量人口迁移到聚落之间的非耕地上，这就产生了新聚落。伴随着乡村聚落的不断衍生和扩散，乡村聚落逐渐遍布整个丘陵沟壑地区，形成较为分散且密度不均的乡村聚落体系，最后就形成了叶陌相连、鸡犬相闻的乡村景观。同时，非农业用地逐渐且最终会全部变成耕地(图2-13)。

乡村聚落的不断扩张与发展，逐渐遍及陕北丘陵沟壑区的整个区域，使得该地区最后形成了分散的、密度逐渐增大的、星罗棋布的空间结构系统(图2-14)。

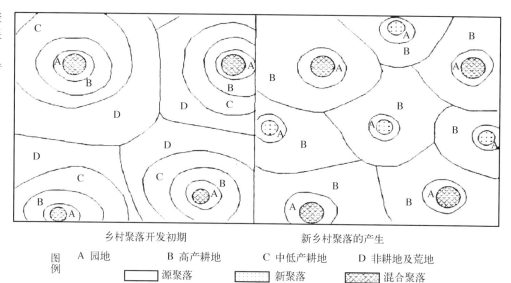

图2-13 乡村聚落系统形成发展示意图
（图片来源：作者自绘）

图例　A 园地　　B 高产耕地　　C 中低产耕地　　D 非耕地及荒地
　　　□ 源聚落　　▨ 新聚落　　▦ 混合聚落

图2-14 陕北丘陵沟壑区乡村聚落形态[71]
（图片来源：王军.西北民居[M].北京：中国建筑工业出版社.2009.）

在这里应当指出，虽然乡村农户们占有土地的情况比较复杂，但在聚落形成的初期，乡村区域内的聚落密度很低，新衍生出来的乡村聚落具备在两个劳作半径之外营建的可能，这样乡村聚落的规模也会变大，呈现出类似于源聚落的环形土地利用的布局。当乡村聚落的密度增大到一定程度之后，新聚落只能占据聚落之间有限的空间，可开垦的耕地相对也较少，因而新建聚落的规模也会较小。

综上所述，陕北丘陵沟壑区乡村聚落的形成与发展进程实际上就是人地关系相互作用的结果。然而在这一进程中，人口数量的增加对于农产品的需求量及速度远超过单位面积农产品的产量增加数量与速度。

这样就产生了两种情况：一是由于人口数量的增加使得聚落内部的建筑用地

不断地占用耕地,耕地数量随着聚落规模的扩大而不断地减少;二是人口数量的增加对于耕地的需求不断地增多,耕地半径被迫增大,还要新开垦耕地,并不断提高对现有耕地的使用强度来提高农产品的产量。但是当耕地半径扩大到极限时,就会产生新的聚落,并且会继续扩大耕作半径,直到土地全部变为农耕地。这种超大强度的土地利用模式严重地破坏了当地自然生态环境和耕地肥力,最终使陕北丘陵沟壑区的人们陷入了"越垦越穷,越穷越垦"的恶性循环当中。

2.2.3 乡村聚落空间及用地特点解析

2.2.3.1 乡村聚落的空间分布特点

陕北丘陵沟壑区,其自然环境条件和社会经济条件具有一定的特殊性,使得该地区乡村聚落的分布极具地域性,与其他地区有明显差异。

1. 乡村聚落的规模及密度一般都不大

陕北丘陵沟壑区总体上来说经济发展缓慢且相对落后,经济基础差,自然条件较差,环境承载力十分有限,地貌特点是千沟万壑、支离破碎,又是以传统农耕为主要产业,为了适应上述条件以及生产与生活的需要,乡村聚落呈现出小而散的分布特点,聚落的规模一般都不大。例如榆林市青阳沟流域位于榆林市南郊,道路条件较好,人口密度约为86人/km^2。由此推出,距离城区越远的广大丘陵地区的乡村聚落的人口密度应该更小,人数更少。

2. 乡村聚落分布不均匀

陕北丘陵沟壑区的乡村聚落分布有着显著的地域差异。在地形地貌条件较好的河谷平原和川道台地区,由于地势平坦,水资源丰富,交通条件便利,人口相对较为稠密、数量也较多,因此村落的密度也比较大,一般为1个/km^2;其次,在地形地貌条件较差的梁峁坡地地区,由于地势崎岖、破碎,平坦的土地较少,交通与水源都不便利,因此聚落的人口数量较少,密度也较小,故乡村聚落的密度也非常小,一般都不超过0.13个/km^2;再次,虽然乡村聚落的分布十分不均匀,但是从大河的河谷地带到一级河谷地带,再到支毛沟、梁峁坡地带,均呈现出树枝状的有规律的变化,就是由河谷平原地带—川道台地地带—支毛沟地带—梁峁坡地地带乡村聚落的密度呈现逐次递减的趋势(表2-1);最后,由相同位置的聚落类型和平均值可以看出,延安地区乡村聚落密度比榆林地区小,尤其是榆林地区的绥德县和米脂县,人口密度远高于延安地区的人口密度。

表2-1 不同地区的乡村聚落密度比较[27]

地区 \ 地形特征	河谷平原类	川道台地类	支毛沟类	梁峁坡地类
四十里铺镇	1.4	1.11	0.46	0.09
韭园沟		1.2	0.43	0.13
五阳川		0.85	0.44	0.05
丰富川		0.87	0.36	0.04
青阳沟		0.98	0.69	0.07
平均值	1.4	1	0.48	0.08

3. 乡村聚落分布多数呈现出"三向性"的特征

"三向性"主要是指乡村聚落在选址时都会选择向阳、向沟和向路的特点。陕北丘陵地区的乡村聚落主要的居住方式为窑洞，窑洞仅有一面开窗，因此就需要充足的日照来弥补窑洞室内光线不足以及容易潮湿的问题，故建窑选址均为向阳的地方，例如绥德县的韭园乡高舍沟村，主体沟道呈东西走向，因此沟内的建筑聚落都建在向阳的一面；再加上该地区干旱少雨，为了用水便利，乡村聚落大多数选择在沟边或者沟底近水源之处营建；聚落营建靠近附近的公路或者乡间道路，有利于与外界联系，这也是影响聚落分布的主要影响因素之一，特别是近30年来，新建住宅都向道路条件好的地方迁移。

4. 农业生产方式对乡村聚落布局的影响

陕北丘陵沟壑区乡村聚落分布分散除了受到其地域性特征影响之外，还与丘陵地区分散的农耕生产方式息息相关。该地区乡村聚落的分散布局表现出旱作农业区的农业生产对人居环境的巨大影响。居住集约化的根本问题是农业生产落后所致，并非乡村建设本身，由此绝不能依靠简单的集中修建住房或者强制性的搬迁就能解决，必须依靠该地区旱作农业生产结构的调整和人居环境深层次的改进相互调整。一方面，通过农业生产模式的更新，以产业技术改良、产业规划为先导促进生产用地的调整合并，进而带动相应居住用地的调整，达到集约化的目标；另一方面，人居环境建设以旱作农业产业布局调整为前提，结合相关产业的具体特征，展开具有针对性的整合建设，最终使分散的耕地现状与居住用地集约化之间的客观矛盾得以消解，真正实现乡村聚落的良性集约化发展。

综上所述，在新时期新的历史背景下，特别是实施了退耕还林之后，乡村聚落应该根据各地实际的情况即农户的需求、实际的生产需求、经济发展需求及生态环境条件等因素进行适当的整合，同时还要尽可能地少破坏地域文化、历史文脉并满足农户们的生活及心理需要。

2.2.3.2 乡村聚落用地组成与用地结构特点

1. 乡村聚落用地组成

根据实地考察，陕北丘陵沟壑区的乡村聚落用地类型可以分为：窑居用地（包括人与牲畜使用的）、房屋建筑用地、院落用地（提供人们休息、晾晒东西）、门前户与户之间的道路用地、农户居住地前后和户与户之间的空地。

2. 乡村聚落的用地结构特点

1）院落用地所占比例最大

从表2-2可以看出，在乡村聚落的用地组成中，窑居用地与房屋建筑用地占25.2%，院落用地占41.2%，户间道路用地占9.7%，户与户之间的空地占23.9%。在新营建的乡村聚落中，例如表2-2所列的榆阳区古塔乡赵庄新村，可以看出，院落所占的比例更大了，达到了58.6%，窑居用地与房屋建筑用地占27.6%，道路用地占13.8%。

由以上可以推出，在陕北丘陵沟壑区，根据农户的生产生活需求，每家每户均需要可供晾晒、储物及停放农用机车的大的院落空间。而且，为了适应不断增长的新的生产需求，现代化的交通工具也是必须考虑在内的，因此道路用地设计时所占的比例亦应有所增加。

表2-2 陕北丘陵地区乡村聚落土地利用调查汇总[27]

县区、乡、镇、村	户数(户)	人数(人)	聚落占地		占有窑洞(或窑式平房)情况			占有院落情况			占有道路情况			占有空地情况		
			实有面积(m²)	户均实有(m²)	总面积(m²)	占聚落(%)	户均面积(m²)	总面积(m²)	占聚落(%)	户均面积(m²)	总面积(m²)	占聚落(%)	户均面积(m²)	总面积(m²)	占聚落(%)	户均面积(m²)
榆阳区古塔乡黄家圪崂	8	29	2 747	309.25	639	25.83	79.9	915	36.98	114.4	300	12.13	37.5	620	25.06	77.5
榆阳区古塔乡李家苗	6	21	5 379	896.5	936.1	17.4	156	1 975	36.72	329.2	520	9.85	86.7	1 948	36.22	324.7
榆阳区古塔区赵庄	6	23	2 016.9	336.15	621.4	30.81	103.6	1 004.5	49.80	167.4	151	7.49	25.2	240	11.9	40
榆阳区鱼河镇王庄	6	21	2 713	452.17	682	23.14	113.7	925	34.10	154.2	508	18.72	84.7	598	22.04	99.7
绥德县韭园司马家园村	6	29	2 717	452.83	799	29.41	133.2	1 267	46.63	211.2	251	9.24	41.8	400	14.72	66.7
绥德县韭园司马莲沟	4	16	1 318.8	329.7	416.5	31.58	104.1	613.3	46.51	153.3	81	6.14	20.3	208	15.77	52
宝塔区李渠镇杨兴庄	6	20	2 193.2	365.5	689.2	30.97	113.1	932.5	42.52	155.4	150.5	6.86	25.1	431	19.65	71.8
宝塔区李渠镇刘庄	6	39	3 730.5	621.8	1 285.5	34.46	210.3	1 936	51.90	322.7	135	3.62	22.5	374	10.02	62.3
宝塔区李渠镇碾庄	7	36	3 003.3	429	944.4	31.45	135	1 232.9	41.05	176.1	214	7.12	30.6	612	20.38	87.4
宝塔区元龙寺乡黄屯	11	51	5 030.5	457.3	1 181.5	23.49	107.4	2 326	46.24	211.5	542	10.77	49.3	981	19.50	89.2
宝塔区元龙寺乡陈家屯	11	35	4 935.3	448.7	1 127.4	34.47	109.8	1 660.9	33.65	151	579	11.73	52.6	1 488	30.15	135.3
宝塔区元龙寺乡元寺村	10	45	5 361.2	536.1	896.8	16.73	89.7	2 069.6	38.61	207	522.5	9.74	52.3	1 872	34.92	187.2
合 计	87	365	40 872.7	470	10 288.8	25.17	118.3	16 858	41.25	193.8	3 954	9.67	45.5	9 772	23.91	112.3
榆阳区古塔乡赵庄新村	80	320	32 480	408	8 960	27.59	112	19 040	58.62	238	4 480	13.79	56	—	—	—

2）乡村聚落的面积有显著的地域差异

从表2-2可以计算出，在户均聚落用地面积中，位于北部的榆阳区面积最大，有484 m²；位于南部的延安宝塔区屈居第二，有476 m²；中北部的绥德县面积最小，仅404 m²。造成这一现象的主要原因应该是农业人口的密度。绥德县的农业人口跟其他两个地区相比密度最大，达到165人/km²，因此人均的土地面积最小；延安的宝塔区居中，人口密度为55.6人/km²；而榆阳区的农业人口密度最小，为41.2人/km²。因此人均土地面积越大的地区乡村聚落用地的面积就越大。

再有，从表2-2还可以看出，在同一地区，距离县城的行政驻地越远的且交通不便利的乡村聚落所用土地面积也较大，就像李家庙、王庄、黄屯、元龙寺这些村落，户均占地有896.5~457.3 m²；相对地，距离县驻地近的交通方便的乡村聚落用地面积相对较少，例如韭园村、杨兴庄、碾庄等村落，户均占地为329.7~453.2 m²。

由于陕北丘陵沟壑区地形支离破碎，丘陵起伏，沟谷众多，因此乡村聚落用地面积受地形条件影响也较大。例如赵庄、马莲沟、黄家圪崂等聚落都地处小支毛沟内或者是比较陡的边坡上，因此聚落发展的空间与面积都受到很大限制，户均占地仅有309~329 m²。

3. 乡村聚落未来用地的发展趋向

1）乡村聚落用地面积增长趋向

根据表2-3所显示的数据可以看出，在1983—2002年间榆阳区、绥德县与宝塔区的乡村聚落用地呈增长的趋势，主要应该有以下三方面原因。

表2-3　乡村聚落用地增长情况[27]

区、县	1983年		2002年		2002年比1983年增加（%）
	农业人口（万人）	聚落用地（万亩）	农业人口（万人）	聚落用地（万亩）	
榆阳区	23.66	4.706	20.09	5.776	22.7
绥德县	24.84	3.346	30.99	4.174	25.5
宝塔区	15.4	2.492	19.68	3.185	27.8

首先，由于农业人口的不断增加，再加上陕北丘陵沟壑区开始流行年轻人自立门户的新习俗，新的农户就随之增加，这就需要增加乡村聚落的空间与面积。

其次，在改革开放之后，陕北丘陵沟壑区的区域经济有了快速的发展，农户基本上已经解决了基本的温饱问题，生活水平较以往明显提高，因而对居住环境有了更多的要求，有能力的农户就开始扩建窑洞或者住房的面积及空间；再加上家庭联产承包责任制实施之后，村落的土地所有权有了归属，农户在建新房时除了宅基地要县政府审批之外，大多数地是自己的责任田或者是跟村中的集体土地置换而得来的，所以住宅前后的土地多半都是农户自己持有，这样就在无形中增加了院落和户间空地的面积。

最后，自1999年国家推行退耕还林政策开始，坡耕地大面积地退耕导致零散居于沟谷中的散户纷纷搬迁出来，并在靠近河道或者交通便利的地方新建住房。这在一定程度上是对原有的聚居聚落进行的扩建，使得很多地方的乡村聚落面积有所增大。但是,这里需要指出的是,由于退耕还林政策的实施对陕北丘陵地区影响巨大,对于聚落面积的增减问题是因地而异,发展很不平衡,后文中会详细阐述。

2) 乡村聚落用地正在向条件好的地方迁移

实地考察不难发现,很多废弃的旧的聚落,主要都是黄土窑洞,而且这些窑洞大多数地处不利于耕种的坡耕地附近,距水源也较远,交通亦十分不便。而现在搬迁的驻地一般都是靠近水源或者公路的沟底的平底及缓坡地,这里交通便利,人畜饮水方便,耕地的质量更高,虽然新建的窑洞占据了部分可耕之地,但是人们的居住环境得到了很大的改善。尤其是退耕还林政策实施之后,大面积的坡耕地已不再耕种,农户大多数搬迁到比原先居住条件更好的地方。

2.2.4 乡村聚落布局方式

陕北丘陵沟壑区地形、地貌条件复杂,受此限制该地区的乡村聚落分布形式主要有以下5种。

2.2.4.1 块状分布形式

这种分布形式多在川道或者坝地多的地区。这种乡村聚落的内部空间布局较为紧凑,就是住宅与聚落内部的其他建筑物的布局密度较大,成片布置,连接紧密,且长方形的居多。块状分布的聚落的特点是居住用地集中,节省用地,有利于排布文化教育、医疗卫生、商业及娱乐等基础公共设施(图2-15)。

图2-15 乡村聚落的块状分布形式
(图片来源:作者自摄)

2.2.4.2 线性分布形式

这种分布形式多数是居住建筑沿着山体底部形态、道路或者河流呈"一"字形分布。线性分布形式有两个明显的优点,首先,居住建筑群距离道路与河流近,交通便利,人畜用水均很方便,距离耕地距离近,耕作半径小,耕种方便;其次,居住建筑

图2-16 乡村聚落沿山脚与道路分布的线性分布形式
(图片来源：作者自摄)

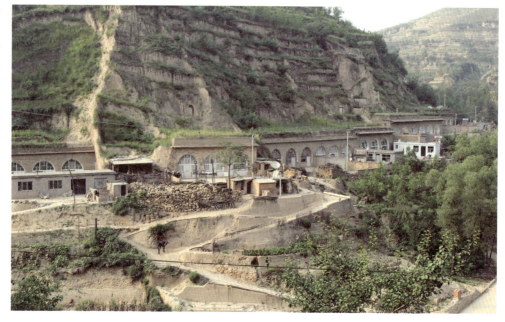

大多数朝向很好，有很好的日照与采光，居住环境比较开阔。但是由于是沿着自然地形或者人工形体一字排开，居住建筑群落的分布扯得很长，不利于公共设施的安排，也不便于集体文化活动的开展。故线性分布形式的乡村聚落的长度是否恰当是这种布局类型未来发展与存在的关键（图2-16）。

2.2.4.3 扇形分布形式

这种分布形式主要位于山坡地带，主要特点是能有效地利用山体、丘陵的地形进行聚落的布局，聚落分布也较为集中，朝向阳面，日照与采光均很好而且视野较开阔（图2-17）。

图2-17 乡村聚落在山坡上的扇形分布形式
(图片来源：作者自摄)

2.2.4.4 散点分布形式

这种聚落分布形式是陕北丘陵地区最为常见的一种住宅分布形式,也是现在变化最大及最需要改造的聚落分布形式。在过去传统的农业生产方式下,由于受到地形地貌条件的限制,以及耕作半径的制约,陕北丘陵地区的乡村聚落分布非常分散,建筑的营建从来都没有统一的规划与设计,一般都是耕地在哪里房屋就修到哪里,只要是耕地方便就行。这种零散的分布形式使得农户与农户之间的联系不便、农户出行不便、公共基础设施安排不便,甚至农户与外界的联系几乎中断,不能适应现今的现代化农业生产与生活方式要求(图2-18)。

图2-18 位于山间的乡村聚落散点分布形式

(图片来源:作者自摄)

2.2.4.5 多种形式相结合的综合分布形式

这种分布形式可以说现在最为常见。退耕还林政策的实施对陕北丘陵沟壑区乡村聚落的生产与生活模式产生了巨大的影响,坡耕地退耕,农户搬迁到山下,产生新的聚居形式。由于该地区地形复杂,所以很多地方并非像上述4种分布形式所述的那么简单,而是根据各地现状,因地制宜,产生了多种分布形式相结合的综合分布形式。

1. 扇形与线性分布相结合的分布形式

绥德县满堂川乡的贺一村就是典型的扇形与线性分布相结合的分布模式。老的村落是建于山间坡地上的扇形分布形式,而新建聚落是沿着山脚线和道路呈一字形展开的线性布局形式(图2-19、图2-20)。此种聚落分布形式主要是为了适应该地的地形条件而产生的,优点是能很好地利用当地的地形条件,节约用地;缺点是新老聚落之间有一定的距离,所以沟通不便。

图2-19　绥德县贺一村扇形布局的村落全景
（图片来源：作者自摄）

图2-20　绥德县贺一村线性布局的村落全景
（图片来源：作者自摄）

2. 散点与线性分布相结合的分布形式

吴起县的凤鸣湾凤鸣新村就是典型的散点分布与线性分布相结合的模式。新建的凤鸣新村是吴起县的示范点，沿着省道和洛河呈一字形布局展开，但是还是有极少的一部分农户不愿意搬迁到新村居住，而选择居于路对面的山谷深处的老宅子中，这些老宅子大多数是年代久远的靠山黄土窑洞（图2-21）。造成这种模式出现的主要原因是当地个别农户对于集中聚居抗拒，而且极不适应，或者不习惯住新居所造成的。

这种模式的优点是集中解决了大多数农户零散居住的现状，有利于设置公共的基础设施（图2-22）、交通便利（图2-23）、人畜用水均很方便。缺点是集中居住受地形条件限制，可用之地有限，每户的院落都不大（图2-24），难以满足农户的生产生活需求。

图2-21　吴起县靠山黄土窑洞
（图片来源：作者自摄）

图2-22 吴起县凤鸣新村社区服务点
(图片来源:作者自摄)

图2-23 吴起县凤鸣新村交通便利
(图片来源:作者自摄)

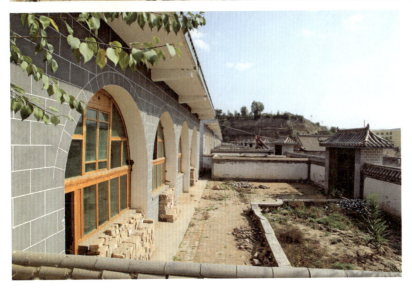

图2-24 吴起县凤鸣新村新建住宅院落
(图片来源:作者自摄)

图 2-25 呈垂直状的聚落空间结构示意图
（图片来源：作者自绘）

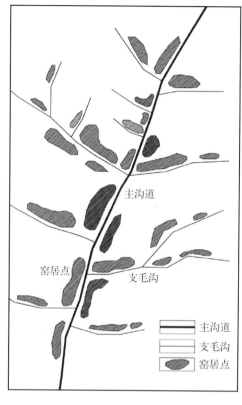

2.2.5 乡村聚落空间结构特征

陕北丘陵沟壑区乡村聚落的空间结构有以下4个结构特征。

2.2.5.1 垂直状结构

主要的沟道沿南北呈垂直走向，支毛沟垂直于主体沟道，乡村聚落主要沿着主沟道的两侧分布，并在两者交汇处向支毛沟呈纵深发展，分布于支毛沟的北侧向阳处，乡村聚落整体呈现出南北垂直分布的结构特征（图2-25）。

2.2.5.2 平行状结构

主要的沟道沿东西走向，支毛沟仍然垂直于主体沟道，乡村聚落的居住点主要沿主体沟道的北侧分布，并在两者的交汇处向支毛沟内部发展，南北支毛沟两侧的分布比较均匀。乡村聚落的整体呈现出沿东西方向平行分布的结构特征（图2-26）。

2.2.5.3 树枝状结构

树枝状结构模式是陕北丘陵沟壑区乡村聚落最具代表性的空间结构形式，在小流域的上游地区比较常见。在这种结构里，主体沟道与支毛沟的交汇处常常形成规模较大的乡村聚落聚居点，聚落建筑密度较大，分布较为密集，由主体沟道向支毛沟缓慢发展，就像是生长在大树树枝上的枝杈与树叶（图2-27）。

图 2-26 呈平行状的聚落空间结构示意图
（图片来源：作者自绘）

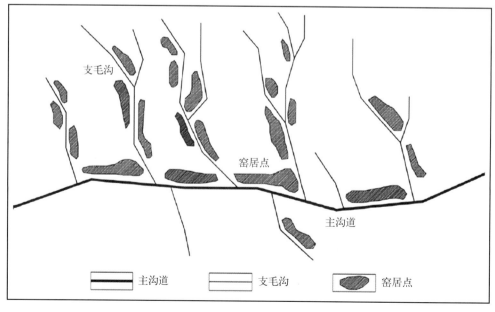

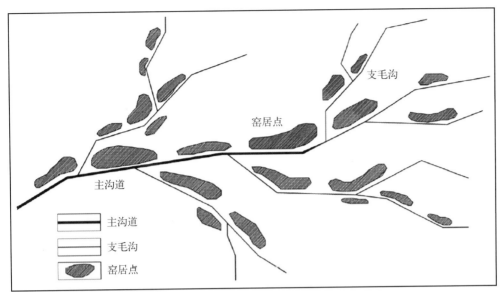

图2-27 呈树枝状的聚落空间结构示意图
(图片来源：作者自绘)

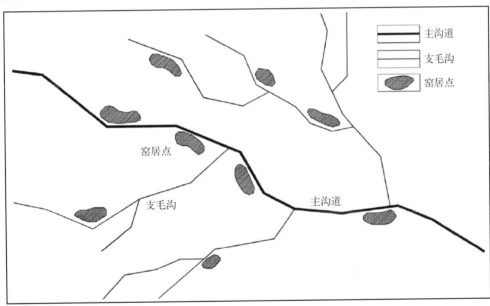

图2-28 呈散点状的聚落空间结构示意图
(图片来源：作者自绘)

2.2.5.4 散点状结构

在陕北丘陵沟壑区的沟谷狭长地带，乡村聚落的分布较为稀疏，人口规模也较小，有的也就10家甚至1～2家组成小的村落，聚落群分布零散，密度极低，形成散点状的聚落结构特点（**图2-28**）。

综上所述，陕北丘陵沟壑区乡村聚落的形态变迁及特征与所处地域环境的特征以及社会文化因素息息相关。乡村聚落的选址及分布特点受到地形地貌条件限制较多，除此之外，乡村聚落的生产生活方式、社会风俗、经济发展水平等因素也会影响乡村聚落的变迁与分布特征。伴随着外部条件的变化，乡村聚落的变迁与分布特征也会随之改变，在这个动态的进程中，外界因素与内在需求共同影响着乡村聚落的发展。只有不断地适应外界条件的改变，并满足乡村聚落的内在需求，乡村聚落的发展才会呈现出良性的、可持续发展的状态。因此不同地域条件及人为因素的变化都会导致乡村聚落在变迁与分布特征上的显著差异。

2.3 影响乡村聚落变迁的因子及其权重

2.3.1 影响乡村聚落变迁的一般性因子及其权重

2.3.1.1 概述

明确了什么是乡村聚落,接着就应该了解乡村聚落在不断的发展与变迁进程中到底受到哪些因子的影响。一般而言,影响乡村聚落发展与变迁的一般性因子主要包括两个方面:首先是自然因子,包括地质地貌条件、自然资源分布状况(例如水资源、矿产资源、土地资源等)、气候条件(温度、湿度、雨雪等)、生态环境(植被、生物种类等)等;第二是人文因子,包括生产生活方式、劳作半径、人口状况(人口数量、受教育程度、男女老幼比例等)、经济发展水平(人均收入、地方经济发展速度、经济增长速度等)、区位条件(地理位置、地域特点等)、道路交通条件、基础设施状况(电力、电信、网络等)、公共服务设施状况(医疗、卫生、教育等)、政策制度、社会风俗文化等。这些都是影响和制约乡村聚落发展与变迁的一般性影响因子。

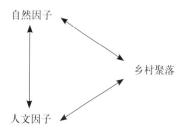

图2-29 自然因子与人文因子以及乡村聚落之间相互作用
(图片来源:作者自绘)

这两类因子共同作用于乡村聚落,同时,乡村聚落在发展与变迁的过程中又反过来影响着自然因子与人文因子,三者在相互作用中不断地推进乡村聚落的发展与变迁(**图2-29**)。

2.3.1.2 自然因子

乡村聚落的产生与发展离不开自然因子的作用。一般而言,自然因子对于乡村聚落的变迁与发展有着原始的推动力,亦是决定其主要特点的原动力。

1. 地质地貌条件

地质条件是乡村聚落营建的基本的地基基础,影响着乡村聚落的建造类型、建造方式、建造材料与分布特点等。良好的地质条件对于乡村聚落群的建筑地基的营建至关重要。因此地质条件对于乡村聚落群体的选址影响较大,也直接决定了乡村聚落的规模以及未来发展的动态趋向。

乡村聚落建筑群的地基条件稳固,建筑群的根基就较为稳固,就为乡村居民长期定居提供了可能性。

若遇到地质条件较差但是又非得建造房屋的状况,那么建筑的基础与建造方式就要随着地质条件的改变而变化,尽可能地取长补短,弱化地质条件带来的不利因素,营建适宜特殊地质条件的房屋与群落。但是这样状况建筑的规模一般都较小,零散、分离的建筑较多,很难形成大面积的聚居,仅供少数居民使用。这种状况在山区等地质条件不稳固的地方时有发生。

地形与地貌特点亦是形成乡村聚落的重要影响因子,它们直接影响着乡村聚落建筑群的分布状况与内部格局。主要表现在以下三个方面:

首先,地形地貌类型不同,乡村聚落的分布形式亦不同。在平原地区,乡村聚落的分布形式较为灵活多样,不大受到地形地貌的限制;但是在山地地区,乡村聚落的分布就受到很大的限制,乡村聚落多数分布于山体沟谷较为宽阔的谷底位置,或者丘陵地区土质覆盖较厚的地方,或者分布在沟谷和山坡阳面的下方。

第二,地形地貌亦影响着乡村聚落的选址以及分布的位置。平原地区的乡村聚落由于地势平坦,因此在选址时的影响系数小;但在山地地区,乡村聚落的选址就受到地形条件的多方限制。多数山区的聚落群分布于沟谷较宽的、较陡的向阳的坡地上,而聚落周边多有缓坡地,有利于农耕;亦有极少数的聚落居民选择在阴坡较缓的地方营建住房,多数是受到地形条件的限制,但是主要原因是周边有可供耕种的坝地或者缓坡地。

最后,地形地貌条件也直接影响到乡村聚落建筑群规模以及建筑单体的营建模式,包括:建筑造型、建筑材料、营建方式、院落布局、群体结构、内部空间等。

2. 自然资源分布状况

自然资源主要包括:土地资源、生物资源、农业资源、森林资源、国土资源、矿产资源、海洋资源、气候气象、水资源等。这些资源对于乡村聚落或多或少都有影响,根据所处地区的资源分布差异,各个因子的作用程度不同。

一般来讲,水资源是乡村聚落选址最重要的考虑条件之一。例如,在水资源匮乏的地区,乡村聚落的选址就会主要参考距离水源近的地方营建,有利于居民日常生活与农耕用水;对于矿产资源丰富的地区,乡村聚落往往选择距离矿产资源便捷的地方营建,有利于采矿,促进经济发展;对于森林资源丰富的地区,乡村聚落的营建会主要考虑建在林区,这样有利于管护林区与作业。因此,可以看出,自然资源的分布状况对于乡村聚落的选址影响较大。

3. 气候条件

气候条件主要包括:气压、气温、湿度、风向风速、降水、雷暴、雾、辐射、云量云状等因子。这些因子共同影响乡村聚落的建筑群体布局、院落布局形式、建筑单体的造型与材料等方面。

例如,在降雨量较多的地区,如南方诸地,乡村聚落的建筑屋顶的坡度都较大,挑檐较远,窗墙比大,这样有利于雨水及时排走,并保护建筑的基础,通风良好;对于降雨量少,日照时数比较长,昼夜温差大的地区,如新疆地区,聚落的屋顶会采用平屋顶,墙体较厚,开窗也较小而高,可以减少蒸发量;还有过渡地区,例如甘肃南部与四川交接的地区,这里冬季寒冷,夏季紫外线较强,降雨量不大,建筑的屋顶采用缓坡,但是建筑内部是平屋顶,坡屋顶与平屋顶之间架空,有利于雨水排走的同时,在炎热的夏季通风良好,是典型的适应气候而生的建筑造型。

4. 生态环境

生态环境的涵盖面很广,在本文中主要是指影响乡村聚落建筑群分布和居民生活的植被覆盖率、植被种类、生物种类等因子。良好的生态环境会直接影响乡村聚落群的选址与营建,亦影响在此定居的居民的日常生活环境与水平。

综上所述,自然因子对于乡村聚落的选址、乡村聚落的布局方式、乡村聚落的规模、乡村聚落的功能分区、院落布局方式、单体建筑的造型、建造材料以及营造方式等方面都有影响。

2.3.1.3 人文因子

除上述的自然因子之外，人文因子也是影响乡村聚落发展与变迁的重要因素。如果说自然因子是推动乡村聚落发展的原动力，那么人文因子是推动乡村聚落发展的内部原因。

1. 生产生活方式

生产生活方式决定了乡村聚落居住者的生活习惯，不同的生产生活方式产生不同的乡村聚落布局方式，南北差异较大。例如，传统的农耕生产方式决定了乡村聚落的布局方式围绕劳作用地展开，其聚落布局方式受到的局限较大，且院落的布局方式与生产生活方式也息息相关；相反地，第三产业发达的乡村聚落，其群体布局方式与院落布局方式较为灵活多变，一般会根据产业发展的特点进行布局与设计，但是归根结底都是受到生产生活方式的影响。

2. 劳作半径

劳作半径是指劳动者到达劳动地方的距离，也可说是劳动者到达劳动地的时间。这就牵涉到人活动的基本尺度问题，如果步行则该尺度较小，花费时间要在可接受范围之内，不宜太远；若是利用农用机械，则尺度可能增大很多。因此，劳作半径对于乡村聚落的规模以及布局方式的影响较大。

3. 社会风俗文化

不同的地区有着不同的文脉背景与风俗习惯，乡村聚落的布局方式、功能分区、院落的布局方式以及建筑单体的样式与建造材料都受到它们的影响。

例如西藏以及甘肃南部地区，藏族的宗教文化影响深远，宗教氛围十分浓厚，而乡村聚落的建筑单体相对于富丽而绚烂的宗教建筑就显得简陋、朴实得多，大多数建筑都是选用当地的石头、土以及"边玛"草建造而成的，颜色艳丽的"边玛"墙是藏式建筑的显著特征之一。藏族建筑的色彩艳丽但细腻，大块的色块是其构图的特点，主要用白色、黑色、黄色与红色等，不同的颜色具有不同的意思；同时色彩亦有等级之分，一般的乡村聚落民居主要用黑色和白色。这些都是由于所处地域不同、文脉与风俗习惯不同而影响到乡村聚落的布局方式、功能分区以及建筑单体和建造材料的典型实例。

4. 经济发展水平

地方的经济发展水平直接决定了乡村聚落的发展与建设速度。人均收入、地方财政收入、地方经济的发展速度以及地方经济的增长速度等因子都影响着乡村聚落的发展。

乡村的人均收入状况直接影响着乡村聚落的建设速度与规模。一般而言，收入较低的地方，建筑群落在营建时对于建筑的造价顾及较多，聚落建筑的建造数量与规模都不大，建筑的式样也较为简单，造价要求低廉。这也使得乡村聚落群体的发展受到一定程度的制约，发展相对缓慢，几乎无力扩张；相对地，在人均收入较高的地方，建筑的造价并不是主要的考虑因素，建造的新建筑亦较多，聚落规模随着人的要求亦不断扩张，建筑的样式与形式也更加丰富多彩，复杂得多。

地方的财政收入与地方经济的发展速度对乡村聚落的发展起着外部催化的作

用。如果地方政府财政收入较高,经济发展较快,增长态势良好,那么对于乡村聚落的投入也会相应地增多,关注亦较多,有利于推动乡村聚落在宏观层面的发展。乡村聚落在自身发展顺利的同时会对地方产生良性的推动作用,政府与地方的这种互动就多,这是一个较好的良性循环。反之,如果地方政府都自顾不暇,更不会关注乡村聚落的发展,对其的投入就越少,乡村聚落基本上就只能靠自己,与地方政府的互动很少或者几乎没有,即会陷入相对不利的境地。

5. 人口状况

人一直都是乡村聚落的主体,人口的数量与规模、人口的受教育程度、男女比例、老幼比例等都是影响乡村聚落发展的重要因子。

人口的数量与规模直接影响着乡村聚落的规模大小与数量的多少。对于人口分布不均匀的地区而言,往往是条件较差的地区人口也较稀少,乡村聚落的规模亦较小且分布分散,发展相对缓慢;相对地,人口密集的地区,一定是条件较好的地方,随之乡村聚落的规模亦较大,分布相对集中,发展也较为迅速。总之,人口密度越大,乡村聚落的分布越密集、越集中,反之亦然。

人口的文化程度也影响着乡村聚落的发展。人受教育程度越高,相应的人口的素质就越高,这对于优化乡村聚落的结构与未来发展起着良好的推动作用,有利于乡村聚落与外界沟通与接轨,吸收有益的、科学的发展理念,结合当地特色,促进乡村聚落的良性发展;相反地,乡村聚落的人若受教育程度较低,思想意识较为落后,只顾守着传统的、老旧的观念,对先进的、科学的理念较为排斥,思想闭塞、墨守成规,就不利于乡村聚落的发展,会使乡村聚落的发展停步不前或者发展缓慢。

男女的比例与老幼的人口比例直接决定了乡村聚落可用劳动力的数量与质量。在青壮年劳动力占优势的乡村聚落中,可用的劳动力较多,营建新居、新院乃至新的建筑群落都十分迅速,人口扩张亦较快,聚落的规模不断增加,发展相对迅速;反之,如果男少女多、老幼比重较大,那么可用的有效劳动力较少,乡村聚落的发展就较为缓慢、停滞不前,甚至出现大面积的荒废,规模随之缩减。

综上,人口的状况对于乡村聚落的发展影响很大,是推动乡村聚落发展的内部动力。

6. 区位条件

区位条件一方面指一个事物所处的具体位置,另一方面指该事物与其他事物之间的空间联系。其构成因素种类繁多,主要包括:自然资源、地理位置,以及社会、经济、科技、管理、政治、文化、教育、旅游等方面。大部分情况下,一个地方的区位是指这些因素的总和,随着地理位置的变化,这些因素的影响也会随之改变,影响程度不尽相同。

本书在此主要是指乡村聚落所处的地理位置及其所代表的地域特点,区位条件对于乡村聚落的院落布局以及单体建筑的样式及建筑材料影响显著。

7. 道路交通条件

道路交通条件从古时起就是影响地区发展的重要因素,曾业松最早就发表过"要想富,先修路"的观点,这就是在强调道路交通对于地方发展的重要性。

在广大平原地区,道路交通相对发达,聚落与外界的联系较为紧密,无论是信息还是物流都能较为迅速地通达,所以乡村聚落的发展相对也快得多,规模较大,发展程度较高,这些都直接影响到聚落居民的收入与生产生活水平;反之,在山地地区,由于山地众多,丘陵起伏,修建道路较为困难,直接制约着乡村聚落与外界的联系与沟通,制约着乡村聚落的发展速度。公路交通仍然是山地地区乡村聚落之间以及与外界联系最重要的方式之一,道路的分布与格局直接影响着乡村聚落的群体分布与内部格局。时至今日,在山区的乡村聚落仍然会选择距离公路近的地方营建,由此可见道路交通条件对乡村聚落的影响巨大。

8. 基础设施状况

基础设施主要包括:给水设施、排水设施、供电设施、通信设施、道路交通(前面已经谈到,这里不再赘述)、清洁能源的利用、燃气利用以及环境卫生设施等方面。

基础设施状况一直都是制约乡村聚落发展的主要因子之一。良好而完备的基础设施条件是乡村聚落发展的基本保障,亦是评价乡村聚落发展水平的标准之一。而相对于城市而言,乡村聚落的基础设施条件是较为不完善的,这与其所处地区的特点以及经济发展水平等因素密切相关。

一般来说,地方经济较为发达的地区,例如江浙一带的乡村聚落,由于地方财政收入高,乡村聚落自身的产业链也较为成熟,居民收入较高,基础设施的建设很受重视,因此基础设施的建设较为完善,为当地的居民提供了良好的生活生产保障,乡村聚落的发展水平相对较高,规模与数量扩张很快,发展速度相对也较快;反之,在西北地区尤其是山地地区,地方财政收入微薄,乡村聚落的基础设施建设不完备,当地居民的生产生活水平就受到很大程度的影响,乡村聚落的发展往往比较缓慢,规模亦长期没有变化,不利于推进乡村聚落的良性发展。

9. 公共服务设施状况

公共服务设施主要包括以下8个方面:

(1)教育:托儿所、幼儿园、小学、中学等;

(2)医疗卫生:医院、诊所、卫生站等;

(3)商业、服务:食品、菜场、书店、服务站、集贸市场等;

(4)文化、教育:影剧院、俱乐部、图书馆、游泳池、体育场、青少年活动站、老年活动室等;

(5)金融邮电:银行、储蓄所、邮电局、邮政所等;

(6)行政管理:商业管理、街道办事处、居民委员会、派出所等;

(7)市政公用:公共厕所、变电所、消防站、垃圾站、水泵房等;

(8)其他:居住区内的街道工业、手工业等。

公共服务设施状况亦是制约乡村聚落发展的影响因子之一。完善的公共服务设施是评价乡村聚落发展水平的重要衡量标准之一,其对于乡村聚落的内部功能分区以及乡村聚落的发展规模都有影响。

10. 政策制度

政府采用什么样的政策与制度对于乡村聚落的发展也有着一定的影响。例如近几年我国大力发展新农村建设,投入了大量的人力、物力与资金,对于促进乡村聚落的现代化进程迈出了有益的一步。这项新政策就对乡村聚落选址、建筑群的布局方式、聚落的规模、内部功能分区、院落布局方式以及建筑单体的样式与建造材料的选择等方面都有着巨大的影响。

综上所述，人文因子对于乡村聚落选址、布局方式、聚落规模、功能分区、院落布局方式以及建筑单体的样式与建造材料亦有着巨大的影响。

表2-4详细罗列了自然因子与人文因子对于乡村聚落各个方面影响的权重，并划分了5个等级，权重越大的因子影响等级越高。

表2-4 影响乡村聚落的一般性因子及其权重

影响乡村聚落的一般性因子		乡村聚落选址	乡村聚落布局方式	乡村聚落规模	院落布局方式	建筑单体样式与建造材料
自然因子	地质地貌条件	▲▲▲▲▲	▲▲▲▲▲	▲▲▲	▲▲	▲▲▲▲
	自然资源分布状况	▲▲▲▲	▲▲	▲▲▲		▲▲▲▲▲
	气候条件			▲▲▲	▲▲▲▲▲	▲▲▲▲▲
	生态环境	▲▲▲		▲▲		▲▲▲
人文因子	生产生活方式	▲▲▲	▲▲▲▲		▲▲▲▲	▲▲
	劳作半径	▲▲▲	▲▲▲▲			
	社会风俗文化		▲▲▲▲		▲▲▲	▲▲▲▲
	经济发展水平			▲▲▲▲	▲▲	▲▲▲▲
	人口状况			▲▲▲▲▲		
	区位条件	▲▲▲▲	▲▲▲	▲▲		▲▲▲
	道路交通条件	▲▲▲	▲▲▲	▲▲		
	基础与公共服务设施状况	▲▲		▲▲▲		
	政策制度	▲		▲▲		

注：▲代表不同因子对乡村聚落影响的权重，▲越多就代表权重越大。笔者在这里把权重分为5个等级，最高级为5个▲。

由表2-4可以看出，一般性影响因子对于乡村聚落的权重不尽相同。

（1）影响乡村聚落选址的因子及其权重：地质地貌条件与自然资源分布状况影响最大，区位条件与道路交通条件影响次之，生态环境、生产生活方式与劳作半径影响再次，基础与公共服务设施影响较小，政策制度影响最小；

（2）影响乡村聚落布局方式的因子及其权重：影响乡村聚落布局方式的决定性因子是地质地貌条件，生产生活方式、劳作半径与社会风俗文化的影响次之，气候条件、区位条件与道路交通条件的影响较小，自然资源分布状况的影响最小；

（3）影响乡村聚落规模的因子及其权重：人口状况和经济发展水平起决定性作用，地质地貌条件、自然资源分布状况和基础与公共服务设施的影响次之，生态环境、区位条件、道路交通条件与政策制度的影响最小；

（4）影响院落布局方式的因子及其权重：起决定性作用的是气候条件，其次是生产生活方式，社会风俗文化的影响次之，地质地貌条件与经济发展水平的影响较小；

（5）影响建筑单体样式与建造材料的因子及其权重：气候条件是影响建筑单体的决定性因子，自然资源分布状况是建造材料的主要影响因子，地质地貌条件对于单体建筑的风貌影响显著，社会风俗文化和经济发展水平也是影响建筑单体与建造材料的主要影响因子，生态环境和区位条件的影响次之，生产生活方式的影响最小。

综上所述，影响乡村聚落发展与变迁的一般性因子种类繁多，对乡村聚落的影响各有侧重，不尽相同。但是这里要明确的是，表2-4所归纳的影响程度并非适用于所有的乡村聚落，实际的情况要复杂得多。由于其中一个因子的改变而导致其他因子作用程度发生变化是十分常见的，因此要具体问题具体分析，因地制宜，切不可以偏概全。

2.3.2 影响乡村聚落变迁的地域性因子及其权重

2.3.2.1 概述

前面已经论述过影响乡村聚落变迁的一般性因子，涉及乡村聚落变迁的方方面面，并详细地罗列出各个因子对乡村聚落的作用程度以及影响方式，这些是影响所有乡村聚落变迁与发展的基本因子。具体到陕北丘陵沟壑区乡村聚落的变迁与发展，这些影响因子的影响仍然存在，只是由于地域差异，每个影响因子对于不同地域乡村聚落的影响程度有所不同，有着各自地域的不同特点，因此陕北地区乡村聚落变迁与发展的影响因子的侧重点有所变化。

影响陕北丘陵沟壑区乡村聚落的因子主要还是包括两方面的内容：首先是自然因子，包括地质地貌条件、资源分布状况（如水资源、土地资源、矿产资源等）、气候条件（降雨量、全年平均气温、日照等）和生态环境（主要植被、植物种类、生物种类等）；其次是人文因子，包括生产生活方式、社会风俗文化（风俗文化习惯、文脉等）、经济发展水平（人均收入、经济发展与增长速度等）、劳作半径（居住地到达耕作区域的时间与距离）、人口状况（人口数量、人口素质及受教育水平、男女老幼比例等）、道路交通条件（道路通达情况、道路等级、道路的便捷程度等）、基础设施（用水、电力、通信设施、网络、天然气等）以及公共服务设施条件（医疗卫生水平、学校配备、公共活动设施等）。这些都是影响该地区乡村聚落变迁与发展的主要影响因子。

2.3.2.2 自然因子

陕北丘陵沟壑区乡村聚落坐落于黄土高原中部，该地区有着独特的自然地貌与区域特征，对于乡村聚落的变迁与发展起着至关重要的作用，也是形成该地区乡村聚落独特特点的主要影响因素，是其发展与变迁的根本原因。

1. 地质地貌条件

地形地貌（图2-30）特点是形成乡村聚落以及窑居聚落的分布与格局的重要因素。在陕北丘陵沟壑区，90%以上的地区都是山地或者丘陵地，地形与地貌条件较为复杂，是影响乡村聚落群体分布、建筑布局以及单体营建的主要影响因子之一。主要表现在以下几个方面：

第一，乡村聚落的选址受到限制较大。由于陕北丘陵沟壑区大多数处在山地或者丘陵地带，山体条件错综复杂，因此乡村聚落在选址时尽量会选择地势较为平坦与宽阔的谷底或山腰地带，并且都是沟谷与山坡的向阳一面。

在石质地貌为主的丘陵地区,例如佳县、吴堡、延长等地区,由于下部多基石,基石上覆有黄土,该地区的乡村聚落大多数分布在沟谷较宽的谷底部位或者丘陵地区有黄土的地方;在黄土覆盖面较大而且也较厚的地区,例如子洲、安塞、子长等地,乡村聚落大多数分布在沟谷和山坡的下部。

第二,建筑群体布局也受到地形地貌的影响。由于陕北丘陵区沟壑纵横,地貌支离破碎,因此乡村聚落的布局也较为灵活,不喜集中,偏好分散,根据不同的沟谷蜿蜒分布在谷中地势较为平坦的地方,有的自成一院,有的三两户在向阳的坡面挖山造院,还有若干院落在较宽阔的沟谷或者山腰处,沿着阳坡面较为集中地分布。

该地区最基本的地貌特点是沟壑纵横,梁峁起伏,地表分割破碎,这造成乡村聚落分布的复杂性。梁峁延展方向为河网结构所制约,而乡村聚落的分布格局,又深受地貌格局的控制。总的说来,包括延安的宝塔区在内、延长、子长及志丹的部分,榆林市米脂、绥德以东黄河沿岸及以南丘陵呈梁峁混合状态,峁多于梁。北洛河流域梁多于峁,沟壑切割深,数量多。绥德、米脂北部以及无定河流域在崔家湾以下,属于切割更为破碎的峁状丘陵,不少地方土壤层内所夹的料姜石常出露地表,说明当地的侵蚀过程剧烈。但因沟壑中基岩出露,而基岩抗蚀力远强于土状物质,所以现阶段的侵蚀作用是沟间地大于沟谷。[3]

第三,乡村聚落的规模与地形地貌条件关系密切。由于陕北丘陵沟壑区地貌条件复杂,乡村聚落的规模一般不大,建筑群落与人口的数量也受到地形地貌的限制。

第四,乡村聚落的单体建筑营建模式亦受到地形地貌条件的影响,包括:建筑造型、营建方式、院落布局、内部空间等。

一般而言,地形的相对坡度越陡,高度越大,乡村聚落的数量就越稀少;而坡度越小,坡度较缓的地方,乡村聚落的分布就较为密集,村落的规模亦越大,居住与活动范围较为集中,还会带动周边的地区,形成一定的中心效应。

一个地方的地质条件特点会直接影响该地区建筑营建时的地基基础,所以对于建筑的建造类型、建筑层高、建筑材料以及建造方式等都有影响。

在陕北丘陵沟壑区,地质条件对于乡村聚落的建筑类型、分布部位、建筑材料等都起着关键性的作用。

2. 资源分布状况

陕北丘陵沟壑区资源丰富,影响着乡村聚落分布与选址。由于该区较为干旱少

图2-30 陕北丘陵沟壑区地貌
(图片来源:百度图库)

雨,因此水资源的分布对于乡村聚落的分布与选址影响巨大。

在改革开放以前,尤其是新中国成立以前,当地居民的生活用水主要是沟里的流水,条件较好的地方饮用沟底的泉水,这样人们在建造窑洞形成聚落时,尽量靠近水源。个别聚落因条件所限,比如黄河峡谷的佳县刘家山乡高起家洼村,只能建造在梁峁顶部。改革开放后,陕北经济发展较快,人们生活用水基本上得到解决,除了黄河峡谷的佳县、吴堡、延长,白于山区的定边、靖边和安塞北部的王家湾乡饮水有困难外,绥德、米脂、子长、安塞等地大部分住户用上了自来水,因此水源对新建的聚落影响有所减小。但是总体上水源还是制约着乡村聚落的分布和发展。[3]

这一地区河流和水系的发育与干旱的气候特征和破碎的地貌特征相符合,也与地面疏松的组成物质相适应,河流出现以下明显的水文特征:蒸发旺盛、径流量小、产流不均匀,年际变化大;河川径流以降水补给为主,地区分布与降水分布相似,由东南向西北递减。径流的年内分布很不均匀,一些中小支流径流分配更加集中,全年径流不仅集中在夏季汛期,而且多集中于几次大洪水,多年平均汛期径流量占年径流量的58.6%,洪水径流量占年径流量的4.04%。黄甫川、孤山川、清涧河的径流更加集中,多年平均汛期径流量占年径流量的比值都在70%以上。如此集中的洪水,往往带来灾害,因此人们在修建窑洞时,不得不考虑这一实际情况。过去人们为了节省土地和防止沟道暴雨产生的洪水的威胁,常常把聚落选在距离沟底不远的冲沟中上部坡台地上面,这里黄土也比较深厚;而现在随着人们对沟道的治理,洪水威胁相对减小,聚落也逐渐向沟坡下部或者向沟口的坡麓台地上转移。例如榆阳区鱼河赤镇董家湾村的高万金家过去住在坡的中部,由于旧窑破损,现在又在旧窑的紧下面盖起了新窑。[3]

土地资源对于陕北丘陵沟壑区乡村聚落的选址也影响巨大。由于陕北丘陵沟壑区大多数属于丘陵地带,可用以耕作的土地资源十分有限,因此耕地资源对于聚落选址影响亦很大。

3. 气候条件

气候条件主要包括:气压、气温、湿度、风向风速、降水、雷暴、雾、辐射、云量云状等因子,它是人类生存与生产的基本条件,也是陕北丘陵沟壑区乡村聚落发展的基础,这些都影响着陕北丘陵沟壑区单体建筑的建筑造型、建筑群体布局以及院落布局方式等方面。

该地区的居民长期居于窑洞之中,主要是因为窑洞建筑在该地区是适应气候条件的最佳选择。陕北丘陵沟壑区黄土分布广泛,窑洞建筑选址较为灵活,就地取材方便,经济实惠,而且具有冬暖夏凉的特点,很好地适应了该地区寒冷的冬天。时至今日,虽然已经有很多年轻人开始选择建造砖混平房,但是窑洞建筑仍然是该地区建筑的主要形式。

气候条件对于陕北丘陵沟壑区的乡村聚落的影响主要表现在以下两个方面:

第一,降雨量与蒸发量的综合考量,决定了空气干燥程度,对建筑的造型影响较大。降雨量越少,建筑物屋顶的坡度就越平缓,反之,就越陡。陕北丘陵沟壑区降雨量远低于蒸发量,是典型的干旱气候地区,因此窑洞这种平顶的建筑类型在该地区广泛地分布,这就是适应气候条件的结果。

第二,影响乡村聚落群体建筑朝向的选择。陕北丘陵沟壑区的乡村聚落,大多数建在向阳的坡上,同时,单体窑居的朝向也朝南,或者东南、西南,这也是适应寒冷冬天这一气候条件的选择。朝向南面,不仅有利于室内采光,而且对于提高室内温度与防潮都有着重要的作用。

此外,降雨的分布也会影响河流与水文特征,这对于聚落的选址亦会产生影响。

4. 生态环境

陕北丘陵沟壑区自然条件较差,生态环境也极为脆弱,水土流失严重、植被覆盖率较低,滑坡、崩塌的自然灾害较多。这些对于长期定居于此的居民以及乡村聚落都有着巨大的影响。

乡村聚落的选址、乡村聚落的自然生态环境以及生活水平在一定程度上都受到生态环境的影响。乡村聚落选址时都会考虑该区域的自然环境,如植被覆盖率、植被种类、生物种类等因素。

2.3.2.3 人文因子

1. 生产生活方式

陕北丘陵沟壑区乡村聚落传统农耕历史悠久,这也是该地区乡村聚落长久以来采用的生产模式。但是由于自然环境恶劣,农耕的收成极为不稳定,因此生活极为困苦。生产生活方式对于陕北丘陵沟壑区乡村聚落的选址影响显著,对聚落的布局方式以及院落布局作用很大。

2. 劳作半径

传统农耕对于劳作半径的要求较为苛刻,加上陕北丘陵沟壑区地形条件复杂,丘陵与沟壑纵横,因此农用机械在很大范围应用受到限制,因此,乡村聚落的选址、聚落的布局方式及规模均受到劳作半径的制约。

3. 社会风俗文化

陕北是民族大融合、文化大交流的中心。陕北是民族大融合的中心,是华夏民族发展壮大的要冲,是多民族文化交融的艺术殿堂——黄土农耕文化、草原游牧文化、革命传统文化等在这里交相辉映,形成了陕北丰富多彩、独具特色的文化体系。古代曾有几次大的民族迁徙,中原甚至是江南的数百万人迁徙到陕北戍边或参加屯垦,带来了中原和江南的文化,把江南的"小桥流水人家"同陕北的"古道西风瘦马"进行了大融汇、大拼接,形成了陕北既细腻靡柔又粗犷豪放的独特文化。几千年来,狎狁、鬼方、匈奴、鲜卑、回纥、突厥、羌、党项、蒙古、汉各族大拉锯、大交流、大融合。多个北方游牧民族与华夏民族错居杂处,在温情脉脉的联姻与惊心动魄的厮杀喋血中,逐渐同化为今天的陕北人。中原、江南和西域乃至印度、阿拉伯的文化在此汇聚交融,形成了内涵丰富、异彩纷呈的陕北文化。[72]

陕北丘陵沟壑区从古时起就是民族融合的典型区域。商和周代时,鬼方、狎狁、白狄、林胡、鲜卑、氐、突厥、党项、羌、女真、蒙古、满等少数民族先后在该地区称霸,从而使得陕北地区形成了以秦汉文化为主体,融合少数北方草原民族文化的独特文化特征。秦汉以前,陕北一直都是畜牧区,直到西汉之后,农耕才大规模发展,成为半农半牧区，直至隋唐时期，陕北以南的黄龙山仍然是农耕区与半牧半农区的天然分界线，这种情况在宋朝之后逐渐有所变化。由**图2-31**、**图2-32**、**图2-33**可以看出陕北丘陵沟壑区文化是农牧文化交融的产物。

图2-31 秦汉时期黄土高原农林牧分布图[66]
（图片来源：《黄土高原历史地理研究》[65]）

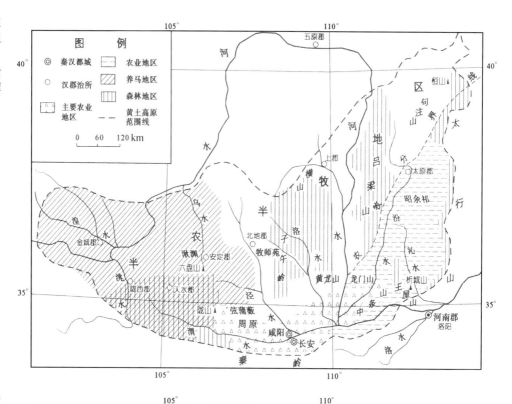

图2-32 隋唐时期黄土高原农林牧分布图[66]
（图片来源：《黄土高原历史地理研究》[65]）

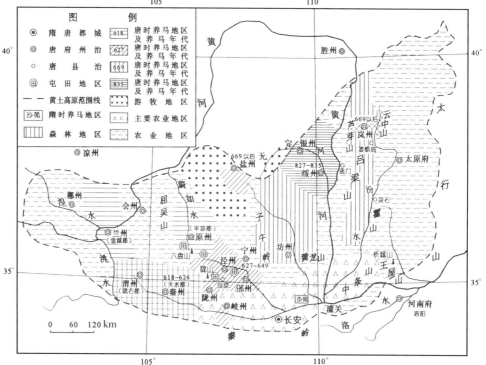

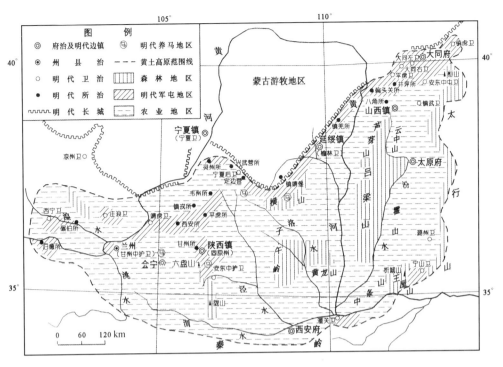

图2-33 明清时期黄土高原农林牧分布图[66]
(图片来源:《黄土高原历史地理研究》[65])

陕北的文化是多元的、古老的(**图2-34**),是开放的、进取的文化,这是不同类型的文化相互融合的结果。陕北文化的特征是以农耕文化为主,融入游牧文化的区域性亚文化。在漫长的历史进程中,原生的农业文化与游牧文化以及其他外来文化相互叠加、积淀,形成了陕北文化丰富、多元、多彩的区域特征。

陕北丘陵沟壑区的乡村聚落由于传统社会因素、地形地貌等导致其与外界接触少,经济落后,导致教育师资力量薄弱,致使相当多的村民仍保持着传统落后的思想观念和价值观,接受新事物的主观积极性差,人口素质不高,缺乏长远思维和环境意识。[73]

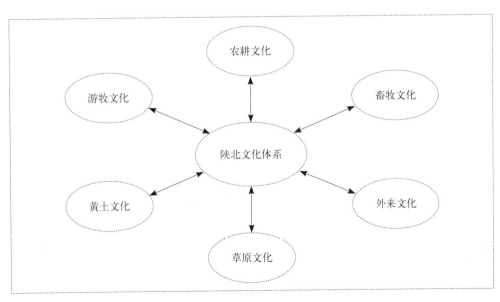

图2-34 陕北多元文化解析图
(图片来源:作者自绘)

乡村聚落是农民从事生产、生活等的主要活动单元。然而,由于村民缺乏对相关领域的认识与了解,加之传统思想的束缚、接受的文化教育有限,致使对政府很多关于村落建设发展的思考与规划缺乏认识、了解,村民任意搭建厕所、猪圈,随意改建房舍、开挖窑洞的现象普遍,他们较为看重眼前利益,缺乏对整体聚落发展的认识与支持。[73]

社会的风俗习惯是影响乡村聚落发展的要素之一。陕北丘陵沟壑区的居民长期以来已经形成了居于窑洞的习惯,就算是在砖混房屋盛行的今天,窑洞建筑仍然在陕北丘陵地区居住建筑中具有绝对的优势,成为独树一帜的居住建筑。家庭观念在该地区也影响着乡村聚落的分布形式,其中很多自然村主要就是因为家族式的迁徙所形成的。此类自然村大多数是以家族的姓氏或者地区的地形特点来命名,例如,绥德县贺一村(图2-35)就是以姓氏来命名的,而其一部分原先居住着一个党姓家族,还在此修建了党氏庄园,始建于清嘉庆十九年(1814年),占地100余亩(图2-36),后来此处才以贺氏家族命名。新中国成立后特别是改革开放之后,家族的概念有所减弱,这就使得乡村聚落的规模不断扩大,新建窑居数量增加以及建窑技术不断地发展。

在文化方面,道教与佛教很早就已经传入陕北丘陵地区,历经长期的发展演绎,最终形成释道合一的宗教文化特点。清光绪二十八年,天主教与基督教(图2-37)也相继传入陕北丘陵沟壑区。

也有的地方把佛祖与道神供在一起,趋于世俗化了。明代时,各地曾在县衙设有僧会司和道会司来管理宗教事务,清朝时一直沿袭下来。佛教、道教的组织一般以庙会为中心,在各个地方发展骨干成员担任各地的会长。时至今日,陕北丘陵沟壑区的乡村中仍普遍有庙会和会长,但是宗教色彩几乎不存在了,已经演化成一种群众的活动。许多乡村聚落都把庙宇建在山势较为高峻的山上,古色古香,气势巍然(图2-38)。

图2-35 绥德县贺一村
(图片来源:作者自摄)

图2-36 绥德县党氏庄园
（图片来源：作者自摄）

图2-37 延安桥儿沟的天主教堂
（图片来源：作者自摄）

图2-38 安塞方塔村高石狮村民小组聚落修建的庙宇

(图片来源:作者自摄)

陕北丘陵沟壑区乡村中另一个流传普遍的文化活动叫"闹秧歌",该习俗历史悠久,早在北宋时期就已经出现。每逢过年各个村子都会组成秧歌队,在正式演出之前,先到庙里拜神,然后就在村子里逐日到各家演出,祝福新春,这其实是古代祭祀活动的一种延续。到了正月十五元宵节,秧歌队还要"烧火塔""转九曲"。在平日的生活里,秧歌也是陕北丘陵沟壑区乡村居民的主要闲暇文化活动之一。由于秧歌表演需要多人参与,少则数十人多则上百人,因此在村落间留有一定的空地就在所难免,这对于乡村聚落的内部布局有一定的影响。但是由于住户不断地外迁,基本上只有过年和一些重要的节日才能组织起来这类活动。

4. 经济发展水平

地方的经济发展水平主要包含人均收入、财政收入、经济发展速度以及经济增长速度等方面。陕北丘陵沟壑区乡村聚落的发展受内外因素的共同作用。经济发展对于乡村发展的影响主要是指由于第一产业、第二产业以及第三产业开发而带动乡村聚落的变迁与发展。在陕北丘陵沟壑区,主要还是以农业发展为主导,乡村的发展因此较为缓慢与落后,乡村聚落的发展亦呈现出较为落后的状态。实践证明,非农产业发展是乡村聚落发展水平不断提升的关键,亦是主要的中坚力量。非农产业发展起步较早以及成熟较快的地区,乡村的经济发展越快,实力较强,同时带动乡村聚落的良好发展;相对地,非农产业相对基础薄弱以及发展缓慢的地区,乡村经济发展较为滞后,乡村聚落的发展也呈现出落后的状况,因此,陕北丘陵沟壑区乡村聚落的发展与地方经济的发展息息相关,要想得到快速的发展,非农产业的发展是关键。

5. 人口状况

人是乡村聚落的主体,乡村聚落的发展离不开人的因素。人口状况包括人口的数量、人口素质、受教育程度、男女比例、老幼比例等,这些都是影响乡村聚落变迁与发展的重要因素。

陕北丘陵沟壑区，由于乡村聚落地处山区较多，因此与外界的沟通与联系较为不便，长期处于较为闭塞的状态。再加上基础设施建设的滞后，使得该地区农户受教育程度较低，经济发展水平不高，年轻人外出打工的较多，聚落中剩下的大多数是老人、妇女和孩子，所以多数村落中常住人口并不多。这对于乡村聚落的发展十分不利，导致出现很多"空心村"以及居住建筑的空废化现象。这些因素都直接导致了乡村聚落发展的停滞不前甚至发展的倒退。因此，人口的状况对于陕北丘陵地区乡村聚落的发展影响也很大。

6. 区位条件

陕北丘陵沟壑区位于陕西省北部，地处黄土高原核心，横跨黄河干流两侧，是黄土高原的主体部分。由于陕北丘陵沟壑区地形地貌条件复杂，地形破碎，千沟万壑，偏远荒僻，与外界联系较为困难，因此经济发展水平长期处于落后状态，乡村聚落的发展极为滞后，人们生活困苦。近年来随着政策的倾斜以及道路交通条件的不断完备，陕北丘陵沟壑区的乡村聚落发展较以往更具活力，经济发展稳步上升，人均收入不断提高，生活水平不断改善。区位条件的不断改善对于乡村聚落的发展极为有利，乡村聚落的选址及规模受到区位条件改善后的作用显著。

本书在此主要是指乡村聚落所处的地理位置及其所代表的地域特点，因此，区位条件对于乡村聚落的院落布局以及单体建筑的样式及建筑材料的影响较为显著。

7. 道路交通条件

道路交通的便捷性与通达性一直以来都是乡村聚落最初形成的首要条件之一。道路交通条件良好的乡村聚落发展势必迅速，规模相对也较大。所以，乡村聚落规模的大小、分布形态都与道路交通条件密切相关。

从陕北丘陵沟壑区的实际情况出发，丘陵地区内面积较大的冲击盆地形成了整个地区的交通枢纽和集散中心[2]。在这些地区就会形成规模较大的集镇；但是在比较偏远荒僻的丘陵沟壑区，多数都会在山的四周形成零散的、规模较小的乡村聚落。此外，新建道路以及重要道路的出现都会促使新聚落的出现。道路交通条件对乡村聚落的扩展规模与发展速度以及形态布局都会产生持续的、长远的影响。相对地，原本位于道路交通要道的乡村聚落也会因为道路的废弃或者改道而逐渐衰落或者搬迁。

8. 基础设施与公共服务设施

乡村聚落的发展离不开基础设施与公共服务设施的建设，它们是满足农户生产、生活水平提高的必要条件，是乡村聚落发展的基础与根本标志。在不断推进的市场化与城乡一体化进程中，农户对公共基础设施的需求日益增加，主要包括文化教育设施、医疗卫生设施、基本生活设施、商业服务设施和公共活动设施等。

综上所述，陕北丘陵沟壑区地域特点鲜明，乡村聚落的选址、布局方式、规模、院落布局方式、单体建筑样式与建造材料的选择均受到自然因子的显著影响；人文因子对于乡村聚落选址、聚落规模的影响次之。

表2-5详细罗列了陕北丘陵沟壑区乡村聚落变迁与发展的影响因子及其权重，并划分了5个等级，权重越大的因子影响等级越高。

表2-5 陕北丘陵沟壑区乡村聚落变迁与发展的影响因子及权重

影响陕北丘陵沟壑区乡村聚落的因子		乡村聚落选址	乡村聚落布局方式	乡村聚落规模	院落布局方式	建筑单体样式与建造材料
自然因子	地质地貌条件	▲▲▲▲	▲▲▲▲▲	▲▲▲▲▲	▲▲▲▲▲	▲▲▲▲▲
	资源分布状况	▲▲▲▲▲	▲▲			▲▲▲▲▲
	气候条件		▲▲▲		▲▲▲▲▲	▲▲▲▲▲
	生态环境	▲▲		▲▲		▲▲▲
人文因子	生产生活方式	▲▲▲▲	▲▲▲		▲▲▲▲	▲▲
	劳作半径	▲▲▲▲	▲▲▲	▲▲		
	社会风俗文化		▲▲		▲▲▲	▲▲▲
	经济发展水平		▲▲▲	▲▲▲▲▲	▲▲	▲▲▲
	人口状况			▲▲▲		
	区位条件	▲▲			▲▲▲	▲▲▲
	道路交通条件	▲▲▲▲	▲▲▲	▲▲▲▲		▲▲
	基础与公共服务设施	▲▲				
	社会制度与结构		▲▲▲			

注：▲代表不同因子对乡村聚落影响的权重，▲越多就代表权重越大。笔者在这里把权重分为5个等级，最高级为5个▲。

由表2-5可以看出，影响陕北丘陵沟壑区乡村聚落的影响因子及其权重不尽相同，主要表现在以下几方面：

（1）影响陕北丘陵沟壑区乡村聚落选址的因子及其权重：地质地貌条件与资源分布状况对于陕北丘陵区乡村聚落选址作用最大，生产生活方式、劳作半径与道路交通条件的影响次之，生态环境、区位条件和基础与公共服务设施的影响较小；

（2）影响陕北丘陵沟壑区乡村聚落布局方式的因子及其权重：地质地貌条件是决定性影响因素，气候条件、生产生活方式、劳作半径、经济发展水平、道路交通条件和社会制度与结构的影响次之，资源分布和社会风俗文化的影响最小；

（3）影响陕北丘陵沟壑区乡村聚落规模的因子及其权重：起决定性作用的是地质地貌条件和经济发展水平两个因子，道路交通条件的影响次之，资源分布状况和人口状况的影响较小，生态环境和劳作半径的影响最小；

（4）影响陕北丘陵沟壑区乡村聚落院落布局方式的因子及其权重：院落的布局方式受到地质地貌条件和气候条件的极大制约，生产生活方式对院落布局的影响次之，社会风俗文化和区位条件的作用较小，经济发展水平的影响最小；

（5）影响陕北丘陵沟壑区乡村聚落建筑单体样式与建造材料的因子及其权重：建筑单体与材料受到资源分布状况、地质地貌条件以及气候条件的极大制约，生态环境、社会风俗文化、经济发展水平及区位条件的影响次之，生产生活方式和道路交通条件的影响最小。

综上所述，陕北丘陵沟壑区乡村聚落的变迁与发展受到多个因子的共同作用，其中决定性影响因子是地质地貌条件、资源分布状况（主要指水资源和耕地资源）、生产生活方式、劳作半径、经济发展水平以及道路交通条件,其他因子的影响较弱,各个因子的作用各有侧重,不尽相同。表2-5所归纳的影响因子对于乡村聚落的影响与权重仅适用于陕北丘陵地区。

2.4 生态环境演变与乡村聚落变迁耦合关系解析

乡村聚落是人与环境之间联系的纽带,其变迁与发展都会从环境中索取资源,最终又会以各种方式回馈到环境中,它们之间密切相关,相互依存,互为因果(图2-39)。

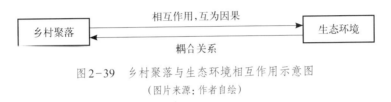

图2-39 乡村聚落与生态环境相互作用示意图
(图片来源:作者自绘)

一方面,乡村聚落的变迁受到生态环境的影响。生态环境良好,乡村聚落的发展就会出现良性循环,发展相对快速、稳定;反之,恶劣的生态环境会阻碍乡村聚落的良性发展,导致其发展缓慢、停滞不前甚至出现倒退的状况。另一方面,生态环境的演变也受到乡村聚落的作用。人类活动对生态环境影响巨大,乡村聚落中人的生产生活、建设等活动对其所处的生态环境不断产生影响。如果人的活动超出资源与环境的承载力,生态环境就会遭到破坏,并会随着人类活动的加剧不断恶化,恶化的生态环境又会反过来约束人的活动,妨碍人的生产生活及建设等活动,进而约束乡村聚落的良性发展,甚至阻碍其发展。

2.4.1 生态环境对乡村聚落的作用

2.4.1.1 生态环境与乡村聚落布局

生态环境对乡村聚落的变迁与发展影响巨大,是其建设与发展的前提基础。乡村聚落的选址、发展模式、聚落规模、群体布局方式、院落布局方式、单体建筑样式及材料、基础设施以及公共服务设施等都受到生态环境因素的制约。

陕北丘陵沟壑区生态环境较为恶劣,所以聚落在选择营建地址时受到生态环境条件的制约显著。居住及建设用地的选择多为靠近道路、河流以及坡度较缓的地方。

该地区乡村聚落的发展模式受到生态环境的限制。由于地形破碎,沟壑纵横,耕地资源缺乏,该地区乡村聚落长久以来主要依靠传统农耕满足基本生活需求,经济发展缓慢、落后,形成了以分散为主兼有少数集中的区域发展模式。

该地区乡村聚落的聚落规模也受到生态环境的约束。由于地形破碎、千沟万壑,耕地资源稀缺,因此耕作半径是影响该地区乡村聚落可控范围的重要因素。生态环境决定了该地区的土地承载能力,土地承载能力反过来也制约着乡村聚落的规模大小,成为限制其规模的重要影响因子。如果乡村聚落的规模超出土地承载力的上限,就必然导致人口外迁,陕北丘陵区尤为如此。河谷与川道的人口相对集中,乡村聚落的规模相应较大；山地坡度较大的地方，人口较为稀少，乡村聚落的规模相对也较小。一般而言，陕北丘陵沟壑区，相对高度越高、坡度越陡的地方，乡村聚落的规模越小，数量也稀少，人口密度也越低。

该地区乡村聚落的群体布局方式受到地形与水文条件的制约。聚落有些呈带状分布于沟边、河边以及道路两侧；有些呈长方形或者正方形分布于川坝地和较大的沟谷当中；有些呈树杈形分布于河流的交汇处或者河流与沟谷的交汇处；还有的呈散点状分布于沟谷中，依山、依坡修建。

生态环境的特殊性还体现在乡村聚落中院落的布局方式、建筑单体样式以及建筑材料的选择上。对于陕北丘陵沟壑区而言，年降雨量较少，每年主要集中在7—9月间；冬季昼夜温差大，夏季日照时数长；加之漫山遍野的黄土，这些因素决定了该地区乡村聚落建筑院落的布局方式以及建筑单体的样式和建筑材料的选择均受到生态环境的制约。院落布局方式：背山面阳，院墙不高，以窑洞住房为主。建筑材料的选择方面，多为就地取材，木质檐口，黄土坯壁体，受地域生态环境影响显著。

乡村聚落的公共与基础服务设施受到聚落密度、用地规模等多方面的制约，且会因生态环境的差异而区别显著。该地区的乡村聚落多数建于丘陵地区，聚落规模不大，较为零散，不利于公共设施与基础设施的设立，仅有水井与道路；在为数不多的川地、坝地区域，以及较大的沟谷型聚落中，人口规模相对较大，人口也较为集中，基础设施与公共服务设施容易设立，相对条件较好。

2.4.1.2 生态环境与农业生产结构

任何地方的乡村聚落发展都离不开农业的发展。生态环境是农业生产及其结构形成与发展的基础条件，特定地域的特定生态环境决定了该地域种植农作物的类型和耕作方式。该地区的气候条件、降水分布与降雨量、温度、日照以及土质等条件决定了不同地区种植的作物不尽相同[74]，主要种植：荞面、红枣、土豆、南瓜、玉米、糜子、谷子、蓖麻、绿豆等作物。陕北丘陵区脆弱的生态环境现状，致使土地的产出力十分有限，因而严重制约着当地的农业生产。

2.4.1.3 生态环境的容量与乡村聚落发展

乡村聚落所辖地域范围内的生态环境容量制约着乡村聚落规模（聚落规模包括用地规模和人口规模，这里主要指人口规模）的发展。任何乡村聚落都存在于一定地域的生态环境中，生态环境的容量有一定的限制，因此决定了该地域容纳人口的上限。如果超出该地域生态环境容量的上限，乡村聚落的发展就会受到生态环境的制约，反之，就会促进乡村聚落的良性发展。不同地域的生态环境容量是不同的。[75]

那么环境容量到底是什么呢？环境容量是指某一区域环境对该区域发展规模及各类活动要素的最大容纳阈值，主要包含：气候条件、生态环境的构造、食物的供给量、环境因素承载量等，它们共同决定了维持某一区域可持续发展的最大人口数量和人类各种活动的极限值。在某一特定地域环境下，该地域的气候条件、土壤等各种环境因素的不同，决定了该地域农作物种类的不同以及所能承受的人口数量。[75]此外，大气、水文、土地、动植物等都有容量上限，而且这些因素还有承受污染的上限。对于环境污染而言，污染物存在的数量如果超过区域所能承受的最大容量，环境的生态平衡及正常功能就会遭到破坏。因此，乡村聚落规模如果小于环境容量，乡村聚落的发展就会有效且高速,反之,环境容量若超负荷,乡村聚落的发展就会受到限制。

陕北丘陵沟壑区的生态环境极为脆弱,生态环境承载力较其他地区低,环境容量同样也较低,但是该地区人口增长迅速,加之过度开垦、毁林开荒现象严重,导致土地肥力降低显著,土壤侵蚀作用加重,致使该地区生态环境几乎丧失了自我修复能力。

2.4.1.4 乡村聚落生态系统解析

与城市生态系统相似,陕北丘陵区乡村聚落的生态系统是一个复合的人工生态系统,它主要由自然系统、经济系统和社会系统共同组成。自然生态系统与人工生态系统之间相互叠加,共同完成这一复合系统所承担的各项功能。但是跟城市生态系统相对比,乡村聚落生态系统的自然、经济和社会这三个系统都表现出自身的特点和规律(**图2-40**)。[76]

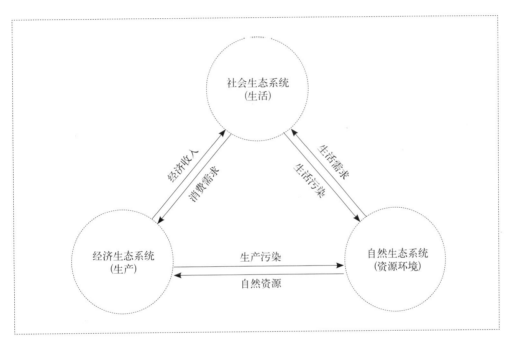

图2-40 乡村聚落生态系统结构与功能模型
(图片来源:作者自绘)

自然生态系统是乡村聚落生存与发展的客观基础,有支撑、容纳、缓解和净化的作用。自然生态系统分别由生物环境和非生物环境两个部分组成。生物环境包含动物、植物等,非生物环境包含气候、水文、土壤、资源、能源、建筑物和道路交通等因素。与城市的生态系统相比,乡村聚落的生态系统受到自然环境的影响较为直接与剧烈,其土地资源、水文特征以及某些特殊资源对乡村聚落的发展建设影响更显著,且关系紧密。陕北丘陵区的黄土特性以及水资源缺乏的现状,严重制约着该地区乡村聚落的发展,主要表现在农业生产方式、生活方式、经济发展速度、乡村人居环境等方面,进而严重阻碍了该地区的经济系统发展。[77]

时至今日,经济系统在乡村聚落生态系统中居于核心地位。乡村聚落的发展仍然是以农业发展为主,农业以及与农业生产相关联的农副产品加工业、运输业、售卖点等多种经营在经济总量中所占的比重越来越大。其中,生产服务部门主要为农业生产提供服务,生活服务部门现在发展相对滞后,但是后续发展不容忽视。

相对于城市的社会系统,乡村聚落的社会系统较为落后。对于陕北丘陵沟壑区的乡村聚落而言,因为住户大多数是传统的农户,人口素质与城镇居民相比差异显著;再者,由于经济发展水平低,聚落规模小,基础设施、公共服务设施建设相对滞后,不能满足农户的生产生活需求。因此这就要求陕北丘陵沟壑区乡村聚落应立足于自身特有的自然生态系统和经济生态系统基础之上,不断完善与发展该地区社会生态系统的建构。

2.4.2 乡村聚落对生态环境的作用

乡村聚落的发展依赖于其所处的生态环境,直接或间接地使用生态环境中的资源,因此,乡村聚落的发展必然会对其所处的生态环境产生作用,那些为了发展乡村聚落而进行的人类活动,有些促进了生态环境的良性循环,有些则对生态环境产生了极大的负面影响。

对于陕北丘陵沟壑区乡村聚落而言,其对生态环境的作用主要来源于以下两个方面。

2.4.2.1 生产方面

农业、林业和牧业生产是促使陕北丘陵沟壑区土壤侵蚀加速的根本原因。

对于黄土高原地区来说,绝大部分地区的自然条件使该地区的农业受到以下三方面因素的限制:首先是降雨量少,且季节分配极不均衡。年降雨量的60%~70%都集中在每年的7—9月,而且多数是以暴雨的形式出现,加重了该地区水土流失状况,还极易发生洪涝灾害;其次是地形破碎,沟壑陡深,土地资源受到剧烈侵蚀与破坏的威胁显著;最后是水资源匮乏,灌溉农业难以发展。在该地区从事农业生产,为满足家庭成员的需要及外界社会压力,人们只有向自然加倍索取,不断地扩大耕地面积,用以补偿劳动所得的不足。生产能力低下,只能依靠增加开垦耕地来解决,但是单位投入的面积逐渐减少,产出量自然也越来越有限,于是再加大垦荒。如此往复,耕地面积越来越大,自然植被和土地资源的破坏程度愈演愈烈,侵蚀也不断加重。最后产量还不断减少,最终出现"愈垦愈穷,愈穷愈垦"的恶性循环。

1. 人为耕种对生态环境的影响

陕北丘陵沟壑区乡村聚落的很多地方,农户们采取掠夺式的土地经营方式,用地不养地,广种薄收,长年累积导致原本肥沃的土地其肥力迅速衰减;农户们为了开垦可耕之地,毁坏森林、草场,在陡坡地开荒,严重地破坏了地表的植被结构;加之耕作制度严重落后,顺坡耕种、耕作形式粗放,破坏了土地的结构,致使土地的抗蚀与抗冲击性减弱,最终加剧了该地区的水土流失。

2. 人为垦伐对生态环境的影响

森林植被对水源有很好的涵养作用。树木庞大的树冠、枝叶能截留和蒸发部分降水,森林的地面植物与枯枝落叶可以积蓄大量水分,还能减缓地表的径流速度,并将地表径流渗透和吸收到土壤当中,进而转变为地下径流。因此,在陕北丘陵区,森林可以有效调节该区域的蓄水平衡,且能大大改善该地区的水分循环状况,据世界林业先进国家芬兰的学者计算,芬兰森林每年只能生长相当于17亿马克的木材,可是它的环境保护价值相当于53亿马克,后者是前者的3.1倍[78]。

陕北丘陵沟壑区因为滥垦滥伐,导致该地区的森林植被遭受严重破坏,森林和植被对水源的涵养作用几近消失。到了汛期,洪水就会携带大量泥沙和黄土汇入河流的下游,最终导致地表水增加显著,洪灾多发。

3. 人为放牧对生态环境的影响

陕北丘陵沟壑区过度放牧的现象由来已久,草场退化严重,主要的表现有:一,羊群和牛群吃掉植物树叶,导致植被枝叶锐减,失去光合作用,生长发育及繁殖能力减退;二,大量牲畜的踩踏,致使土壤的性状发生改变,导致土壤越来越密实,水分难以渗入,加速了该地区的土壤侵蚀,导致滑坡、坍塌等灾害易发和频发。因此,由于过度放牧,植物的种群不断减少,覆盖率不断降低。

4. 煤炭开采对生态环境的影响

陕北地区煤炭资源丰富,开采过程中产生大量的废弃物,开采活动还导致地层移动、变形、垮落,导致地表塌陷,矿山的原始地形、地貌遭受极大的破坏;再加上矿区附近燃煤电厂粉煤灰的排放,煤矿及其他附属产业的废弃、废水、废渣的排放,致使矿区的大气、生产与生活的水源以及周围的生态环境遭受重大影响,最终使矿区的生态环境遭到严重破坏,地质灾害发生频繁。

2.4.2.2 生活方面

1. 生态移民对生态环境的影响

生态移民会加大建设力度,建造房屋会加剧森林资源的损毁;部分移民靠山吃山,对森林资源过度索取,破坏植被的自然演替过程,造成森林—残林—灌木—草山—秃山的演替;移民建造房屋,修建道路、水渠等工程,必然对自然地貌造成一定程度的破坏,开挖形成的边坡、陡坎以及疏松的土石在暴雨侵蚀下极易导致水土流失,甚至导致滑坡、崩塌和泥石流等灾害的发生[79]。

2. 生活垃圾对生态环境的危害

陕北丘陵沟壑区乡村聚落产生的生活垃圾主要采取简单的填埋、临时堆放、随意倾倒等处理方式。经济的发展和人口数量的增多,再加上该地区乡村聚落居住分散,致使该地区乡村聚落的生活垃圾成为污染环境的主要原因。

综上所述,陕北丘陵沟壑区乡村聚落与生态环境存在耦合关系,乡村聚落的变迁和发展与其所处的生态环境关系密切,两者相互作用,互为因果。

3 退耕还林对陕北丘陵沟壑区乡村聚落的影响

3.1 退耕还林实施背景与基本问题解析

3.1.1 实施背景

陕北丘陵沟壑区生态环境恶劣、千沟万壑、地形地貌破碎、偏远荒僻,再加上人口密度大,农耕历史久,土地承载力超负荷,经济发展水平落后,是中国生态环境脆弱及人地矛盾突出的典型地区。该地区实现可持续发展的唯一出路就是生态环境的修复,退耕还林是最好的选择。

3.1.2 基本问题解析

3.1.2.1 有关坡度的确定

长期以来人们盲目地进行毁林开垦和陡坡地种植是造成水土流失的主要原因之一。坡度是影响土壤侵蚀的主要原因之一,在其他条件相同的情况下,坡度不同,土壤侵蚀量有较大差别[80]。在全国现有的3 513万 hm² 坡耕地中,坡度大于25°的坡耕地达520万 hm²,占耕地的14.5%,这些坡耕地多数是三跑田,水土流失严重,是土壤侵蚀和江河泥沙的主要策源地。陕西省每年流入黄河的5亿 t 泥沙中,有40%~60%来自坡耕地,三峡库区江河入沙量的41.16%来自坡耕地[81]。这充分说明坡度对土壤侵蚀有很大的影响作用。目前,中国推行退耕还林明确规定了禁止开垦坡度为25°以上的陡坡地。

靳长兴[82]等人采用能量分析法,得出了以下结论:受搬运限制的坡面侵蚀过程以面蚀为主时,临界坡度为24°~26°;以溅蚀为主时,临界坡度小于22°;由于不同坡面物质的抗侵蚀临界坡度不同,其临界坡度可以很小,如亚伯拉罕(Abrahams)等对美国的干旱荒漠坡面(覆盖有许多碎石)的研究发现,临界坡度仅为12°;以沟蚀及重力侵蚀为主的坡面,其临界坡度应该超过面蚀临界坡度,由于其侵蚀机理发生重大变化,具体数值尚待进一步研究。柯克比(Kirkby)等运用泥沙运动力学分析方法得出以溅蚀为主的坡面侵蚀多为悬移质(黏粒),粒径最细,因此溅蚀的临界坡度应小于22°[83];以片蚀与细沟侵蚀作用为主时,坡面流搬运的一般为粉沙与沙,以粉沙为主,其临界坡度为22°~27°;进入沟蚀作用为主阶段,水流搬运以沙为主,其临界坡度为31°~37°。王协康[84]等借助地貌学的观点对自然条件下的降雨类型、坡面形状进行了描述并分析了理想均质坡面侵蚀的临界坡度,认为临界坡度是一区间变化范围,而并非是一个常数。尹国康[85]假定垂向降雨推出临界坡度为45°。

陈法扬[86]的红壤室内实验表明:坡度在18°以下,土壤冲刷量随坡度增加而增加,但趋势较平缓;坡度在18°~25°之间,冲刷量随坡度增加而急剧增加;坡度在25°以上冲刷量反而减少。席有也认为:临界坡度在25°时与土壤侵蚀大体上呈铃铛形。蒋定生等的娄土室内实验也表明:坡度在0°~25°范围内,冲刷量随坡度的变陡而增加,但增长速率逐渐变小;当地面坡度超过25°时,冲刷量反而呈下降趋势。吴普特的安塞黄土实验表明:没有出现细沟侵蚀前,仅有溅蚀及细沟间侵蚀时,其临界坡度为22°~33°。辛格(Singer)等利用Hillgate土壤在室内的实验结果表明:侵蚀量在坡度为20°~24°时,随坡度增大而急剧增加,为35%~40%,而后基本稳定在50%(坡度为29°)。李占斌、范荣生等的黄土室内实验也表明:同样雨强下不同坡度(27.4°、34.9°、40°)坡面侵蚀产沙比较,27.4°产沙量最大,34.9°及40°依次降低。这些室内实验条件各异,所用的土壤也不同,但实验结果近似,这说明不同土壤的临界坡度变化具有基本一致的规律。[87]

陈永宗等对绥德、离石两站径流小区研究发现:在其他条件相似的情况下,坡度为0°~25°和8°~28°坡地上侵蚀量随坡度增大而增加,坡度超过25°或28°,其侵蚀量反而减少。暴雨径流期间径流小区的侵蚀方式属于面蚀,因此可认为25°~28°为绥德、离石两坡地面蚀强度的临界坡度。三峡归家桥实验站对紫色土的野外人工降雨实验表明:降雨、植被盖度基本一致时,坡面最大侵蚀量的临界坡度为25°。[88]

王玉宽在安塞的坡地径流侵蚀实验中得出临界坡度为26°。实验结果表明:径流冲刷量在坡度为10°~26°时,随坡度的增加而增加,坡度大于26°时侵蚀量趋于减少。张光科等对湖北某径流6个小区降雨的实测资料分析得到临界坡度为25.8°。刘志在陕北安塞的观测也表明:地面坡度从5°~20°,细沟侵蚀量随坡度的增加而增加,且递增变化显著,坡度为20°~28°时细沟侵蚀量随坡度的变化不太明显;当坡度超过25°时,细沟侵蚀量呈下降趋势。杨开宝等在陕西米脂对径流小区的观测说明:耕作措施及其他条件相同时,坡度为10°~24°时随着坡度增大土壤侵蚀量增加,24°时的值最大;24°~35°时,则随着坡度增大土壤侵蚀量呈下降趋势。[89]

综上所述,理论和实践共同证明,坡面侵蚀存在临界坡度,尽管这个坡度界限是一个范围而非一个定值。我国目前规定退耕还林的临界坡度为25°,将坡度大于等于25°的耕地全部进行退耕,可以大幅度减少土壤的侵蚀,有效地抑制水土流失的范围,减少水土流失造成的侵害。这里需要指出的是,地域有差异,不可一刀切,例如三峡库区进行高山移民,由于人口压力,要必须边耕边退,建立林、草、羊种养模式,以缓解农民的粮食问题,同时应及时采取措施解决未能预见的问题。

3.1.2.2 划分类型

最初,我国退耕还林主要是针对坡度为25°及以上的坡耕地进行退耕,但是随着实施的不断深入,退耕的耕地已不仅仅是坡度为25°以上的坡耕地,还包含许多荒漠化、水土流失严重、盐碱化严重的地区和有其他需要的(如旅游)耕地。因此,应该根据不同地区的不同特点进行退耕,因地制宜。

张篷涛(2002)针对西北地区耕地当前存在的状态进行了分类、评价,进而提出了退耕的类型划分。

1. 坡耕地退耕

我国退耕还林主要针对的对象是坡度在25°及以上的坡耕地(**图3-1**),这主要是因为坡耕地的开垦是水土流失主要的罪魁祸首,它引发了大面积的水土流失,违背了自然规律,而且坡耕地的收成也很低,不能从根本上解决农户的生产生活问题,只是一种心理安慰。

2. 荒漠化与沙化耕地退耕

我国西部地区生态环境的主要问题是土地的荒漠化与沙化(**图3-2**)。由于这些地区普遍为缺水的干旱地区,草场放牧过度、滥砍滥伐、过度垦荒以及较为恶劣的自然条件都是土地荒漠化与沙化的元凶。风积作用的不断加剧是土地沙漠化不断恶化的必然结果,由此土壤自身的性质遭受破坏,生产能力急剧下降,生态环境进而更加恶化,为地方与国家带来的经济损失巨大,最终导致区域内的生产力下降显著。

我国对于土壤沙化极为重视,在治理上已经取得许多成就,有了一定的成果。但是,土地荒漠化与沙化的面积仍然在不断地扩大。因此,可以说我国的土地荒漠化与沙化正处于局部好转但整体恶化的非常时期。

要想彻底地治理土地的荒漠化与沙化,合理高效地利用土地是根本,就是通过人为手段干预土地的使用构成,以期生态环境与社会经济的协调发展。应采取措施停止对已经沙化或者即将沙化的土地的开垦,人工进行封育(**图3-3**),扩大林草地的比例,以达到改善地区生态环境,实现可持续发展的目的。

3. 盐碱化耕地的退耕

盐碱地大多分布在地势低且地下水位线高的地区,土壤含碱量高,农作物无法正常生长,最终致使土地丧失耕种能力。

图3-1 吴起县坡耕地大面积退耕

(图片来源:作者自摄)

图3-2 沙化土地现状
(图片来源:百度图库)

图3-3 吴起县人工封育的耕地
(图片来源:作者自摄)

我国西部地区尤其是陕北地区干旱缺水,大多数属于缺水的盐碱化地区。西部地区盐碱化土地面积达209.53×10^4 hm^2,占全国盐碱化土地面积的20%。水资源短缺是主要原因,对盐碱化土地实施退耕还林可以节约大量水资源,同时可大力开展土地改良工作,增加耐盐植被,改善当地生态环境现状。

4. 风景旅游地区耕地的退耕

提到退耕还林,大多数人会想到生态环境恶劣的地区,但是生态环境好的旅游

图3-4 米脂县高西沟发展旅游退耕较多
(图片来源：作者自摄)

地区也是退耕还林实施的区域(图3-4)，因为不合理的土地利用会导致风景遭到破坏，影响旅游资源的良性发展。

我国幅员辽阔，旅游资源丰富，享誉全球的名胜古迹更是不计其数。尤其近些年来，我国西部地区的旅游产业亦有较大的发展，并且逐渐成为区域经济发展的重要支柱，所占财政收入的比重逐年增高。如何开发潜在的旅游资源、不断地拓宽旅游产业已经成为我国西部大开发实施进程中的一个重要课题。要想发展好旅游产业，除了交通、电力、通信等基础设施之外，旅游区内部与外围的环境建设也尤为重要。把旅游区内影响环境的农田进行退耕，建立起比较完善而且美观的内外部环境，可以提升旅游区的品质，使旅游区的发展更加科学合理。

3.1.3 发展历程

退耕还林工程的实施对于生态环境的改善显著，能为子孙后代带来不可估量的作用，一直都受到国家与地方政府的重视。自该政策诞生及实施以来，经历了较长的时间，李世东[90]通过对中国退耕还林发展阶段的研究，认为我国从新中国成立之初到现在经历了4个阶段：号召动员阶段(1949—1998年)、试点示范阶段(1999—2001年)、工程建设阶段(2002—2010年)、后期巩固阶段(2011—2020年)。但就付诸实践而言，主要是从1999年开始的。本书主要研究的是1999年之后退耕还林对陕北丘陵地区的作用及结果。

3.1.3.1 号召动员阶段(1949—1998年)

1949年4月，晋西北行政公署发布的《保护与发展林木林业暂行条例(草案)》规定：已开垦而又荒芜了的林地应该还林；森林附近已开林地，如易于造林，应停止耕种而造林[91]。

可以说,这个阶段是我国退耕还林政策的萌生时期,还谈不上政策,仅仅是思想层面上的。到了1980年之后,由于我国人口迅速增长,工业化进程加快,自然生态环境已经开始遭到破坏,面临巨大的威胁。由此,我国政府才开始制定相关的资源环境保护法律法规,同时开始对退耕还林有了一些具体的规定。

在这个时期主要是以县、乡为中心,调动农户自身的主动性进行大规模的造林,绿化荒山;但是大多数是在人迹罕至的高山地区实行,而在水土流失严重的中、低山区没有实施,主要以营造人工用的经济林为主,例如南方种植杉树为主,北方种植杨树为主。还有些地方的退耕还林区干脆就划分给个人,农户没有利益链条,缺乏积极性,因此在生态保护方面效果并不明显。相反大面积的采伐十分严重,使得山体、土地重新变成荒山甚至复耕。因此在该时期,陕北地区的生态环境反而遭到了更大程度的损毁。

1991年6月我国颁布了《中华人民共和国水土保持法》,明确提出禁止在坡度25°以上陡坡耕地开垦种植农作物,已经开垦的陡坡耕地应当逐步退耕、恢复植被。自此退耕还林政策才逐渐走上历史的舞台。

3.1.3.2 试点示范阶段(1999—2001年)

江泽民总书记1997年作出"再造一个山川秀美的西北地区"的批示,1999年进一步提出"改善生态环境,是西部地区的开发建设必须首先研究和解决的一个重大课题"。同年朱镕基总理在视察了西部地区后明确提出"退耕还林、封山绿化、个体承包、以粮代赈"的重要举措。紧接着四川、陕西和甘肃三省同年开始了退耕还林示范点的工作,当年就完成退耕造林38.15万hm^2,荒山荒地造林6.65万hm^2。次年1月我国政府2号文件及国务院西部地区开发会议将退耕还林列为西部大开发的重要内容。2001年3月,九届人大四次会议正式将退耕还林列入我国国民经济和社会发展"十五"计划。

3.1.3.3 工程建设阶段(2002—2010年)

在已经试点的基础之上,2002年我国开始在全国范围内全面启动退耕还林工程。到2003年底,退耕还林工程已经在全国30个省、市、区的1 600多个县推行。2007年6月底,合计完成退耕还林268.6万hm^2,完成荒山荒地造林240.47万hm^2。

自此之后,退耕还林在中西部地区由示范点开始向全区生态环境恶化的地区全面展开,对于减少水土流失、降低土壤盐碱化等生态问题作出了很大的贡献,自然生态环境开始得到很大改善,退耕还林政策趋于成熟,逐渐走上制度化、规范化、模式化的道路。

3.1.3.4 后期巩固阶段(2011—2020年)

退耕还林规划在2010年要实现坡耕地的基本全部退耕,大规模的退耕还林接近尾声,之后的工作重心开始转移到管理与维护局部小面积的退耕,并且要做好后期的巩固工作,杜绝复耕的可能,至此退耕还林工程进入后期的巩固阶段。

3.1.4 陕西省实施现状

3.1.4.1 陕西省退耕还林实施现状

陕西省是全国最早的退耕还林示范点之一,1999年开始试点,同年完成退耕还林21.74万hm^2,荒山荒地造林6.65万hm^2。1999—2001年,陕西省先后有43个县

(市、区)列入试点范围。2002年退耕还林工程全面启动,工程涉及全省10个市,102个县级单位(表3-1),受惠农户达916万户。1999—2009年,陕西省累计完成退耕还林任务233.97万hm²(其中退耕还林101.92万hm²,荒山荒地造林122.05万hm²,封山育林10万hm²),国家累计补助陕西省的资金达188亿元,退耕还林工程投资额度与建设规模均位于全国前列。

表3-1 陕西省1999—2009年退耕还林工程实施范围

工程区	县(市、区)	
	数量(个)	名 称
汉中市	11	宁强县、镇巴县、略阳县、勉县、洋县、西乡县、城固县、留坝县、南郑县、汉台区、佛坪县
安康市	10	汉滨区、旬阳县、平利县、白河县、石泉县、镇坪县、宁陕县、汉阴县、紫阳县、岚皋县
商洛市	7	镇安县、山阳县、丹凤县、商州区、柞水县、商南县、洛南县
宝鸡市	12	陈仓区、金台区、渭滨区、陇县、麟游县、千阳县、岐山县、扶风县、凤翔县、凤县、太白县、眉县
杨凌区	1	—
西安市	6	周至县、户县、长安县、蓝田县、临潼区、灞桥区
咸阳市	13	三原县、彬县、永寿县、长武县、旬邑县、淳化县、泾阳县、乾县、礼泉县、兴平市、秦都区、渭城区、武功县
渭南市	11	白水县、澄城县、富平县、合阳县、潼关县、大荔县、韩城市、华县、华阴市、临渭区、蒲城县
铜川市	4	耀州区、宜君县、印台区、王益区
延安市	16	吴起县、志丹县、安塞县、宝塔区、子长县、延长县、延川县、富县、甘泉县、洛川县、黄陵县、黄龙县、宜川县、黄龙山林业局、劳山林业局、桥北林业局
榆林市	12	子洲县、清涧县、绥德县、佳县、横山县、米脂县、靖边县、榆阳区、神木县、府谷县、定边县、吴堡县

数据来源:各年度陕西省发展和改革委员会下达计划文件。

通过大力实施退耕还林,陕西省生态状况得到明显改善,农村面貌发生了深刻变化,取得了明显的生态、经济和社会效益。

1. 已经获得的生态效益显著

1)林草植被恢复明显

截至2009年末,陕西省完成国家退耕还林计划任务达233.97万hm²[92]。大力开展退耕还林工作,实施以林业工程为主的林业生态建设,使陕西省森林覆盖率急速增加。2017年,全省森林覆盖率为45%,由退耕前的30.92%净增14.08%。昔日光秃秃的地表已经逐渐变绿。

2)水土流失得到抑制

退耕还林以来,截至2017年末,陕西省初步治理水土流失面积11.09万km²,黄土高原区年均输入黄河泥沙量由原来的8.3亿t减少到3.08亿t[92]。地处陕北黄土高原的延安市,坚持以小流域为单元,生物措施、工程措施和管护措施齐头并举,实行全面综合治理,全市生态环境得到明显改善,有林地面积增加了9个百分点,林草覆盖率提高了15个百分点,主要河流多年平均含沙量较1999年下降了8个百分点,年径流量增加了1 000万m³,水土流失综合治理程度达到45.5%,比1999年前提高了25个百分点。特别是地处白于山区的吴起县累计退耕还林15.8万hm²,是全国"退得最快、面积最大、封得最早、群众得实惠最多"的县,号称"退耕还林第一县",该县林草覆盖率已由1997年19.2%提高到2017年的71.9%,土壤侵蚀模数由原来的每平方公里1.53万t下降到0.38万t,水土流失得到有效遏制。

3) 生态环境改善

植物具有吸收二氧化碳的作用。退耕还林后形成的林地,不仅可以增加林木覆盖率,而且成林后能吸收空气中的二氧化碳,产生氧气,从而起到净化空气、调节气候的作用。同时森林还具有降低风速、减轻自然灾害的作用,能有效预防或减轻风沙、干旱等对农业生产的威胁和影响。陕西省实施退耕还林后,年扬沙、浮尘天气数量明显降低,很多地方年降雨量明显增加,如吴起县实施退耕还林后年降雨量由原来的478.3 mm增至582 mm,形成了明显的小气候。

4) 生物多样性得到恢复与保护

退耕还林工程的实施,使得陕西省森林植被得到迅速增加,有效保护和恢复了生物多样性。朱鹮、大熊猫、羚牛、褐马鸡等珍稀濒危野生动物得到有效保护,栖息地范围不断扩大,种群数量逐年增加。朱鹮1981年野外发现时只有7只,目前已发展到1 600多只;秦岭大熊猫种群数量达到273只,人工繁育取得成功;许多地方多年难见的狼、狐狸等动物重新出现。

综上所述,退耕还林前,全省生态状况可概括为总体上"整体恶化、局部好转";退耕还林后,转变为"总体好转、局部良性循环",绿色自南向北延伸,已逐渐成为三秦大地的主色调。

2. 已取得的经济效益明显

1) 农业产业结构调整

用于实施退耕还林的耕地多为水土流失严重、山高坡陡、投入高、产出低的陡坡耕地。退耕还林工程的实施,使这些地方的农村居民将更多的人力、物力投入到基本农田建设和农业科学技术的应用上,实行科学种田,提高集约经营水平,从而使粮食单位面积产量增加。与1998年相比,尽管陕西省退耕了100多万公顷土地,但年均粮食产量仍然稳定在100亿kg左右,与退耕前基本持平,粮食生产并没有因为大面积退耕受到影响。延安市在开展基本农田建设的同时,大力推广现代先进农业技术,努力提高粮食单产水平。2008年与1998年相比,全市农作物种植面积虽然减少了33.33万hm²,但粮食总产连续几年稳定在70万t左右,实现了自给有余。特别是通过退耕还林,退耕区大量剩余劳动力从单一的粮食生产中解放出来,转向从事种植养殖业、设施农业、农村工商业和发展劳务经济,农业产业结构调整步伐得到加快,也从另一方面促进了农村经济的发展。据统计,较退耕前的1998年,2008年底全省农村从事第一产业人数减少了8.7%;从事第二、第三产业人数则增加了58.2%(数据来源:2008年、2009年陕西统计年鉴)。

2) 农户人均收入不断增加

通过退耕还林政策补助,广大退耕农户得到了实惠。全省共向230万退耕户、

915万人兑现补助资金188亿元,人均2 000多元。据调查,部分偏远、生态条件较差地方的退耕还林政府补贴占到退耕户总收入的70%。延安作为全省退耕还林面积最大的地市,情况尤为突出,该市农村人口为155万,退耕还林总面积为32.83万hm^2,人均0.21 hm^2,按照每年粮食补助折合资金140元/亩来计算,仅退耕还林补助人均年获利约448元,户均达1 792元,收入十分可观。

3)后备资源充足

退耕还林工程的实施,培育了后备森林资源,对于目前陕西省相对匮乏的森林资源发展意义重大。退耕还林后形成的林地不仅直接使森林资源得到增加,从而使生态环境逐渐得到改善,丰富野生动植物资源,同时随着各类林产品产量的不断增加,生态观光旅游等间接效益也将十分可观。据统计,全省退耕还经济林、兼用林面积达40.47万hm^2,已经有2/3的面积产生了经济收益,其中早期栽植的部分苹果、杏、花椒、枣、茶等,已经产生了100～200元/亩不等的收益。[93]

4)有利于农村剩余劳动力的转移

退耕还林工程实施后,退耕区农民从低产低效的坡耕地和沙化耕地上解放出来,转而从事效益较好的林副业和多种经营,部分农民直接外出务工,从事劳务输出,农村剩余劳动力大部分向城镇和第二、第三产业转移,不仅拓宽了农民增收渠道,而且大幅增加了家庭现金收入,劳务输出已成为农民增收的主要来源之一。据统计,2005年延安市外出务工人员为14.9万人,劳务收入为3.41亿元,人均收入2 300元。另外,退耕还林工程实施后,腾出的农村劳动力流转到劳动效率更高的产业和经济较发达地区,不仅增加了直接经济收入,而且给他们提供了接受新鲜事物和观念的机会,使他们增长了见识、提高了素质,更重要的是使他们学会了一技之长,成为当地经济建设的行家能手。另外,工程的实施缓解了农村劳动力短缺的矛盾,给部分未成年劳动力增加了继续学习的机会,这一点在边远地区表现尤为明显。

3.1.4.2 陕北丘陵沟壑区退耕还林实施现状

在全省完成的国家退耕还林233.97万hm^2任务中,陕北地区完成退耕还林112.94万hm^2,占全省计划任务的48.3%;关中地区完成退耕还林55.21万hm^2,占全省计划任务的23.6%;陕南地区完成退耕还林65.82万hm^2,占全省计划任务的28.1%。建设重点在陕北地区。如表3-2、表3-3所示。

表3-2 陕北丘陵沟壑区退耕还林计划任务年度实施面积 （万hm^2）

年　度		陕西省	榆林市	延安市
1999—2009	合　计	233.97	53.65	59.29
	退耕还林	101.92	18.59	33.49
	荒山荒地造林	122.05	25.06	25.06
	封山育林	10.00	0.74	0.74
1999	合　计	28.39	4.84	10.99
	退耕还林	21.74	2.45	9.29
	荒山荒地造林	6.65	2.39	1.70

续 表

年　度		陕西省	榆林市	延安市
2000	合　计	7.40	0.85	1.08
	退耕还林	5.33	0.77	1.00
	荒山荒地造林	2.07	0.08	0.08
2001	合　计	10.00	1.14	3.05
	退耕还林	4.67	0.47	1.27
	荒山荒地造林	5.33	0.67	1.78
2002	合　计	54.00	15.09	15.77
	退耕还林	25.33	5.85	9.49
	荒山荒地造林	28.67	9.23	6.29
2003	合　计	56.00	15.77	13.33
	退耕还林	28.00	6.47	6.67
	荒山荒地造林	28.00	9.31	6.67
2004	合　计	26.77	6.52	7.73
	退耕还林	4.00	0.51	1.33
	荒山荒地造林	22.67	6.01	6.40
2005	合　计	23.51	4.05	4.37
	退耕还林	11.51	2.00	3.77
	荒山荒地造林	6.00	1.30	0.40
	封山育林	6.00	0.75	0.20
2006	合　计	8.00	1.85	1.33
	退耕还林	1.33	0.08	0.67
	荒山荒地造林	6.67	1.77	0.67
2007	荒山荒地造林	9.33	2.71	0.53
2008	合　计	6.67	0.49	0.61
	退耕还林	4.00	0.49	0.27
	荒山荒地造林	2.67	0.00	0.33
2009	合　计	4.00	0.35	0.48
	退耕还林	2.67	0.28	0.27
	荒山荒地造林	1.33	0.07	0.21

数据来源：根据各年度陕西省发展和改革委员会下达的计划文件整理。

表3-3　陕北丘陵沟壑区退耕还林林种面积统计表　　　　　　　　　（万 hm²）

年　度		合计	榆林	延安
1999—2006	合　计	101.92	18.59	33.49
	生态林	92.57	18.59	29.66
	经济林	8.90	0.00	3.83
	草	0.45	0.00	0.00

续 表

年 度		合计	榆林	延安
1999	合 计	21.74	2.45	9.29
	生 态 林	16.59	2.45	7.23
	经 济 林	4.97	0.00	2.07
	草	0.18	0.00	0.00
2000	合 计	5.33	0.77	1.00
	生 态 林	4.92	0.77	0.93
	经 济 林	0.39	0.00	0.07
	草	0.02	0.00	0.00
2001	合 计	4.67	0.47	1.27
	生 态 林	4.17	0.47	1.12
	经 济 林	0.42	0.00	0.15
	草	0.07	0.00	0.00
2002	合 计	25.33	5.85	9.49
	生 态 林	23.90	5.85	8.83
	经 济 林	1.38	0.00	0.66
	草	0.04	0.00	0.00
2003	合 计	28.00	6.47	6.67
	生 态 林	26.72	6.47	6.17
	经 济 林	1.15	0.00	0.50
	草	0.13	0.00	0.00
2004	合 计	4.00	0.51	1.33
	生 态 林	3.84	0.51	1.24
	经 济 林	0.16	0.00	0.09
	草	0.01	0.00	0.00
2005	合 计	11.54	2.00	3.77
	生 态 林	11.14	2.00	3.51
	经 济 林	0.37	0.00	0.26
	草	0.00	0.00	0.00
2006	合 计	1.33	0.08	0.67
	生 态 林	1.28	0.08	0.63
	经 济 林	0.06	0.00	0.04
	草	101.92	18.59	33.49

数据来源：各年度陕西省发展和改革委员会下达计划文件。

中国从1997年开始号召实行退耕还林以来，拉开了西部地区环境治理的帷幕，尤其是对陕北地区的生态环境治理提出了更高的要求，并为其环境的治理创造了有利的条件。随着我国政府、地方政府及个人在生态环境治理上的不断努力,陕北丘陵沟壑区全面实行退耕还林政策,使该地区的生态环境实现前所未有的快速发展与恢复,收获颇丰。截止到2007年底,陕北地区已经完成了国家的预定任务,完成退耕还林指标111万hm^2,其中退耕还林52万hm^2,荒山造林58万hm^2,封山育林1万$hm^{2[48]}$,生态环境得到了显著的改善,初步实现了人进沙退、林茂粮丰的新局面;水土流失量逐年减少,得到了一定的控制;植被的覆盖率有所增加。

1. 区域生态环境得到显著改善

根据"全面规划、分步实施、突出重点、先易后难、先行试点、稳步推进"的原则,陕北地区在实施退耕还林工程过程中,坚持以生态治理为先,结合乔木、灌木、草等多种类型植被相互配合的原则,在陕北丘陵沟壑区的陡坡地区主要种植以灌木为主的水土保持林带;在风沙严重的榆林以北地区种植以灌木为主、灌木与草皮相结合的防风固沙林带。实施一定规模的治理并且集中连成片的种植,并且坚持把退耕还林工程与调整农业产业结构相结合,宜林则林、宜草则草,林草结合、林果结合、林药结合,并积极推行封山禁牧、舍饲圈养,为农民增产增收创造了条件。实施退耕还林工程的同时还抓好农户自家农田的基本建设,保证农户的基本生活。对于大面积的退耕农户群体实行有计划的移民搬迁政策,扩大了林地与草地的面积,进一步推动了退耕还林工程的实施。

陕北丘陵沟壑区在退耕还林工程不断深入实施的条件下,有效地减缓了水土流失的总量,保护了地表的植被,区域生态环境有了较大的改善(**图3-5~图3-7**),为野生动物的初现、生存与繁衍提供了良好的条件。退耕还林工程区域内重新出现了野猪、狼、野鸡、野兔和田鼠等野生动物,这是生态环境改善的标志。

2. 进一步调整产业结构,农户收入显著提高

退耕还林的实施,对长久以来靠地、靠天吃饭的具有传统农耕习惯的陕北地区而言是一种颠覆性的改变。农户不再需要农耕就能从政府那里领取粮食和货币补贴,基本生活有了保障,耕地劳作已经不是唯一的选择。致富与收入的选择途径更多,例如发展设施养畜养殖生猪和羊,开发并培育绿色产业和绿色食品,发展地方的特色经济,使得原来以种植为主的传统农业生产向林业、果业等种植业,

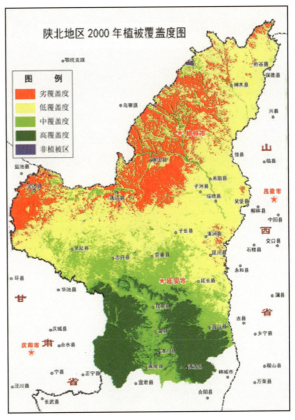

图3-5 2000年陕北丘陵沟壑区植被覆盖度图
(图片来源:百度图库)

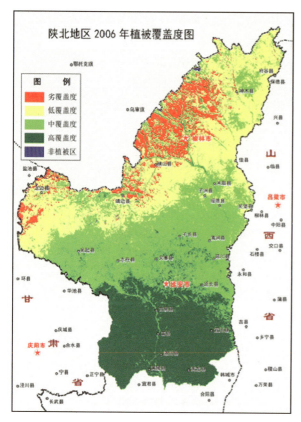

图3-6 2006年陕北丘陵沟壑区植被覆盖度图
（图片来源：百度图库）

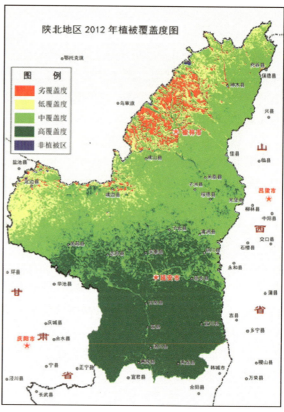

图3-7 2012年陕北丘陵沟壑区植被覆盖度图
（图片来源：百度图库）

以及畜牧业和第二、第三产业发展过渡，对农村产业结构的调整和农村劳动力的转移起到了促进作用。

退耕还林在某种意义上是一种制度体系的创新，因此在陕北丘陵沟壑区的社会以及经济发展历史上别具意义，正因为如此，它与以往的任何制度创新一样都有着许多可以改进与变化的空间。为了更好地客观地记录陕北地区退耕还林工程的进程以及地区分布等情况，表3-4和表3-5把陕北地区2002—2007年的退耕还林情况记录如下。

表3-4 陕北丘陵沟壑区退耕还林进行情况表（2002—2007年） （万hm²）

地 区	年 份	当年人工造林面积合计	当年飞播造林面积合计	当年封山育林面积合计
榆林	2002	0.048	3.057	0.139
	2003	0.057	3.275	0.169
	2004	0.069	3.349	0.176
	2005	0.088	3.430	0.178
	2006	0.037	2.843	0.131
	2007	0.032	2.675	0.095

续 表

地 区	年 份	当年人工造林面积合计	当年飞播造林面积合计	当年封山育林面积合计
延安	2002	0.093	1.215	0.982
	2003	0.107	1.246	0.997
	2004	0.121	1.280	1.014
	2005	0.137	1.443	1.065
	2006	0.087	1.201	0.954
	2007	0.071	1.108	0.868

资料来源：榆林市、延安市国民经济统计资料（2002—2007年）。

表3-5 工程投入分期汇总表 （万元）

实施单位	合 计			中 央 投 入			地 方 投 入		
	合 计	第一期（2000—2005年）	第二期（2006—2010年）	合 计	第一期（2000—2005年）	第二期（2006—2010年）	合 计	第一期（2000—2005年）	第二期（2006—2010年）
陕西省	580 319	339 862	240 457	464 255	271 890	192 365	116 064	67 972	48 092
榆 林	42 996.5	23 514.6	36 591.5	34 822.6	19 043.0	15 779.0	8 174.5	4 471.6	3 702.9
延 安	84 647.7	48 056.2	19 481.9	65 254.6	37 095.0	28 159.0	19 393.7	10 961.2	8 432.5

资料来源：天然林保护工程——陕西省实施方案，陕西省林业厅，2010年12月。

3.2 影响因子

退耕还林实施之后，该政策在陕北丘陵沟壑区的影响已经凸显。退耕还林是政策制度因子的一个重要变化，这使得影响该地区乡村聚落变迁的因子亦发生了改变。下面就退耕还林实施之后对于影响陕北丘陵沟壑区乡村聚落变迁的因子进行解析，这些因子与前述影响因子类似也分为自然因子和人文因子。

3.2.1 自然因子

退耕还林工程实施之后影响陕北丘陵地区乡村聚落变迁的自然因子主要有生态环境和水文条件。

生态环境一直都是人类赖以生存与发展的基础，严重的水土流失和土地沙漠化进程加速都是陕北丘陵沟壑区面临的主要生态问题，造成这些灾害的主要原因就是坡耕地的过度开垦以及草场的过度放牧。没有节制地随意开垦陡坡地，无限制地广种薄收，带来了重大的恶果。首先是导致耕作的土地土质越来越疏松，其抗侵蚀的能力极低，这就造成严重的水土流失，坡耕地的过垦使得原本就十分脆弱的生态环境雪上加霜。其次是大面积的毁林开荒和超负荷的过度放牧，导致森林消失殆尽，草场退化。生态环境的不断恶化导致在此长期居住的人也受到极大的影响。居于此地的人们生活极度贫苦，生活水平低下，因而外出务工人员逐年增多，使得乡村聚落在很长的一段时间内发展停滞不前甚至出现荒废的现象。但是1999年党中央国

务院在该地区实施的退耕还林政策对于陕北丘陵沟壑区的生态环境以及乡村聚落产生了深远而巨大的影响,主要表现在以下几个方面:

第一,植被覆盖率不断提高,水土流失减少;

第二,土地荒漠化得到缓解;

第三,生物种类有所恢复;

第四,人们的生存环境改善很多。

这些都是生态环境总体得到改善的表现。总之,退耕还林政策实施之后,陕北丘陵沟壑区生态环境改善巨大,对于乡村聚落的选址、乡村聚落的建设规模、聚落的功能分区、院落布局方式、建筑单体的造型等都有影响。

退耕还林对水文条件也有很大的影响。由于大面积地恢复植被,陕北丘陵沟壑区的绿化率不断提高,地下水的储备较以前大幅度提升,河流的断流时间与次数不断减少,流量逐年增大,降雨量较以往也有很大提高。以2013年夏季为例,降雨量是50年不遇的,还造成了一定程度的灾害,但是,与以往的情况相比较,若不是退耕还林政策的实施实现了对大面积的林带与灌木及草地的保护,水土流失与灾害可能更加严重,这些可以说都是退耕还林政策实施之后给陕北丘陵沟壑区水文条件带来的改变。由于水文条件的改变,乡村聚落的选址也在很大程度上受到影响,以往乡村聚落的选址主要邻近河流,以满足农耕和居民的日常生活用水需求,但是现在水源地的影响已经没有那么大了,家家都有自来水,不再依靠邻近的河流,只要村中设有集中自来水供应站即可。因此水文条件主要影响着乡村聚落的选址、聚落的布局方式、聚落的规模等方面。

3.2.2 人文因子

退耕还林实施之后,影响乡村聚落变迁与发展的人文因子亦发生了一些改变,主要有政策制度、生产生活方式、社会传统观念和经济发展水平这四类因子。

由于退耕还林的推行,陕北丘陵沟壑区人们的生产与生活方式发生了翻天覆地的改变。以往的生活来源主要依靠长年在田间耕作来维系,由于土地贫瘠、气候干旱、降雨量少、自然灾害多等原因,粮食产量低下,生活困苦,人们仅能维持温饱,甚至温饱都成问题,基本生活难以维系。自退耕还林政策实施之日起,不用下地干活就可以从政府那里领取一定程度的补贴以及粮食,这就使得人们的基本生活得以保障,温饱问题不复存在,从而也解放出了很多的劳动力。农耕不再是唯一的生活来源,为了提高收入,解放出来的青壮年劳动力越来越多地外出务工,人们的生产与生活方式发生了变化。经济作物以及富有地方特色的农业不断发展,这就使得乡村聚落的发展在布局方式、功能分区等方面受到了影响。

传统的生产与生活方式的改变,使得该地区的社会传统观念也发生了变化。人们不再仅仅依靠农耕生活,收入方式也多样化,这就对传统的家族生活方式产生了一定程度的冲击。一家人不一定非要住在一个院子中,兄弟分家自立门户的越来越多,这对于促进乡村聚落的发展与规模的壮大都有一定的影响。

再者,由于退耕还林政策的实施,农户的基本生活有了保障,无论是外出务工,还是新兴农业的发展壮大,都使得农户的收入提高很多,地方经济的发展水平不断提高,人们的生活得到极大改善。这些改变对于乡村聚落规模、聚落的布局方式、功能分区、建筑单体的样式以及建造材料都影响很大。

退耕还林对陕北丘陵沟壑区乡村聚落变迁与发展的影响因子及权重如表3-6所示。

表3-6 退耕还林对陕北丘陵沟壑区乡村聚落变迁与发展的影响因子及权重

退耕后影响陕北丘陵沟壑区乡村聚落的因子		乡村聚落选址	乡村聚落布局方式	乡村聚落规模	院落布局方式	建筑单体样式与建造材料
自然因子	地质地貌条件	▲▲	▲▲	▲▲	▲▲	▲▲
	资源分布状况	▲▲▲	▲▲	▲▲		▲▲
	气候条件				▲▲▲	▲▲▲▲
	生态环境	▲▲▲		▲▲▲		
人文因子	退耕还林政策	▲▲▲▲▲	▲▲▲▲▲	▲▲▲	▲▲▲▲	▲▲▲▲
	生产生活方式	▲▲▲▲	▲▲▲▲	▲▲	▲▲▲▲	
	劳作半径	▲▲	▲▲			
	社会风俗文化		▲▲		▲▲	▲▲▲
	经济发展水平		▲▲▲	▲▲▲▲▲	▲▲	▲▲▲▲
	人口状况			▲▲		
	区位条件	▲▲	▲▲	▲▲	▲▲▲	▲▲▲
	道路交通条件	▲▲▲	▲▲▲	▲▲▲		▲▲
	基础与公共服务设施	▲▲		▲▲		

注:▲代表不同因子对乡村聚落影响的权重,▲越多就代表权重越大。笔者在这里把权重分为5个等级,最高级为5个▲。

由表3-6可以看出,自从退耕还林工程实施之后,陕北丘陵沟壑区乡村聚落受到的影响巨大,各个影响因子的作用各有侧重,主要归纳如下:

(1)影响乡村聚落选址的因子及权重:退耕还林政策决定了陕北丘陵沟壑区乡村聚落的选址,是起决定性影响的新因子,退耕后生产生活方式发生改变,其对乡村聚落选址的影响仅次于退耕还林这一政策制度,资源分布状况、生态环境和道路交通条件的影响次之,地质地貌条件、劳作半径、区位条件及基础与公共服务设施的影响减弱很大,影响最小;

(2)影响乡村聚落布局方式的因子及其权重:退耕还林政策对于乡村聚落的布局方式影响巨大,生产生活方式、经济发展水平和道路交通条件的影响次之,地质地貌条件、资源分布状况、气候条件、劳作半径、社会风俗文化以及区位条件的影响最弱;

(3)影响乡村聚落规模的因子及其权重:经济发展水平是起决定性作用的因子,生态环境、退耕还林政策和道路交通条件的影响次之,地质地貌条件、资源分布状况、生产生活方式、人口状况、区位条件以及基础与公共服务设施的影响最小;

(4)影响院落布局方式的因子及其权重:陕北丘陵沟壑区乡村聚落的生产生活方式因为退耕还林的实施发生了改变,从传统农耕的生产模式,开始走向多元化的发展,因此退耕还林政策与生产生活方式对院落的布局影响最大,气候条件和区

位条件的影响次之,地质地貌条件、社会风俗文化和经济发展水平的影响最弱;

(5) 影响建筑单体的样式与建造材料的因子及其权重:退耕还林政策的实施,使得传统农耕不再是当地农户的唯一生存手段,农户居住地不再受到劳作半径的制约,因此对居住建筑的要求呈现多元化的趋势,气候条件、社会风俗文化、经济发展水平与退耕还林政策共同作用,对乡村聚落的建筑单体样式与建造材料影响巨大。区位条件的影响次之,地质地貌条件、资源分布状况以及道路交通条件的影响最小。

综上所述,退耕还林的实施,对陕北丘陵沟壑区的乡村聚落产生了巨大的影响,各个影响因子共同作用,侧重点各有不同。由表3-6可以看出,影响陕北丘陵区乡村聚落的决定性因子已经发生变化,起决定性作用的是退耕还林政策、生产生活方式、经济发展水平和道路交通条件,其他因子,尤其是地质地貌条件、资源分布状况以及劳作半径的影响减弱很快,这与退耕还林工程实施之前有很大的不同。

3.3 退耕还林的影响——非空间维度

在新的历史条件下,在新政策的指引与影响下,以及其他多重因素的叠加影响下,陕北丘陵沟壑区的乡村聚落现在面临一系列的发展与转型。可以说这个阶段正是其分化与转型的关键时期,明确推动乡村聚落发展与转型的要素,并且研究各个要素之间的作用原理,可以帮助我们更好地把握该地区乡村聚落转型及发展的方向。

退耕还林可以说是中国目前已经启动的规模最大、投资最高的一项生态工程,自1999年建立示范点以来已经取得了重大的成效,实施区域的生态环境已经得到显著的改善,而且对全国生态环境的改善有目共睹,尤其是缓解了生态脆弱地区的很多问题,对于陕北丘陵沟壑区的影响也极为显著,促使该地区乡村聚落发生巨大变化。

陕北丘陵沟壑区乡村聚落由于退耕还林的实施,传统的农耕模式被打破,生产生活方式发生了变化,传统观念也发生改变,区域生态环境得到巨大改善,乡村聚落在聚落选址上不再受到"劳作半径"的制约,开始由"零散"的、无序的自然状态向"集聚"的、有序的、科学的规划方向发展;随着种植业、养殖业与特色旅游以及其他第三产业的不断发展,陕北丘陵沟壑区乡村聚落经济发展迅速,农户的收入稳步增长,乡村聚落的规模不断壮大,数量也较以往有所增加,布局方式越来越人性化,越来越科学;乡村聚落的公共设施与服务设施不断完备,交通便利,自来水到户,电力设施稳定,教育与医疗卫生设施不断完善,服务业发展迅速,为该地区乡村聚落的发展打下了坚实的基础。随之带来乡村聚落建筑群落的不断更新与发展,居住建筑虽仍然以窑洞建筑为主,但是新材料、新技术的应用为传统窑居注入了新的活力。建筑院落与单体发展呈现多元化趋势,窑洞建筑、砖混低层建筑以及两者结合组成的院落建筑群均有所发展,由此带来陕北丘陵地区极具地方特色的乡村景观。

例如吴起县,在实施退耕还林之后,生态环境得到显著改善的同时(**图3-8**),地方经济也取得了长足的发展。近些年来,全县通过调整产业结构,大力发展第二、第

图3-8 吴起县杨青流域退耕示范点
(图片来源:作者自摄)

图3-9 吴起县王庄集中搬迁示范点
(图片来源:作者自摄)

三产业,并由政府出资扶植农户进行经济作物的生产与种植,尽管大面积的退耕明显,但是农业经济不但没有衰退相反发展很快,并有了很大的提高。相应地,全县有很多农户已经搬迁,从山上搬到山下,很大程度上推动了村与村之间的合并与改、扩建,优化了乡村聚落的空间布局(**图3-9**)。

3.3.1 生态环境改善

退耕还林工程实施20年来,陕北丘陵沟壑区的生态环境得到明显的改善。该地区在退耕还林工程实施过程中,坚持生态优先的原则,实行乔木、灌木与草综合科学配置,在丘陵沟壑区的陡坡地区坚持营造以灌木为主的水土保持林。坚持因地制宜的原则,把退耕还林与调整农业结构结合在一起,采取宜林则林、宜草则草,林草结合、林果结合、林药结合的方式,同时实行封山禁牧、舍饲圈养,为农户的增产增收创造良好的条件。同时坚持以小流域为单位,把山体、水体、农田、林业与道路建设的治理结合起来,在实施退耕还林工程的同时,抓好农田的基本建设,并且把退耕还林与生态移民的搬迁结合起来,对较为集中的退耕区农户实施有计划的搬迁,进而扩大林草植被的覆盖面积,更有效地推动退耕还林工程的建设。

截至2007年底,陕北丘陵区共完成国家下达退耕还林指标1 665.18万亩,其中退耕地还林781.28万亩,荒山造林869.7万亩,封山育林14.2万亩。涉及两市25个县区,385个乡镇,7 397个行政村,66.1万个农户,全市80%以上的农民受益,退耕户人均受益4 392元。总体合格保存率约95%,工程涉及全市所有县区、乡、镇的44.37%农业人口。[48]

陕北丘陵区生态环境的改善主要表现在:首先,沙尘暴日数减少。据统计,陕北地区多年平均风暴日数为23.6 d,其中沙尘暴日数为12.8 d,较新中国成立初期的五六十年代明显减少,据统计平均减少六成以上,使年沙尘日由50年代的70多天减少到现在的20多天,初步实现了人进沙退、林茂粮丰的新局面。其次,水土流失量减少。年减少输入黄河泥沙约1.3亿t。最后,植被覆盖度增加。新中国成立初期,该区的森林覆盖率只有4%,省气象局经过分析美国和法国1982—2007年的卫星遥感资料,发现26年间陕北黄土高原丘陵沟壑区的植被覆盖总体上处于上升趋势,2003—2007年植被覆盖快速增加,增幅在26年中达到最大,其中吴起县植被覆盖增加的趋势极为显著,绿色度增加了16.8%,这表明1999年以来实施封山禁牧、退耕还林草工程建设成效显著。[48]

全区水土流失面积逐年减少,有效地控制了水土流失,调节了水分平衡,达到了涵养水源、净化水质的目的。灾害性气候发生次数虽然与退耕前持平,但持续时间和强度都有所减弱。生态环境的改善也为野生动物的生存、繁衍提供栖息条件,退耕还林建设区内新出现了野猪、狼和豹子等野生动物,进一步反映了生态环境正在好转。退耕还林工程的实施取得了显著的生态效益、经济效益和社会效益,初步探索出人与自然和谐共存的土地利用模式和区域科学发展道路。[48]

自退耕还林工程实施以来,陕北丘陵沟壑区生态环境改善显著。

3.3.2 生产生活方式转变

据统计,截止到2004年底,陕北丘陵沟壑区国内生产总值共计376.8亿元,第一产业占12.9%,第二产业占64.9%,第三产业占22.2%。由此可见,该地区的产业已经开始转型,以农业为重心的陕北丘陵沟壑区逐渐走向产业多元化发展,呈现出第二与第三产业比重大且发展迅速的趋势。

3.3.2.1 生产方式

生产方式主要是指人们在社会生活中谋取生活必需的物质资料所采用的方式,并且在生产过程中形成的人与自然、人与人之间的相互关系的总和。生产方式的物质实质主要是由生产力来体现的。乡村聚落的发展进程,是由低级到高级逐步发展的过程,具体到陕北丘陵沟壑区乡村聚落的生产方式,主要是以农业耕种、散养家畜以及少量的传统工艺为主的较为低级的生产方式,逐渐发展为以设施农业、设施养畜业以及现代化生产工艺为主的高级的生产方式。

1. 乡村农业生产方式转型

陕北丘陵沟壑区千百年来生产方式主要是以传统农业为主,随着社会经济的不断发展,再加上生态环境的不断恶化,传统的日出而作、日落而息的农业生产方式已经无法满足社会经济的发展以及农户更高的要求。因此,在该地区应利用地方特点发展特色经济、特色产业,充分利用农村的资源优势并考虑现实的市场需求,引入先进的现代化科技手段,推动农业科技的不断创新与进步,实施"村品"策略,并且一村一品,各不相同,避免恶性竞争的发生,保证农户的收入。在家庭承包基础之上实行产业化的规模经营,并引入企业+农户、基地连农户的产业组织模式,进一步推进农业生产、加工与营销的一体化,已经成为该地区传统农业生产方式转型的主要方式。例如吴起县的马湾村,统一由政府出资修建现代化的阳光大棚(图3-10),然后承包给农户,统一种植香瓜,并由政府联系统一销售。农户承包的大棚年收入有8万~10万元,条件好的农户不止承包一座大棚,收入比原先农业耕种要多得多;就是不承包大棚的农户,通过在大棚内种植香瓜也有了不菲的收入。还有的发展运输业,养殖生猪、羊,收入也很可观。马湾村的产业不仅带动了自身的发展,提高了本村农户的生产生活水平,还带动了周边的产业发展,为农户提供了更多的就业选择与就业机会,使得农户们不用远赴他乡就能提高收入、改善生活水平。这就是产业发展与转型为乡村带来的契机。

2. 乡镇企业生产方式转型

1980年以来,陕北丘陵沟壑区的很多乡村已经通过开办乡镇企业迅速发展,为区域经济的发展支撑起一片天。这些乡镇企业有乡镇政府主导型的,有能人带动型

图3-10 吴起县马湾村阳光大棚

(图片来源:作者自摄)

的,有家庭承包型的,等等。虽然这些乡镇企业在一定程度上满足了当时市场发展的需求,但是他们在生产方式上普遍存在一些漏洞,比如小而偏,生产类型以劳动密集型为主,大多数是轻工业等。随着1990年之后国内市场需求的不断变化,陕北丘陵沟壑区的乡镇企业在规模、生产方式、技术支持等方面都面临危机,必须进行改革并顺应时代需求向资金与技术密集型的方向发展。企业的生产方式也应逐步精益求精,并结合、带动第一产业共谋发展。比如米脂县的孟岔村,就是发展以红枣加工为主的产业,他们在西北农林科技大学专家的技术支持下研发了新型的红枣产品——红枣醋和红枣饮品,实现了对红枣种植残叶的深度加工。

3. 第三产业生产方式转型

第三产业在陕北丘陵沟壑区乡村中所占比重较小,而且主要是针对村民自身服务的小型商业网点。但是退耕还林的实施改善了该地区的生态环境,乡村聚落农户们的生活有了基本保障,收入水平不断提高,因此对于生活的需求越来越多样化,发展生态及陕北地方特色旅游成为近年来陕北丘陵沟壑区的新兴产业(**图3-11**)。这主要是依托陕北地区特有的自然环境、建筑特点与乡土文化,集旅游、参观、感受与教育为一体,并且以乡村和农业为主要载体的新兴的乡村第三产业。例如很多县镇在周边的乡村发展农家乐(**图3-12**)、小型农场和周末农场等,把休闲、娱乐、住宿、锻炼、收获与体验生活合为一体,吸引了周边城镇的许多居民,成为当地农户一项主要的收入来源。这种新兴的产业为当地的农户与政府带来了不菲的经济收入,同时又扩大了第三产业的内涵,使得第三产业与时俱进,不断地发展并优化,也使陕北丘陵沟壑区的第三产业向绿色、可持续方向不断发展。

3.3.2.2 生活方式

社会经济的不断发展,带动并影响着乡村经济,乡村与城市之间沟通与联系日益加强,城市生活对乡村人口的吸引力逐渐加大,再加上退耕还林政策的实行,解放

图3-11 米脂县高西沟生态旅游人工梯田
(图片来源:作者自摄)

图3-12 米脂县杨家沟农家乐
(图片来源:作者自摄)

了大部分的劳动力,使得陕北丘陵沟壑区乡村聚落的人口结构发生了巨大的变化。年轻的劳动力逐步向城市及乡村产业发达的地区转移,留守在村落中的基本上是老人、孩子与妇女。如表3-7所显示的,在米脂县,农村家庭中常住人口年龄在41岁以上的占比将近50%,其中41~50岁的农村常住人口占总人数的20.3%,而23~30岁的常住人口仅占总人数的2.6%。

表3-7 米脂县农村家庭常住人口年龄状况表

年 龄 段	6岁及以下	7~15岁	16~18岁	19~22岁	23~30岁	31~40岁	41~50岁	51~60岁	60岁及以上	总 计
人数(人)	4	30	31	37	6	27	48	34	19	236
比例(%)	1.7	12.7	13.1	15.7	2.6	11.4	20.3	14.4	8.1	100

数据来源:米脂县2008年农村住户调查年报。

由表3-7可以看出,在迁移的乡村劳动力当中,年龄在23~30岁之间的年轻劳动力占了大多数。这主要是因为:第一,年轻人对于生活和收入的要求更高,希望达到更高的生活水平;第二,年轻人对于新事物易于接受,现代化的城市生活对于年轻人的吸引力更大。所以,乡村聚落的转型与发展要想吸引更多年轻劳动力,生活方式就要逐渐向城市化、现代化的方向发展,改善居住条件与生活条件势在必行。

3.3.3 人居环境改善

3.3.3.1 乡村聚落居住环境的变化

过去,陕北丘陵沟壑区自然生态环境恶劣,气候条件差,乡村农户的收入水平很低,有的连基本温饱都成问题,乡村聚落的居住环境可以说是脏、乱、差,农户居住的主要都是黄土窑洞,生活条件十分简陋、艰苦(图3-13)。因为多数居于山区,地势较高,用水困难,经常需要赶着毛驴到山下运水。"走路打着伞,吃饭捂着碗,喝水靠水窖,睡觉排一炕,衣服穿一天,黄土加黑炭",是他们生活状况的真实写照。

20世纪90年代改革开放之后,陕北丘陵沟壑区的乡村社会由传统的乡村逐步向新型的乡村社区转变,居住建筑的形态亦发生了重大变化。尤其是在退耕还林政策和建设新农村政策实施之后,地方政府以合理利用土地资源为前提,不断改善民居环境,另选新的基址、统一规划建设的新型聚居型聚落日益增多,零散的、小型的聚落逐渐向交通条件较好的公路及用水便利的河流附近迁移,并不断吸引周边农户向条件好的区域集聚,不仅改善了人居环境,而且有效地利用了土地资源,推进了乡村聚落的有效整合。建筑群落由传统居住的黄土窑洞也转变成具有现代化设施的石窑或者砖混房屋(图3-14),人均居住面积大大增加,水、电、通信、道路等基础设施也得到相应改善,连牛、羊等农耕牲畜也住进了现代化的暖棚(图3-15)。

3.3.3.2 乡村聚落生活方式的变化

过去陕北丘陵沟壑区的农户主要是依靠传统农业耕种维持生计,生活十分艰苦。乡村的经济也是以自然经济为主,农户们自己种植粮食、蔬菜,自给自足,生活

图3-13 吴起县过去农户居住的靠山土窑
(图片来源:作者自摄)

图3-14 吴起县现今农户居住的新窑洞
(图片来源:作者自摄)

图3-15 米脂县高西沟的现代化养殖场
(图片来源:作者自摄)

所需的物品大多数也是靠自己解决。食品非常短缺,主要是以玉米、谷子、糜子等粗粮为主,蔬菜品种极少,主要是土豆、红薯和南瓜。每年秋天家家都会腌制一两缸咸菜,一吃就是一年。只有逢年过节才能吃上荤腥。由于用水困难,卫生条件极差,医疗条件也很不好。总的来说,衣食住行等各个方面基本上都还处于比较原始的状态。

改革开放之后,随着乡村的产业不断发展,第一产业焕发生机,并且带动了第二、第三产业的快速发展,使得陕北丘陵沟壑区的乡村聚落生活条件不断改善。例如绥德县的白家硷乡,在县委、县政府的领导下,大力调整产业结构,发展以日光温室为主的高效设施农业(图3-16),种植小西瓜,并与玉米进行套种,亩产达到上万元。大棚还种植反季的蔬菜、芝麻蜜甜瓜和吊兰西瓜,仅大棚芝麻蜜甜瓜就种植300多棚,收入达1 500多万元,平均每个大棚的收入达5万多元,单棚最高收入达8万余元。收入提高了,人们的生活条件得到很大程度的改善,该地区乡村聚落的生活方式也发生了变化。居住的窑洞建筑室内布局方式已经与城市区别不大(图3-17,图3-18),客厅布局围绕电视展开,设有沙发与双人床,现代化的厨房紧邻餐厅,这样的生活方式与现在城市的生活方式已十分接近。

3.3.3.3 基础设施、公共服务设施及其他

基础设施建设一直都是乡村聚落发展的关键影响因素之一。退耕还林工程实施之后,陕北丘陵沟壑区乡村聚落逐渐由山区搬迁到地势较为平坦且交通便利的地区,呈现出由分散逐渐走向集聚的发展趋势,由此,基础设施、公共服务设施建设就迫在眉睫。加之退耕后地方农业生产方式的转型带动经济发展迅速,农户的收入稳步提高,生活水平不断上升,农户们对于基础与服务设施建设的关注程度不断提升,社区服务中心、医疗站、幼儿园与中小学校、自来水供应站、邮电储蓄等设施越来越健全。设施齐备、生产模式现代化、科学规划设计的乡村聚落越来越多,彻底改变了

图3-16 绥德县白家硷乡的大棚
(图片来源:作者自摄)

图3-17 吴起县王庄农户窑洞住宅客厅　　　　　图3-18 吴起县王庄农户窑洞住宅餐厅与厨房
（图片来源：作者自摄）　　　　　　　　　　　　（图片来源：作者自摄）

原来陕北丘陵沟壑区乡村聚落生活贫困、人居环境恶劣、公共及服务设施不健全的面貌。

3.3.4 社会传统观念转变

　　陕北丘陵沟壑区的生产生活方式长久以来都是以传统农耕为主，地理位置偏远、荒僻，山地丘陵纵横，与外界的联系较少，处于较为闭塞的状态，因此其社会传统观念保守、内敛，形成了以家庭或者家族为中心的生活方式与观念，聚族而居是其长久以来沿袭的观念与居住方式。自从改革开放以来，特别是退耕还林工程实施之后，传统的农耕模式被打破，村落中固有的社会居住格局也发生了变化，一些原来居住在深山中的、与外界联系较少的聚落逐渐搬迁到山下，这就打乱了传统宗族居于一处的格局与方式，不同的宗族开始杂居。退耕之后，经济发展速度稳步提升，家族中经济条件较好的年轻人成家之后都搬到条件相对较好的川坝地居住，兴建许多新的居所，父母兄弟不再一同居住，原有的家族聚居模式被打破，传统观念的影响逐渐减弱。但是，随着经济条件的改善，多数农户都希望搬迁到外围条件较好的区域，在迁移的过程中，他们看重文化、语言以及民俗风情上的沟通，因此，社会传统观念在现在而言更注重精神层面的需求。

3.4 退耕还林的影响——空间维度

3.4.1 乡村聚落选址、规模及分布方式的变化

3.4.1.1 乡村聚落选址变化

　　陕北丘陵沟壑区乡村聚落的选址由于长期受到地质地貌条件、劳作半径、资源分布状况以及道路交通条件等因子的制约，呈现出靠近水源与耕地，聚落群体分布不均匀的特征。退耕还林实施之后，由于坡耕地的全面退耕，农户居住地受到劳作半径的制约显著减弱，生产生活方式成为该地区乡村聚落选址的首要影响因子。例

如以设施农业为主要生产方式的安塞县侯沟门村,退耕前主要是以传统农业为主要的生产方式,农户居于道路两侧,依靠农业种植为生,还有相当大一部分农户居于后沟中,聚落沿后沟纵深、垂直发展,较为零散,不集中;退耕之后主要依靠大棚种植业为生,并在大棚后设有养殖生猪、羊的现代化养殖场,由此开始,聚落迅速向大棚及养殖场周围聚集,并沿道路两侧展开,居于后沟中的农户也逐渐搬迁至大棚周围及道路的两侧,居住密度不断增大,集聚效应明显,聚落的选址受到生产生活方式的影响显著。

3.4.1.2 乡村聚落规模的变化

陕北丘陵沟壑区乡村聚落在退耕之前呈现出规模小且分布较零散的特征。退耕还林工程实施之后,该地区乡村聚落的规模较之前有所增大。退耕之后,传统农耕不再是唯一的生存手段,耕作半径的束缚不复存在,因此土地承载力的影响减弱,可承载的人口数量较以往增加,进而该地区乡村聚落的规模不断扩大。

3.4.1.3 乡村聚落分布方式的变化

陕北丘陵沟壑区传统乡村聚落的布局方式如前所述,主要分为块状分布方式、线性分布方式、扇形分布方式、散点分布方式和多种方式结合这五种分布方式。退耕还林实施至今,该地区乡村聚落的分布方式发生了变化,由传统的五种分布方式开始转型。散点分布方式受到影响最大,现存的散点聚落已经十分稀少,大多数已经搬迁到距离道路或者大型聚居聚落较近的地区;块状与扇形的聚落,丘陵的缓坡地带不断扩大、蔓延发展,形成较为集中的集聚型大型乡村聚落,最终将发展为中心村,并不断吸纳和吞并周边的零散、小型聚落;线性聚落沿主要的道路和河流分布,伴随着退耕还林的实施,开始逐渐收缩原本狭长的聚落布局方式,开始向纵深方向发展,最终与扇形和块状聚落一样,走向集聚化的发展模式。由此,陕北丘陵沟壑区乡村聚落开始由分散的、零乱无规划的状态逐渐走向集聚的、有序的并与规划设计相结合的乡村聚落体系。

这里要指出的是,地形条件的制约仍然存在,但是相对传统农耕时期其影响程度已经大大地降低了。

3.4.2 乡村聚落功能与结构体系的转变

3.4.2.1 功能的转变

乡村聚落的功能是一切的基础,它决定了乡村聚落的内部结构,并影响着乡村聚落的空间布局与用地规模;相应地,乡村聚落规模的大小与乡村聚落的功能密不可分,功能越完善,乡村聚落的规模越大,反之,就越小(图3-19)。

乡村聚落的功能可以分为两类,一是必要的基本功能,二是较为高级的功能。由此可以总结出如今新型乡村聚落的功能体系包含以下几方面。

1. 社会功能

(1)居住功能:提供给农户家庭成员基本的居住场所与空间;

(2)日常休息与公共活动及娱乐:提供给农户文化娱乐、休闲健身的场所;

(3)医疗卫生基础设施:提供基本的医疗设施;

(4)行政管理功能:建立基本的行政机构与实施科学有效的村民事务管理;

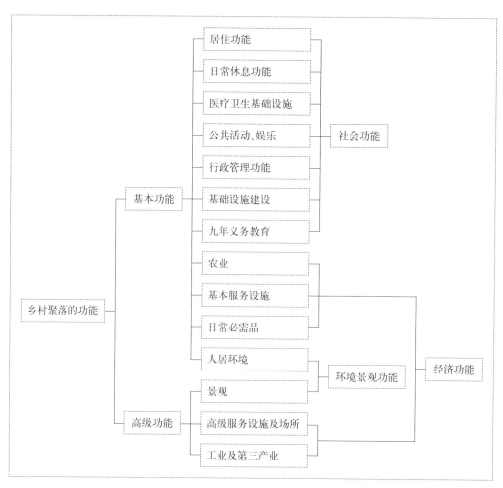

图3-19 乡村聚落功能系统图
（图片来源：作者自绘）

（5）基础设施建设：给水、排水、电力、通信、道路、对外交通、取暖、燃气（或太阳能）、邮电设施等；

（6）九年义务教育和基本科学普及教育：主要是指小学和初中的教育以及农村的基本科技知识普及推广等素质教育。

2. 经济功能

（1）农业及其他产业：包括传统农业、经济作物、运输业等基础服务业构成的服务行业；

（2）商业：包含日常的生活必需品和高档的奢侈品。

3. 环境景观功能

（1）人居环境：农户居住住房的基本设施以及居住地的周边环境等；

（2）自然景观：主要是指乡村聚落的生态建设和维护情况；

（3）人文景观：主要指乡村聚落的风土人情以及传统的地域特点。

当今的乡村聚落已经与过去的相差甚远，基本的社会功能、经济功能和环境景观功能可以说是其必须具备的基本功能。

3.4.2.2 结构体系转型

伴随着乡村聚落的功能不断完善，乡村聚落的内部结构也在不断地变化。

1. 乡村聚落的体系演化理论

依据商业和市场发展与形成的历程,Plattaer在20世纪70年代把聚落的空间发展过程分为三个阶段,分别是未中心化阶段、定期市集的中心化阶段以及乡村市集中心化阶段。

未中心化阶段主要是指在农业生产率很低的状况下,乡村居民基本不进行商品的交换,不设立定期的集市;定期市集的中心化阶段主要是指在经济不发达的乡村社会中,因为农户的收入不高,农产品及其他产品的商业化水平极低,发生商品交易的数量很少,使得乡村不能形成比较固定的商品交换的场所,而是形成了定期的集市为村民们提供商品交换的场所;乡村市集中心化阶段是指乡村不再是传统的乡村社会,商业化水平较高,商品的市场化需求提高,在乡村形成了比较固定的商品交易中心。

依据城乡聚落互动发展的演化过程,我们可把聚落体系的演化分为农业社会阶段、过渡性阶段、工业化阶段以及技术工业和高消费阶段这四个过程。

农业社会阶段,社会经济活动主要为农业,乡村聚落仅为居住的地方,几乎不提供服务等功能。这时城市也是新生事物,还没有形成它们之间的等级关系,城乡之间的联系也很少。

过渡性阶段,社会分工开始出现,比农业社会的商品交换频繁许多。城乡之间联系较多,城乡差异开始出现,但是发展都还极不稳定。

到了工业化阶段,随着工业的不断发展,第三产业开始繁荣起来,城市自身的经济发展很快并开始带动其部分周边地带共同发展,道路交通发达,道路网向边缘地区不断延伸。但是发展还是极不均衡,地区差异大。

到了技术工业和高消费阶段,科技发展迅速,城市已经不再是优先发展的首选。同时,生态环境问题受到重视,空间结构的发展向着有机、互惠互利的方向发展,地区发展趋于平衡。

投射到陕北丘陵沟壑区,随着社会经济的不断发展,乡村聚落体系已经由城乡分离逐渐向城乡一体化方向发展。经济发展落后的地区,乡村聚落的个体发展往往很重要;经济较为发达的地区,乡村聚落的整体性较强。

2. 乡村聚落体系的转型

陕北丘陵沟壑区的乡村聚落因为地形、地貌等原因分布极为分散,且聚落的规模普遍较小。要想谋求发展就要加强聚落之间的联系,使聚落之间向着集聚、优化的方向发展。

乡村聚落的集聚发展主要有以下三方面的优势:第一,从产业发展上看,自然村的集聚与合并可以集中力量根据自身的产业特色扩大规模,使得特色产业得以优先发展,并实现规模化、产业化;第二,在乡村聚落的生活环境方面,自然村的合并使得乡村聚落的人口规模扩大、数量增加,有利于集中建设基础设施,改善农户的生存与生活环境,同时,还有利于节约土地,减少土地浪费与环境破坏;第三,从社会文化发展的角度看,自然村的合并使得大家的公共活动空间变大,彼此间的联系加强,乡村传统的社会文化结构也会发生变化。过去的传统主要是以宗族及姓氏为主,传统的乡土观念及思维定势阻碍了社会的进步,通过自然村的合并有利于打破传统观念,深入改善和提高村民的素质。

3. 乡村聚落数量的变化

在过去传统的农业生产条件下,农业耕作半径及劳动力数量的制约使得陕北丘陵地区的乡村聚落分布分散,规模小。但是农业生产方式的转型以及农村居民生活方式的转变,使得原有的乡村聚落无论在数量还是规模上均不能满足新时期聚落发展的需要,因此乡村聚落的数量随着经济的发展也在发生着变化与转型。简言之,乡村聚落的数量应该依据乡村人口的数量以及人口规模来确定。人口数量与规模越大,乡村聚落的数量就越多,反之,就越小。

4. 乡村聚落分布的变化

1) 乡村聚落的集聚与发展

陕北丘陵沟壑区的乡村聚落分布较为分散,规模小且内部与外部之间的联系很少,在现今新的历史条件下已经开始不断地整合并且向着中心村的方向不断集聚并发展。这种集聚与发展的过程是逐步且缓慢的,是一种零散、混乱的个体逐渐向发达的中心村集中发展的过程,在此过程中,中心村的规模也在不断增大与加强。由于分散的弱势聚落不断地向中心村集聚,那么中心村的建设就应该不断地更新,应该加强其自身公共基础设施的建设,同时满足其自身需求以及一定范围内的弱势村落的需要。在这里,中心村或者以中心村为核心的乡村聚落的人口数量与规模是确定乡村聚落合理规模的主要依据和研究内容,而且一个乡镇到底应该包括几个中心村或者以中心村为中心的聚落群体也是乡村聚落数量变化中主要研究的问题之一。

2) 适宜的劳作半径

陕北丘陵沟壑区的乡村原来是以农业生产为主,因此其聚落空间的位置选择就主要考虑劳作半径的要求。一般来讲,乡村聚落的农户从其居住地到达耕地作业区的空间距离就称为劳作半径,大多数是用步行或者乘坐农用运输工具由居住地到达耕作区所花费的时间来表示的。从实际的调查中发现,在陕北地区农户大多数可以接受30 min步行时间到达耕地区域。若按此计算,如果以30 km/h计算,农机运输20 min可行10 km,步行10 min大约走1 km。所以30 min内选择农用工具可以按11 km计算,步行则是3 km左右,因此劳作半径在1.5~11 km比较合理,也就是说聚落的位置一般在耕作区1.5~11 km的范围内比较合适。

在农业发展不断现代化的阶段,农用工具机械化水平越来越高,这不但可以降低人力劳动的强度,还可以缩短耕作出行的时间半径。可是因为陕北丘陵沟壑区丘陵起伏、地形条件破碎,使其与平原地区的耕作有所不同,在地形、地貌条件的制约下,聚落的农户不能完全依靠农用机车出行劳作,还必须依靠人力爬坡。所以在这里劳作半径应该以农户的居住地为中心,农机运输与步行在比较合理的时间内所能到达的距离的总和来决定。陕北丘陵沟壑区其特殊的地形地貌条件使得该地区的乡村聚落采取因地制宜的方式修建,一般都是沿着等高线建造窑洞聚落群,根据劳作的范围进行聚落的选址,因此传统的陕北丘陵沟壑区乡村聚落的建造受到劳作半径的很大限制,比较"零乱"与"分散",这些都是适应当地地域特点的结果。这就是说,地形地貌条件、农业技术设备、乡村的产业构成以及政府的政策共同成为限制陕北丘陵地区耕作半径大小的因素,且影响巨大。

但是随着坡耕地的退耕,原本居住于山区的农户不再需要耕地来维持生计,不用耕地也享有政府的粮食与经济补贴,因此,他们逐渐从较为荒僻的山区搬迁到交通便利、公共设施完备的缓坡地或者河谷与沟谷的平缓地区。这就使得该地区乡村聚落的布局与选址不再受到劳作半径的制约,从而越发灵活,并与现有的农户生产生活需求更加匹配。

3.4.3 乡村聚落营建模式更新

退耕还林工程实施之后,陕北丘陵沟壑区乡村聚落逐渐由"散点"无规划的自然发展模式,逐渐向"集聚化"的人为的有规划的发展模式过渡。

退耕还林工程实施之前,该地区乡村聚落呈现出"零散的""无序的"发展模式,主要受到自然条件的限制,是一种自然的发展模式;退耕还林工程实施之后,陕北丘陵沟壑区生态环境得到极大改善,劳作半径的束缚不复存在,乡村聚落的发展开始呈现出"集聚化"的发展倾向。随着聚落规模的不断扩大,布局方式的改变,该地区乡村聚落的发展模式趋向集约化发展,人为的干预程度也较以往有所增加。

由于传统的农耕生产方式发生改变,原有的生活方式也随之改变。种植业与养殖业不断发展,经济作物种植,生猪、羊、鸡养殖,地域特色旅游等新兴产业发展迅速,人们的生产生活方式开始逐渐与城镇接轨,传统观念转变,对于外界新兴事物的好奇与接受能力不断提高。虽然居住方式还是以窑洞为主,但是对于生活以及居住的要求不断地提高。交通便利、用水方便、公共设施完善、生态环境怡人、居住建筑群规划科学的新型乡村聚落是现今陕北农户的迫切需求。

由此,退耕还林工程实施之后,陕北丘陵沟壑区乡村聚落发展模式出现了新的变化,归纳为以下4种主要的更新模式。

3.4.3.1 乡村与城镇紧密结合的模式

这种模式主要是针对距离城镇较近且经济发展水平较高的乡村聚落。距城镇较近,受到城镇影响就显著,城镇提供的就业机会多,乡村劳动力向城镇输送的可能性就增大,乡村脱离原有的农耕生活,农户收入增加,农户生活水平提高,最终走向城乡一体化。

3.4.3.2 集中发展"中心村",形成以"点"带"片"的模式

对于经济基础较好的、经济发展模式较为先进的乡村聚落,当地政府可以大力扶持,并给予一定的政策支持,最终形成经济发展水平较高的"中心村",并辐射带动周边邻近的乡村聚落发展,为其提供劳动力支持,逐渐形成以"点"带"片"的发展模式,带动周边乡村聚落的发展,达到共同发展的目的。

3.4.3.3 在原有基础上改造并发展的模式

这种发展模式主要针对陕北丘陵沟壑区生产生活条件相对良好的,但是聚落分布较为零乱且土地浪费较多的乡村聚落。因此针对现有状况,应采取科学规划、整合土地、适当搬迁以及房屋改造等措施在原有基础上进行整改,并建立完备的基础与公共服务设施。

3.4.3.4 由"零散"逐渐"集聚"的发展模式

此种模式适用于陕北丘陵沟壑区地势地貌较为复杂、自然条件较为恶劣的地区。这类地区的乡村聚落已不具备继续在原地生产生活的基本条件,因此政府应给予一定的补贴与政策优惠,强制性地使其搬迁到交通条件便利、自然环境较好的地区。这就使得原本分散于山间的零散聚落逐渐走向消亡,逐渐发展成为分布较为集中的乡村聚落发展模式。

3.4.4 建筑院落及单体建筑转型

陕北丘陵沟壑区的乡村聚落以及建筑院落长久以来均是以窑洞为主的建筑群落。这与其所处的区位特征关系密切。退耕还林工程实施之前,该地区乡村聚落仍然是以窑洞为主要的居住用房。退耕还林后,该地区越来越多的农户在修建新居所时,不再沿用传统的窑洞居住方式,而是选择砖混结构的低层住房。原先的窑洞住宅多修建于山体之上,横穴居多,开挖较为方便,造价适中。但是随着退耕还林工程的实施,大多数农户不再居住于山上,逐渐搬迁至山下较为平坦的地区,在此地修建窑洞造价较高,工艺较复杂,而砖混低层建筑相对造价较低,施工周期短,工艺简单,因此大多数农户开始选择修建低层的砖混房屋并逐渐取代原来的窑洞居所。

因此,传统的窑洞院落与窑洞建筑单体逐渐被样式杂乱的低层砖混房屋所取代,该地区乡村聚落的建筑群体以及单体建筑呈现出窑洞与砖混低层建筑并存,较为杂乱的现状(**图3-20**)。

陕北丘陵沟壑区乡村聚落的建筑院落大多数为传统的窑洞院落,退耕还林之后,建筑样式较为杂乱,窑洞建筑、砖混低层建筑并存,因此,出现了一大批以窑洞建筑为主体,围以砖混建筑的建筑院落形式,有的甚至不建窑居,全部建成多层的砖混房屋。

综上所述,可以看出,退耕之后,陕北丘陵沟壑区建筑院落的建筑类型与布局方

(a) 砖混平房与窑洞住房并存现状　　　　　(b) 砖混两层平房与窑洞住房并存现状

图3-20 窑洞与砖混房屋杂乱建设现状

(图片来源:作者自摄)

式发生了改变,主要有传统窑洞院落、窑洞与砖混平房结合的院落、低层砖混建筑这三类(图3-21~图3-23)。

3.4.5 乡村景观的变化

陕北丘陵沟壑区在实施退耕还林之前,生产方式主要是以自给自足的小农式的传统农业为主,生活条件艰苦,仅能勉强维持基本的生活所需,有的农户连基本生活都没有保障。乡村聚落的生活环境以及周围的自然环境都极为恶劣,根本谈不上什么景观、景色,一片黄土满片天,光秃秃的山体,随处可见的生活垃圾与人畜的粪便

图3-21 传统窑洞院落及窑居建筑

(图片来源:作者自摄)

图3-22 窑洞与砖混平房结合的院落及建筑

(图片来源:作者自摄)

图3-23 低层砖混建筑住宅
(图片来源：作者自摄)

可以说就是这里最真实的写照。退耕还林工程实施之后，农户们不用耕地劳作也能领到政府补贴的钱与粮食，基本生活有了保障，年轻的劳动力得到解放，生活条件有了很大的改善，生活水平有了很大的提升，人们对于生活的需求也有所提高。陕北丘陵沟壑区的乡村聚落改变了原来的面貌，人们的生存环境变得越来越好，山体绿化越来越好，自然环境得到很大程度的改善，陕北丘陵地区的乡村景观焕发了新的生机（图3-24～图3-27）。

综上所述，这些都是退耕还林工程实施之后陕北丘陵沟壑区乡村聚落发生的变化，对这些变化的研究是解析陕北丘陵区乡村聚落现状以及发展模式的根本前提与基础。

图3-24 1998年退耕还林之前安塞县景色
(图片来源：安塞退耕办)

图3-25 2003年退耕还林后安塞县景色
(图片来源：安塞退耕办)

图3-26 米脂县姜氏庄园周边山体退耕还林后景色
(图片来源：作者自摄)

图3-27 米脂县高西沟退耕还林后山体绿化景色
(图片来源：作者自摄)

4 典型案例解读

退耕还林是党中央、国务院启动的规模最大、投资最多的一项生态工程。这项工程自1999年开始试点,至今已经取得了巨大的成效,实施区域的生态环境均明显改善。

陕北丘陵沟壑区属于典型的黄土高原区,是我国水土流失最为严重的区域之一。严重的土地沙漠化、频繁的自然灾害等一系列生态问题严重制约着当地社会的经济发展,为了寻找一条经济、社会、环境和资源相互协调的可持续发展道路,该地区被列为国家实施"退耕还林试点示范工程"的重点区域之一。

退耕还林的实施,导致陕北丘陵沟壑区的乡村聚落发生了巨大的变化,主要表现在生态环境改善、生产生活方式改变、经济发展模式转变、社会传统观念转变等方面。因为以上各方面的转变,导致陕北丘陵沟壑区乡村聚落在聚落选址、聚落规模、布局方式、发展模式、功能结构、建筑选型以及乡村景观等方面产生巨大变化。因此,研究退耕还林后陕北丘陵沟壑区的乡村聚落及其未来发展模式,就必须解析当前该地区乡村聚落产生的新变化、具备的新特点以及存在的现实问题等内容。下面就陕北丘陵沟壑区乡村聚落具有典型代表性的乡村聚落进行解析。

4.1 榆林地区绥德县——韭园乡高舍沟村

4.1.1 基本概况

绥德县(图4-1),位于陕西省北部,榆林市东南部,地处陕北黄土高原丘陵沟壑区,属于典型的梁峁状黄土丘陵沟壑区地貌,地形破碎,沟壑众多。县境东西长56 km,南北宽51.6 km,总土地面积为1 853 km²,其中耕地面积为4.39万 hm²。全县地势东南低,西北高,海拔607.8~1 287 m。全县辖4乡12镇,661个行政村,总人口为36万人,其中农业人口为30万人。土壤以黄绵土为主,地层深厚,土质疏松,结构差,易侵蚀,土地有机质含量为0.4%~0.5%。地表天然植被稀少,水土流失严重。绥德县属于温带大陆性半干旱气候,年平均气温为9.7℃,年平均日照时数为2 615 h,年无霜期为165 d,多年平均降雨量为486 mm,年蒸发量为2 069 mm。一般情况下,冬春干旱,雨雪稀少,夏秋两季雨量较多,集中于7、8、9三个月,占全年降雨量的62.6%。

高舍沟村隶属绥德县韭园乡,位于绥德县城北10 km。该村地处陕北黄土高原腹地,山高沟深,气候干燥,土地贫瘠,年平均气温为9.72℃,年降水量为486 mm,2016年,全村流域5 km²,耕地面积157.33 hm²,现有水地2 hm²,大小坝12座8 hm²,梯田26.67 hm²,坡地120.67 hm²,经济林10 hm²,退耕还林44 hm²,种草13.33 hm²。全村共有138户、458人,其中女人218人,青壮年劳力186人,60岁以上老人78人,在校学生58人,外出务工141人,患有残疾16人。村内常住人口为322人,外出暂住人口为136人。

图4-1 绥德县城全景

(图片来源：作者自摄)

4.1.2 退耕还林前后高舍沟村概况

4.1.2.1 退耕还林前

高舍沟地形较为复杂，沟壑纵横，沟道密布。退耕还林前，高舍沟村的聚落沿高舍沟的主沟展开，依山就势散布于沟中的各个角落（**图4-2**、**图4-3**）。农户均居住于高舍沟主沟内，下山即达县级公路，交通较为便利。其住户集中，聚落整体布置呈线状（**图4-4**），主要聚落均位于沟内北侧的山崖边，故建筑群落大多坐北朝南，且均为窑洞。

图4-2 退耕还林前高舍沟聚落细部

(图片来源：作者自摄)

103

图4-3 退耕还林前高舍沟聚落总体分布
(图片来源:作者自摄)

图4-4 退耕还林前高舍沟聚落分布形式
(图片来源:作者自摄)

退耕还林前,村落中各个公共空间节点匮乏,没有真正意义上的公共聚会场所,因此每户在院落中进行集会活动;同时,户与户之间较为平坦的空地亦是村民们集会与活动的场地,这些均为村民们提供了较为灵活的公共空间场所。退耕还林后,高舍沟的公共活动场所亦没有显著的改善,仅仅在村委会与党支部的院落设有活动场地,可用于村民集会、活动(图4-5~图4-7)。

4.1.2.2 退耕还林后

退耕还林后,高舍沟村现已经从山间坡地整体搬迁,现在聚落主要分布于县级公路的东西两侧(图4-8、图4-9),沿着县级公路展开,虽仍以窑洞居住为主要居住方式,但是也建造了很多平顶的砖房(图4-10)。

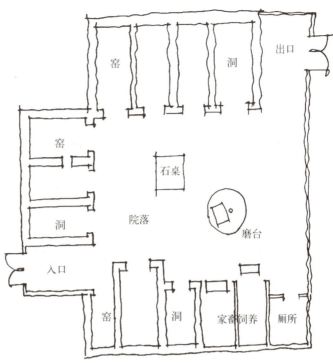

图4-5 高舍沟退耕前典型窑洞院落布局示意图
(图片来源:作者自绘)

图4-6 窑洞住户的大型院落
(图片来源:作者自摄)

图4-7 院落与院落之间的空地
(图片来源:作者自摄)

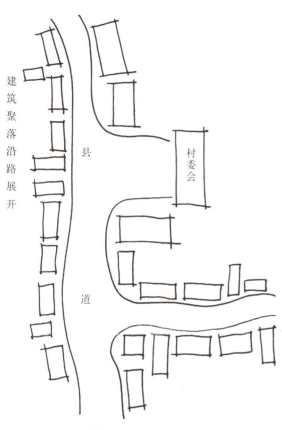

(a) 退耕还林后聚落沿路发展

(b) 退耕还林后聚落沿路营建

图4-8 退耕还林后聚落沿公路布局示意
（图片来源：作者自绘）

图4-9 退耕还林后聚落沿公路布局
（图片来源：作者自摄）

(a) 退耕还林后兴建的平房

(b) 退耕还林后兴建的两层瓦房

图4-10 退耕还林后兴建的平顶砖房
（图片来源：作者自摄）

高舍沟村的农业生产主要以种植玉米、小麦、豆类、小米等旱地作物为主,退耕还林前的耕地多为坡耕地,主要分布在聚落的南、西、东三个方向,还有一些耕地分布在县道的东侧;退耕之后的耕地主要分布于县级公路东侧较为平坦的山间地及坝地,距离聚落亦非常近,便于村民劳作。

高舍沟村目前还增加了农家书屋、妇女之家等为村民提供学习与交流的场所,这些场所均以村委会为核心展开,因此,村委会现在是各个村落的文化与休闲阵地。

高舍沟农业经济收入来源以1999年"退耕还林"政策为界,大体可以分为两个阶段:退耕还林前,村民经济收入主要来自旱作农业耕种,主要种植小米、玉米和土豆等作物。由于受旱作耕种方式影响"广种薄收",加之耕地均为坡耕地,因此耕地范围很广,其最远端的沟岔已延伸至数公里之外,农民早晨出行,直至傍晚才能结束劳作返回家中。退耕还林后,高舍沟村耕地面积由157.33 hm² 减至100 hm²,扣除集体发展用地外,每户可耕地均不超过11亩。同时,村落所辖耕地进行了集约化管理,村民耕作半径显著缩小,生产条件更为便利。但由于种地出力多、周期长、收益差,因此今天大多数青壮劳力宁可外出打工,也不在家务农,因而实际每户耕种面积都大幅缩水。[94]

实际上,在退耕还林前,村民们均居住于高舍沟内的山间坡地上,退耕还林后,由于大于25°坡耕地的退耕,村民们不用再住于山间了,现今山间的窑洞聚落均已废弃、空置,仅有少量的聚落储藏一些草与饲料,或用来养羊。

4.1.3 建筑形态的变迁

4.1.3.1 基本概况

由于地形与气候的共同影响,高舍沟村建筑的类型主要是靠山的石质窑洞。窑洞多修建在向阳和避风的坡体上,可以很好地节约耕地。

农户窑洞院落的宽度都和窑洞相同,进深受到宅基地大小的影响,5～7 m不等。窑居院落大多数是长方形的,但是因为地形条件复杂,很多院落是依据地形呈不规则形状,院落都设有围墙。

最常见的,就是在营建地条件允许的状况下,以老人居住的窑洞为中心进行布局,并向周围适当延展,形成相对独立又关系密切的分户不分家的布局形态。但是若旧居的基地十分狭小,就不得不另外寻找新的宅基地进行营建。自退耕还林之后,因为劳动力的解放,外出务工的青壮年越来越多,他们即便结婚后也不会定居于此,所以村中新修窑居很少,大多数是在原有旧居基础上进行改、扩建;也有一些新建的住房,但是都以砖混平房为主(图4-11)。[94]

4.1.3.2 窑洞布局形式

村中每户居住用房的数量与人口的多少密切相关,一般都是3孔到7孔不等(图4-12)。窑洞主室居中,内设火炕及灶台,供长辈居住,两侧对称布置窑洞供其他家属居住以及作为库房使用。村中窑洞多朝向东、东南或西南方向,布局较为灵活[94](图4-13)。

较早修建的窑洞都是并列排布,相对独立且布局方式几乎相同,主要有掌炕、灶台等,入户门与窗均位于中间。一些住户为了采光便利,将门窗设于一侧,窗户下面

图4-11 正在兴建的平顶砖房
（图片来源：作者自摄）

图4-12 现居住窑洞
（图片来源：作者自摄）

图4-13 灵活不拘的院落布局
（图片来源：作者自摄）

图4-14 窑洞内景
(图片来源：作者自摄)

再设一处小炕,供女性家眷在冬季白天做女红及聊天之用(图4-14),但夜晚休息只使用掌炕,间接证明了掌炕的保温性能要优于窗炕。近年来修建的窑洞多为套间,其功能分区、卫生环境得以进一步提升：外间为客厅,尽端设炉灶做饭,出入口附近布置沙发、电视柜等家具；内间为卧室,室内布置掌炕,炕体内部烟道与灶台隔墙相连,靠近外墙处设沙发、电脑等用具供起居之用。卧室内尽管也有灶台,但多已演化为冬季烧开水、热饭之用,炊事、烧炕仍需依赖外间炉灶。炕体方面,由于原有土炕采用土坯砌筑,无法杜绝鼠害骚扰,因此现在炕体材料多改为砖石或混凝土。[94]

4.1.4 其他

4.1.4.1 生产方式变化

传统农耕是陕北丘陵沟壑区乡村聚落农户们的主要生产方式。伴随着社会经济的不断发展与进步,这样的小农生产方式已无法满足农户的实际需求,所以,如何发挥地区优势及发展特色产业并对传统农耕模式进行改革与更新,不断推进农业科技进步,是该地区农业生产方式转型的主要方向。

退耕还林前高舍沟村的主要生产方式是以农耕为主,附带少量的牲畜养殖,例如养牛、养羊、散养鸡等。退耕还林之后,由于耕地面积减少,需要的劳动力也减少,同时国家还给予一定的经济补偿,故温饱已不成问题,农民的生活水平有了显著的变化。具体到高舍沟村已由散放散养、靠天种植以及以传统生产工艺为主的落后生产方式,转化为定点放养、科学种植和以现代生产工艺为主的先进生产方式。

高舍沟村已经把产业发展提上议程,拟在2020年之前建成小康村,现以栽种核桃为主导产业(已经种植66.67 hm²)。由于核桃成林需要3年左右,故在核桃未成林之前套种杂粮53.33 hm²；在原有的水坝地种植玉米；已有的2 hm²蔬菜地继续发展；另外启动了育植香菇的项目。

图4-15 村委会旁边的商业服务设施

(图片来源:作者自摄)

4.1.4.2 第三产业生产方式转型

第三产业在陕北丘陵沟壑区乡村中所占比重很小,经营的主要都是小型的商业网点与服务设施。随着退耕还林的实施,生态环境得到极大程度改善,农户的生活有了基本保障,生活水平不断提高,邻近城镇来旅游的人次不断增加,因此,大力发展生态旅游等第三产业越来越受到关注。集旅游、住宿、娱乐为一体的"农家乐"不断涌现,成为近年来陕北丘陵沟壑区新兴的乡村产业。

高舍沟村自从退耕后,第三产业虽有所发展,但是仍然薄弱,仅提供少量的小型商业服务网点(图4-15),远远满足不了村民们的日常需求。

4.1.4.3 生活方式变化

由于乡村经济的不断发展,加之城镇经济对乡村农户的吸引力增强,陕北丘陵沟壑区乡村聚落的人口结构也在不断变化之中。退耕还林之后,青壮年的劳动力开始大量涌入城镇,而村中留守的都是老人、小孩和妇女。以高舍沟村为例,其农村家庭常住人口中,年龄在45岁以上的占了绝大多数,其中41~50岁的农村常住人口占常住总人口数的32%左右,青壮年在常住人口中仅占2%左右。除了老人、妇女和上学的人口外,多数20~30岁年轻人均外出务工。

由此可以看出,在大量涌出的劳动力中,23~30岁的青壮年占有绝对优势,主要是因为城镇的生活条件对年轻人的吸引力较大,且城镇收入也相对较高。所以,乡村聚落要想吸引年轻人,其生活与生产方式的转型就势在必行,具体应该在居住环境、生活条件以及基础服务设施的不断改善上做工作。

4.1.4.4 人居环境变迁

高舍沟村过去产业单一,收入没有基本的保障,村民们居住条件有限,基本谈不上居住环境,只是在山洼中寻找较为平坦的空地,或者居于距离农用耕地比较近的地方,窑洞亦是以土窑为主,很少有石窑洞或者砖瓦房。现在随着退耕还林政策的实施,农户的收入有了保障,基本生活已无问题,剩余的劳动力还从事经济作物或者第三产业等劳作与经营,生活条件大大改善,人们对于居住环境就有了更高的要求。

首先,由于现在主要村落聚居建筑群位于县道两侧,村内通达各门各户的村间道路也基本修好,因此交通十分便利,出行难的问题得到了解决。

其次,村内统一建设了自来水供应站,各门各户的生活用水100%通达,生活用水条件明显改善。

第三,高舍沟村设有卫生室一所,卫生员一名。除了合作医疗与养老保险外,村财政每年过年时给70岁以上老人及残疾人员每人面粉一袋(50斤),大米一袋(50斤),食用油一桶(10斤),于2012年开始执行。

第四,高舍沟村在绥德县政府的资助下已经修建好一所九年制的小学,可容纳百名适龄儿童同时上课(**图4-16**、**图4-17**),另外还设有教室、食堂、住宿、活动场地等,条件较好。

最后,高舍沟村现设有社区服务中心,其中设置村民活动室、妇女之家、图书室,为村民们提供了闲暇时学习与娱乐的场所;门前有较为宽敞的空地,供村民集会之用(**图4-18**、**图4-19**)。

图4-16 高舍沟小学
(图片来源:作者自摄)

图4-17 高舍沟小学的活动场地
(图片来源:作者自摄)

图4-18 高舍沟村社区服务中心
(图片来源:作者自摄)

图4-19 高舍沟村妇女之家、图书室与村民活动室
(图片来源:作者自摄)

4.1.5 现存问题

4.1.5.1 新建聚落群布局较为分散，缺乏统一的规划设计

高舍沟村在退耕还林之后，原来居于深沟中的农户全部搬迁出来，在县道两边或者沿河新建住宅，加上原本就有一些居住于县道与河道周围的农户，因此现在已经形成主要依据县道与河道分布的建筑群落。新建的建筑群落仍以窑洞为主，也有不少砖瓦平房或低层的平房，杂乱地建在河道与县道的南北两侧，见缝插针，只要有空闲的地方就随意建房，缺乏统一的规划设计，环境比较混乱。因此应该加强规划引导、科学管理等措施，使新建聚落群的发展更为科学、合理，向着可持续发展的方向前进。

4.1.5.2 新建住宅建筑群与原有传统建筑群不相融

高舍沟村原有的居住建筑群落主要是以窑洞为主，夹杂有少量的砖瓦平房。窑洞有土窑、砖窑和石窑三种，全部是传统窑洞建筑（**图4-20**），没有过多的外表面修饰。现今新修建的居住建筑群有石窑，亦有很多一层或两层的平房，并且在外立面铺砌白色瓷砖（**图4-21**）。整体居住建筑群落呈现多元化的发展趋势，但是这两种类型的建筑如何共同发展？如何与陕北整体环境融合？这是应该慎重思考的问题。

新建建筑聚落的建筑选型应该充分考虑地域特征与文化传承，并且与传统窑洞聚落结合，成为有机的整体，而不是一味地照搬城镇的建设模式与建筑样式，这样只注重表皮的建筑群落的发展对地域建筑的传承十分不利。

4.1.5.3 窑洞荒废化严重

笔者在绥德县的高舍沟村、贺一村以及满堂川的实际调研过程中发现，陕北沟壑地区乡村聚落中存在大量的窑洞荒废化问题，尤其以高舍沟村最为严重。造成这样的问题主要有以下三方面的原因：

第一，大量村民以前因为耕地有限，大量开垦坡耕地，故原有居住地位于山沟当中，以便农业的生产劳作，但交通不便，与外界联系匮乏，生活贫苦；退耕还林政策

图4-20 原有窑洞建筑风貌
（图片来源：作者自摄）

图4-21 新建建筑风貌
（图片来源：作者自摄）

推行之后，坡耕地退耕，国家发放补助，他们不再需要居住在山沟的耕地附近了，于是大多数农户选择搬迁到交通便利、生活方便的距离公路或者河流较近之处。

第二，原有居住的窑洞皆为土窑，年久失修，破败严重，几近坍塌，故农户弃住，搬到山下或另辟地盘重新建房，原有的土窑就此荒废，或者用作储藏牲口粮草和饲养牲口的棚舍。

第三，原有窑洞年代久远，且较为分散，已不符合现今农户的生产与生活需求，政府与农户共同出资筹建集中式的住宅群落后，原有窑居就空置了，变为临时的储藏用房。

如何更好地利用已经荒废的窑洞，抑或是在此基础上兴建新的窑洞，应该是现今陕北沟壑地区乡村聚落发展应该认真思考的问题。

综上所述，高舍沟村在退耕还林工程实施之前主要依靠传统农耕维持生计，生活困苦，由于受到劳作半径的制约，多数农户居住于深山与沟谷间，乡村聚落沿着山体的等高线排布，较为分散、零乱，住宅也以靠山窑洞为主，用水困难，基础设施不健全，生活水平低，经济发展落后；退耕还林工程实施之后，由于不再依靠传统农耕生产方式，劳作半径的制约消失，大量的劳动力被解放出来，农户都逐渐搬迁到交通便利的路边、用水方便的河道两侧等条件较好的地区，聚落相对较为集中，基础设施建设较好，能满足农户的日常需要，种植经济作物、外出打工、养殖牲口等多种经营相结合的生产生活方式逐渐形成。

4.2 延安地区吴起县——吴起镇马湾村

4.2.1 基本概况

吴起县（图4-22）位于延安市西北部，西北与定边县为邻，东南与志丹县接壤，东北与靖边县相连，西南与甘肃省华池县毗邻。南北长93.4 km，东西宽79.89 km，总土地面积为37.9万 hm^2。[95]

马湾村位于吴起县吴起镇南部，距离镇政府12 km，总面积为29.3 km^2。辖下7个村民小组，148户、709人，有耕地面积125.6 hm^2，退耕还林面积647.53 hm^2，治理荒山荒坡580多公顷。

4.2.2 退耕还林前后马湾村概况

4.2.2.1 退耕还林前

马湾村辖下7个村民小组，属于吴起镇新马社区。除了马湾村民小组外，其余的原来都居住于吴华路两侧的山沟、山谷中。山谷地形复杂，沟壑密布，宜耕种的土地甚少，大多数是坡耕地。在退耕还林前，村民们主要是靠种植玉米、谷子、糜子、土豆等农作物生存，靠天吃饭，生活十分艰苦。

住房主要是靠山的土窑、砖窑，也有少数石材的接口窑，居住条件十分简陋。由于居住于山沟、山谷中，交通不便，通信设施几乎没有，所以与外界的联系很少。村中亦没有村民们公共活动的场所，如有什么会议，一般都会在村主任家的院子里进行，

图4-22 吴起县城全景
(图片来源：作者自摄)

条件十分有限。逢年过节，村中或村与村之间会组织一些娱乐活动，如跳秧歌、踩高跷等，也十分热闹，但是由于受到山间地形限制，组织的规模很有限。教育设施几乎没有，适龄儿童一般都要到县城去上学，距离家较远，来往很不方便，所以很多家庭不得不在吴起县城内租住房屋生活，这也无形间加重了村民的生活负担。村里有十分简陋的卫生站，医疗设施不全，如果有急病是无法得到及时诊治的。村中没有集中的排水设施，遇到下雨时，路面经常被黄土冲毁、掩埋。亦没有取用自由的自来水，一般都是靠自家打井，有时由于天气原因，会很久都没有水，生活受到很大的影响。

4.2.2.2 退耕还林后

退耕还林开始，由于不种地也能领取政府的退耕补贴，农民们的生活得到大大改善，很大一部分劳动力得到解放，形成了一股新生力量，基本的温饱已经不成问题，如何寻求致富之路才是关键。政府在马湾村大力扶持农户发展大棚种植业，政府全额出资建好大棚，然后无偿赠予农民。该村的村民大力发展香瓜种植，成果斐然，马湾的香瓜驰名中外，香甜可口，售价不菲，为农民切切实实地带来了收益，人均收入大大提高，生活水平不断上升。

马湾村现代农业示范园是吴起县洛河川现代农业示范园区的一部分，亦是核心区域之一，位于金马社区马湾村民小组，该示范区共涉及37户、146人，占地26.67 hm^2，由绿色无公害种植小区和万头养殖小区两部分组成，共建成新型日光温室大棚129座（图4-23），千头养猪场、千头养羊场各一个（图4-24）。

4.2.3 建筑聚落形态的变迁

退耕还林前，马湾村的农户大多数居住于山间、山地的沟谷中，多在靠山的土窑和少数砖窑中居住；退耕还林后，坡耕地退耕，大多数农户从山谷中搬迁出来，

图4-23 马湾村的阳光大棚
(图片来源:作者自摄)

图4-24 马湾村的养猪场
(图片来源:作者自摄)

在沿吴华路较近的缓坡或者平地上营建新居。马湾村民小组的聚居地原先距离吴华路较近,在路北的缓坡地上营建以窑洞为主的住宅(图4-25)。老窑洞以靠山的土窑为主(图4-26),亦有接口窑和少量的砖窑(图4-27)。现如今,这些老窑洞几乎已经全部被拆掉,留存下来的为数不多的几口土窑也早已废弃。新居全是在原址上新建的窑洞或者低层的砖瓦房。新建的住宅仍以窑洞为主,主要是木石结合建造的石窑洞。窑洞院落沿南面展开,配以辅助用房(多数为砖混平房,主要是承

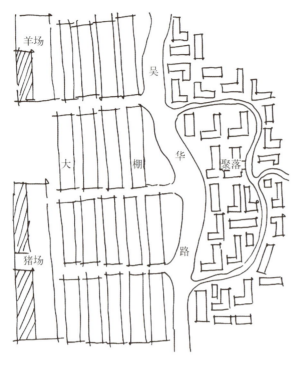

图4-25 马湾村建筑聚落布局示意
（图片来源：作者自绘）

担储藏与厨房的功能），院落围以院墙。但是很少见到石材的原貌，外墙均铺白色瓷砖，窑口附以深红色琉璃瓦（**图4-28**、**图4-29**）。室内布置与一般城市的住宅十分相似（**图4-30**）。只是大多数房间还烧炕，所以炕的位置没有大的变化，有的位于窗下，有的还在窑洞最里面靠墙的部分。有些年轻人不愿意住土炕，就换成了普通的床，与一般城市布局无异了。但是因为冬天寒冷，所以室内需生上火炉取暖（**图4-31**）。

条件更好的农户，不单单只是建造窑洞院落，还在窑洞的四周建造平房，围合成一个窑洞式的传统四合院，其规模较大，形制规整，生活起居、储藏等各项功能齐全（**图4-32**、**图4-33**）。

现如今，马湾村的农户主要居住于吴华路北侧的缓坡地上。依靠大棚生产的农户与大棚仅一路之隔，劳作十分方便，有的家庭干脆就直接住在大棚里，生产生活都十分便捷；亦有一些没有大棚的农户，他们为大棚农户提供相关的产业服务，例如运输、交通、包装与售卖大棚的香瓜等，也是很好的谋生途径，发展出一个环环相扣的产业。此外还有养羊、养猪的农户，羊场和猪场就在大棚南侧，距离住地也很近；以及为大棚农户和羊场、猪场打工及为这些产业服务的本村及周边村镇的农户。

图4-26 马湾村原先的靠山土窑（已废弃）
（图片来源：作者自摄）

图4-27 马湾村现存的老窑洞
（图片来源：作者自摄）

图4-28 马湾村新建窑洞群落
（图片来源：作者自摄）

图4-29 马湾村新建窑洞院落
（图片来源：作者自摄）

图4-30 马湾村新建窑洞室内布置
（图片来源：作者自摄）

图4-31 马湾村新建窑洞室内搭建的取暖炉示意
（图片来源：作者自摄）

图4-32 马湾村新建窑洞院落内窑洞建筑
（图片来源：作者自摄）

图4-33 马湾村新建窑洞院落布局
（图片来源：作者自摄）

117

4.2.4 其他

4.2.4.1 生产方式的变化

农耕是原来马湾村主要的生产方式,但是随着退耕还林政策的实施,传统的日出而作、日落而息的生产生活方式已经完全改观。现在的马湾村主要是依靠阳光大棚,他们将全村400亩土地统一建造成跨度9 m的半地下室标准日光温室,设计使用年限达20年以上。过去这400亩地每年每亩收入500元,即便按近几年的粮食作物产量和价格计算不过每亩每年收入1 000元左右,总收入40万元左右。现在每年每个大棚收入最高的已超过10万元,最低的也要5万元左右,已经建好的投入生产的130座大棚,每年按每棚纯收入5万元计算,总收入达650万元,加上两个养殖场的收入,收入总计在750万元以上,每亩土地平均收入达18 750元,翻了近20倍,政府投入1 200万元,每亩3万元,不到两年就能收回成本。

过去400亩地供146口人耕种,人均收入不到3 000元,现在园区内承包户以及为大户和养殖场打工的本地及周边农民,加上本村的农户共150多户,承载了150个家庭600口人的生产生活问题,年人均纯收入就有12 500元左右,相当于过去近3亩地承载和解决1个农民的温饱问题,现在1亩地就能承载和解决1.5个人的小康问题,而且还在城乡统筹发展中为进城农民就业、创业提供了平台。

现在马湾村全面推行合作社管理经营模式,农业组织化程度得到很大提高。农业合作社能充分发挥农民的个体经营能力,提高农业组织化程度,有以下三个好处:

第一,合作社可为一家一户解决品种、技术、市场问题。

第二,种植业、养殖业合作社互补循环,既环保,又可持续发展,建在一起还能降低饲草、肥料的运送成本。

第三,有效地带动周边饲草、饲料以及相关农产品的生产销售和农用物资供应,使马湾园区具备了辐射带动的功能。

4.2.4.2 生活方式的变化

随着马湾村大棚产业、养羊场与养猪场的发展,马湾村村民的生活方式也发生了变化。原来的靠天吃饭变成了稳定的小康生活,青壮年劳动力不再需要背井离乡在外务工,在自家门口就可以把生产、生活等一些基本需求解决。青壮年主要从事大棚的培育、劳作,羊场、猪场的劳动,老年人和妇女在家打理家务、看护小孩,提供稳固的后勤保障。更有条件好的农户,承包十几个大棚,雇了当地的村民进行打理,自己当起了老板,定时检查就行。

因此,生活方式的变化使得乡村聚落能够吸引更多的年轻劳动力,包括本地的、附近乡镇的,甚至其他县区的人,这样,乡村化的生活方式必然要向城镇化的生活方式转型。

4.2.4.3 人居环境的变化

过去的马湾村,由于靠天吃饭,农民收入低,生活没有基本保障,乡村聚落居住条件有限,根本就没有环境可言,基本上是住哪算哪,开地到哪里就近开挖窑洞住下,没有计划,仅仅考虑自然条件和耕地即可。现在由于生活条件的改善,生产方式变化,人们对于生活起居的环境有了更多、更高的要求。

首先，村里统一地修建了村中及入户的道路（图4-34），并且在道路两边均有排水的沟道（图4-35），以便下雨时排水用，村民的出行难不再是问题，更不会有下雨就冲毁道路的事情发生。道路两边还种有供欣赏的绿化植物。

其次，马湾村新建了卫生室（图4-36），就建在临吴华路的村口上，设有一定的医疗设施，为村民们提供服务。

第三，村口修建了一个小型的广场，提供简单的健身设施，并且兼顾集会之用（图4-37）。村民在闲暇之时可以在此健身、娱乐、聊天；也可以开展集会、演出等活动，丰富了村民的生活，为老人和孩子提供了娱乐的场所。

第四，生活垃圾设有集中的垃圾桶（图4-38），有专门的清洁人员，定时进行打扫、清理；村内还设有公共厕所；自来水、电视、电话也100%入户。

最后，还值得一提的是太阳能的利用。吴起县政府为大多数农户都安上了太阳能热水系统（图4-39），清洁能源的使用，很大程度上提高了陕北乡村的生活品质。陕北地区日照时数长，昼夜温差大，具有使用太阳能的优势。政府出资安装太阳能

图4-34　马湾村入村的砖砌道路
（图片来源：作者自摄）

图4-35　马湾村入村道路两边的排水沟
（图片来源：作者自摄）

图4-36　马湾村卫生室
（图片来源：作者自摄）

图4-37　马湾村休闲运动广场
（图片来源：作者自摄）

图4-38 马湾村集中垃圾收集处
（图片来源：作者自摄）

图4-39 马湾村农户自用的太阳能设施
（图片来源：作者自摄）

热水系统，农民得实惠，既环保又节能，不失为一个改善乡村生活条件的好方式，确实为农民节约了生活开支与时间，大大改善了原来农民用水难、用热水更难的问题。

4.2.5 现存问题

4.2.5.1 公共设施虽然已经修建，但是实际使用的人很少，大多形同虚设

例如村口早已修建好的公共活动广场，其实日常几乎没有人来活动，缺乏人气；广场上的健身设施大多已经损坏，后期的维护与维修没有跟进，基本已经废弃；村中虽建有公共厕所，但是里面粪便四溢，无人打扫与维护，形同虚设（图4-40）；村中设有专门的垃圾集中收集点，但是还是有很多生活垃圾被随意倾倒在路边，十分脏乱（图4-41）。这都是村中缺乏管理的结果，所以仅仅是收入提高了、住宅修好了还是不够的，管理意识的提高也十分重要，这为未来其他乡村的发展提供了借鉴。

图4-40 马湾村公共厕所
（图片来源：作者自摄）

图4-41 马湾村随处丢弃的生活垃圾
（图片来源：作者自摄）

4.2.5.2 传统窑洞建造技术后继无人

陕北传统窑洞的建造主要靠大工与小工两部分人合作完成。除了需要具备较高技术的大工以外,小工一般由当地的村民或者邻居、亲朋临时充当。在这样相互帮助的建造过程中,传统窑洞建造的基本技术与知识得以手口传授。

然而随着陕北乡村生活水平的不断提高,以及人们收入观念的变化,大多数年轻人不愿意再靠修建窑洞谋生,觉得修建窑洞是一件极为辛苦又赚钱甚少的工作,还不如去大城市打工,多见见世面。因此,即便像马湾这样本村种植与养殖业都很发达的村落,还是有相当一部分年轻人不愿意留在当地。因此,留在本地从事窑洞修建的人就少之又少。本地的石匠、木匠最年轻的也已经40岁左右了,建造队伍老龄化趋势明显,传统窑洞的修建技术陷入后继无人的窘境。

4.2.5.3 新建窑洞已经完全丧失乡土建筑本色

在马湾村,传统意义上的窑洞已几近消失。由于传统窑洞造价较高,技术难度也较大,因而后继乏人。马湾村新修建的窑洞,虽然结构上还是传统意义上的石质窑洞,但是建好后,在窑洞的表面均铺以白色瓷砖,通过瓷砖的接缝来显示类似原来石材窑洞的分割缝,再在窑口铺以暗红色的琉璃瓦(图4-42)。每家均有一个院落,围以矮砖墙,大门设计为仿古的单檐坡屋顶(图4-43),远远看去,与关中地区城镇中的一般四合院无异。窑洞的这种仅在外立面上做文章的手法,现在陕北乡村聚落中十分常见,即采用白色的瓷砖铺砌窑洞外立面,暗红色的琉璃瓦搭建窑洞的顶部与窑口,这种手法所呈现的乡村聚落群很难与陕北地区的山体风貌大环境融为一体,亦无法体现生土建筑、地域建筑的特点。它们在结构与构造上虽然还是传统窑洞,但是表皮已经被现代结构的砖瓦房同化,几近丧失了传统窑洞的风貌(图4-44)。这也是现在陕北地区乡村聚落,尤其是经济条件相对较好的乡村聚落共同的问题。

图4-42 马湾村新建窑洞外观
(图片来源:作者自摄)

4.2.5.4 传统窑洞修建技术有待改进

自退耕还林实施以来,陕北的生态环境改善显著,原来的千沟万壑、裸露的黄土如今已经披上了绿色的新衣。树木的增多,自然环境的改善,向来干旱的陕北地区近几年的雨水量一直在持

图4-43 马湾村新建窑洞院落及入口大门
(图片来源:作者自摄)

图4-44 马湾村新建窑洞建筑聚落
(图片来源：作者自摄)

图4-45 马湾村新建窑洞内部渗水严重
(图片来源：作者自摄)

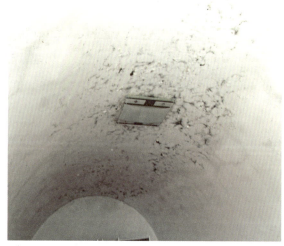

图4-46 马湾村新建窑洞外部渗水水痕显著
(图片来源：作者自摄)

续上升中。2013年夏季更是出现了百年不遇的降雨，无论是时间的连续性，还是降雨量都是百年不遇的。这不得不说主要是退耕还林工程实施后的影响。

但是这也带来了新的问题。陕北地区常年干旱，传统窑洞在防水上并没有做太多的处理，往往是比较简单地搭上一层牛毛毡或者其他防水的材料即可；屋顶的处理大多是采用泥石混合灌封，所以遇到大雨就出现了漏雨、渗水，甚至坍塌的情况。尤其是近几年新修的窑洞，大多数结构上没有损坏，但是窑洞顶部渗水严重（图4-45）（当地村民称作过水），窑洞的外立面上也可以看到明显的水痕（图4-46），窑洞内部顶部渗水会导致墙皮脱落、电线损毁、漏水等问题。早年修的窑洞甚至已经坍塌，十分危险，致使很多村民不得不另寻地方，重新修建住房。更多的问题有可能发生在来年的春天,由于冬天渗水处结冰,天气转暖后,冰雪融化后的二次破坏对窑洞的伤害可能更大,这都是要提早预防的。

因此,这也从另一个方面说明了一个新问题:传统窑居的防水技术是否应改进?答案当然是肯定的。陕北由于退耕政策的干预,自然生态环境已经发生了颠覆性的改变,相应带来的气候特征亦有所改变,2013年降雨百年不遇,以后的雨雪量更是不会少。所以,营建窑洞的传统技术的确应该适时更新,以适应新的环境需求,为陕北地区的广大乡村聚落带来新气象。

综上所述,退耕还林为马湾村带来了新的机遇,原本依靠农耕生活的农户们,收入较低,经济发展水平落后;退耕之后,马湾村发展大棚农业,种植香瓜。农户的收入稳步增长,新建的养猪场和养羊场为大棚农业提供肥料,相互促进、共同发展。现在马湾村已经形成经济作物种植、牲畜饲养、农产品与牲畜销售与运输的一条较为完备的产业链条,自身得到发展的同时带动了周边乡村的发展,成为典型的中心村。现有的乡村聚落建筑群均是在原有基础上新建的窑洞聚落建筑群落,新式的窑洞以及窑洞四合院的出现,都是对陕北丘陵沟壑区乡村聚落建筑形态及建筑营建模式的有益探索。

4.3 延安地区安塞县——沿河湾镇侯沟门村

4.3.1 基本概况

安塞县(**图4-47**)地处西北内陆黄土高原腹地,鄂尔多斯盆地边缘,其中耕地面积为6.8万 hm^2,95%属于坡度在5%以上的山地,只有少部分为河谷川地。区内梁峁起伏,沟壑纵横,土地破碎(**图4-48**),所处的自然环境属于典型的黄土丘陵沟壑区和典型的重水土流失区域。全县辖7镇、5乡,1个街道办事处,211个村委会,1 018个村民小组,2005年总人口为16.44万人,其中农业人口为12.89万人,农村劳动力为5.3万人,人口密度为55人/km^2。[2]沿河湾镇位于安塞县东南部,延河两岸,距县城15 km,面积为210.64 km^2,人口为16 586人(2005年),其中农业人口为16 130人;辖1个居委会、28个行政村、102个村民小组;杏河和延河两条河汇集流经此镇,延靖高速公路过境。

侯沟门村位于延安市北部,安塞县西南部,沿河湾镇以西7.5 km处,碟王公路穿村而过,距阿北高速碟子沟出口3 km,交通便利,自然条件优越。全村总面积为9.6 km^2,耕地148.33 hm^2,其中山地98.33 hm^2、川地50 hm^2,退耕还林面积301.83 hm^2。

4.3.2 退耕还林前后侯沟门村概况

4.3.2.1 退耕还林前

侯沟门村辖4个自然村、6个村民小组(侯沟门村前组、侯沟门村后组、李家洼、樊家沟、桃树洼、海眼塔);共288户、1 115人,其中男596人、女519人;有劳动力685人,在家劳动力420人,男180人、女240人;有育龄妇女271人。

退耕还林前,侯沟门村村民的生活来源主要有三种:一是以种植玉米、豆类、土

图4-47 安塞县城全景
(图片来源：作者自摄)

图4-48 安塞县典型地貌
(图片来源：作者自摄)

豆、南瓜、谷子、糜子等农作物为主要的生活来源，打下的粮食除了满足自家生活以外，有富余的就卖掉，赚一些钱。但是由于地处山区，又紧邻公路，可耕之地少之又少，收成也基本上由天气决定，生活没有确实的保障。二是靠做些小本生意或者发展服务业为生。由于侯沟门村紧邻碟王公路，交通十分便利（**图4-49**），所以很多村民沿路做一些小本生意，例如开办小型商店、门市部、五金店等一些服务性的设施（**图4-50**）。三是有些家庭劳动力比较充裕，外出务工，贴补家用。

图 4-49　侯沟门村紧邻公路
(图片来源：作者自摄)

图 4-50　侯沟门村服务设施
(图片来源：作者自摄)

退耕还林工程实施之前，侯沟门村的村民主要居住在沟内的窑洞中，窑洞住宅以石窑为主（**图 4-51**、**图 4-52**），还存在极少量的砖窑和土窑以及平房。侯沟门村由于交通便利，所以与外界的联系相比其他村落较多，早在退耕还林政策实施之前，该村的通信、电力等设施就已经有了，只是还没有实现户户通达。村中亦没有可供村民集会与交往的公共活动场所，如有什么事情需要集会，一般就在村委的院落或家中进行。村内原来设有一所小学，后来由于适龄儿童稀少，已经搬到沿河湾镇镇政府附近。村内有较为简陋的卫生站，医疗设施有限。沿侯沟门村，垂直于碟王公路有一条河流流过，因此该村主要的生活与生产用水以及排水均是靠此河解决（**图 4-53**）。

图 4-51　侯沟门村退耕前院落式窑居
(图片来源：作者自摄)

图4-52 侯沟门村退耕前的旧窑居
（图片来源：作者自摄）

图4-53 侯沟门村紧邻的河流
（图片来源：作者自摄）

4.3.2.2 退耕还林后

退耕还林工程实施开始，山间的坡耕地实施退耕，农户们不再需要耕种，而且还能享受政府给予的补贴，基本生活已经没有问题，这样就解放了很大一部分的劳动力。如何提高生活质量，增加农民收入，走一条适合本村发展的致富之路成为政府关注的重点。

早在1992年，也就是退耕还林工程实施之前7年，侯沟门村就开始大棚蔬菜的试种，是当年西北地区率先引进并试种成功大棚蔬菜的村子（**图4-54**、**图4-55**）。退耕还林政策实施后，更多农户投入到大棚蔬菜的种植当中，更多村民走上了这条可靠的

图4-54 侯沟门村阳光大棚全景
（图片来源：作者自摄）

图4-55 侯沟门村阳光大棚近景
（图片来源：作者自摄）

致富之路。侯沟门村已有温室大棚175座（自然棚405座），全部种植大棚黄瓜（黄瓜13号），全村平均日产黄瓜2 800斤。大棚蔬菜种植是该村的支柱产业，全村有农民专业合作社两家，分别是田野农民专业合作社和侯沟门村农民蔬菜专业合作社，还建成了万头生猪养殖场和千吨冷库，全村已形成集猪、沼、菜、果生态产业链及存储和销售为一体的新的发展模式，2010年人均纯收入8 306元，2011年人均纯收入8 700元。

4.3.3 建筑形态的变迁

全村现有窑洞568孔、平房448间。退耕还林前，侯沟门村的村民主要居住在沟内的窑洞中，窑洞住宅以石窑为主，还有极少量的砖窑和土窑，自成院落，排布依据山体展开，朝向阳面。建造与布局十分灵活，基本上是根据地形修建，沿着沟口蜿蜒至沟内。在每层台基地的平台上均有一户窑洞院落（图4-56）。

退耕还林实施至今，侯沟门村村民的居住形式发生了巨大的变化，总结起来，主要有以下三种形式。

4.3.3.1 在原有基础上的更新

2013年夏季大雨，侯沟门村村民原来一直居住的窑洞，已经坍塌（图4-57）、几近坍塌和渗水严重的窑洞占很大一部分，这给村民们的基本生活带了危险，故此政府补贴每户3万元，由村民自行筹建新居。但是这些新住宅，大多是一层或两层的砖瓦房，几乎没有人修建新窑洞。这些新建住宅，大多数就建在原来的窑洞院落当中，紧邻窑洞，十分拥挤（图4-58）。有的村民计划盖好新居后就拆除原来居住的窑洞；有的人家因为自家窑洞与山体及其他户窑洞相接，结构上不允许，所以搬进新居后也不打算拆除老窑洞。还有的农户因为家庭成员较多，新建住宅不能满足所有人的居住要求，就暂时还在原先窑洞院落中没有损毁的平房或是临时搭建的简易棚中居住，生活用品、家具等都已经从老窑洞中搬出，置于院中临时搭建的塑料棚里，居住条件十分艰苦（图4-59、图4-60）。还有很多村民沿着碟王公路的北侧修建住宅，有窑洞亦有平房。

4.3.3.2 由安塞县政府与村民共同出资集中修建的院落式住宅

安塞县政府与农民共同出资修建了一批集中的院落式住宅，这些住宅全是一层平房，每户都有围墙，围合成各自的院落，彼此相连，沿碟王路南侧一字展开。院落与公路有一定的距离，依次设有公共的户前道路、绿化种植、健身器械区、栏杆。住宅比公路路面低，因此在宅前道路设有排水渠，入口有坡道或者台基（图4-61、图4-62）。

图4-56 侯沟门村建筑聚落布局现状示意
（图片来源：作者自摄）

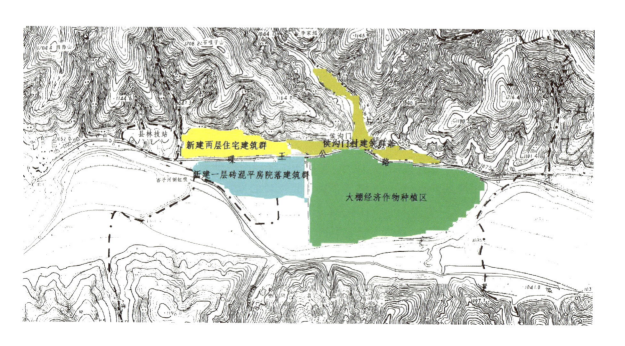

图4-57 渗水后已经坍塌的窑洞
(图片来源:作者自摄)

图4-58 正在兴建的场景
(图片来源:作者自摄)

图4-59 保护家具的简易棚
(图片来源:作者自摄)

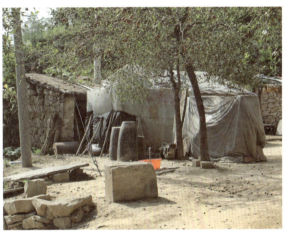

图4-60 院中搭建居住的简易棚
(图片来源:作者自摄)

图4-61 沿公路修建的院落式住宅
(图片来源:作者自摄)

图4-62 院落与公路间的设施
(图片来源:作者自摄)

4.3.3.3 由政府与农户共同出资筹建的两层楼房建筑群落

沿着碟王公路的北侧,就在平房住宅院落的正对面,政府与农户共同出资筹建了现代化住宅群,这是安塞县政府委托沿河湾镇政府统一设计、集中规划的大型农民住宅搬迁项目。该住宅群的建筑均是两层的现代化住宅,一栋居住两户人家,分上下两层,面积在200 m²左右,屋顶形式是带有缓坡度的小檐口式平屋顶,住宅内部设计与布局已与普通城市住宅差别不大(图4-63~图4-66)。

还有很多农户为了劳作方便,就直接在大棚中居住,在大棚入口处搭建一个小型院落,多建一间简易的平房居住在内(图4-67)。

4.3.4 其他

4.3.4.1 生产方式的变化

侯沟门村原来的支柱产业是农业,也是主要的生活来源。但是随着村镇经济的快速发展,特别是退耕还林政策实施之后,传统的农业生产发生了翻天覆地的变化,现在的侯沟门村村民主要依靠阳光大棚种植黄瓜为生。

侯沟门村近几年人均收入不断提高,表4-1是2008—2011年侯沟门村村民的人均纯收入分析表,可以看出,该村主要发展了以大棚种植与养猪为支柱的产业,附带发展商贸、餐饮、劳务输出、运输及农机经营等第二、第三产业,产业发展呈现出多元化趋势,为农户致富提供了良好的平台(表4-1,图4-68)。

表4-1 侯沟门村人均纯收入个案分析

侯沟门村	种植业			草畜业			第二、第三产业				
	棚栽	其他	退耕还林	猪	鸡、牛	羊	餐饮	商贸	劳务输出	运输	农机经营
2008年 6 220元	4 491	60	530	16	18	20	200	400	300	65	120
2009年 8 160元	6 288	81	460	64	16	18	280	450	300		130
增降幅	+38%	+35%	−13%	300%	−11%	−1%	+40%	+12%	0		+8%
2010年 8 306元	6 300	90	408	64	18	15	295	516	350	90	166
增降幅	0.01%	+11%	−11%	0	+12.5%	−16%	+5%	+15%	+17%		+28%
2011年 8 770元	6 900	98	400	110	18	10	350	580	680	140	220
增降幅	+10%	+0.1%	+0.02%	+71%	0	−33%	+19%	+12%	+99%	+55%	+33%

4.3.4.2 生活方式的变化

随着侯沟门村大棚产业与养猪产业的不断发展,侯沟门村村民的收入不断提

图4-63 沿公路正在建造的两层住宅
(图片来源：作者自摄)

图4-64 新建两层住宅近景
(图片来源：作者自摄)

图4-65 新建两层住宅内景
(图片来源：作者自摄)

图4-66 新建两层住宅内部设施
(图片来源：作者自摄)

图4-67 建在阳光大棚外的简易住房
(图片来源：作者自摄)

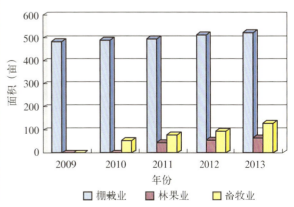

图4-68 侯沟门村产业发展比较分析图
(图片来源：作者自绘)

131

高,村民的生活方式也发生了变化。原来的靠天吃饭、温饱不济变成了如今稳定的小康生活。年轻人有了更多的就业选择,可以出外务工,亦可以在自家门前种植管理大棚或者养殖生猪,在家门口就可以解决生产、生活等一应需求,不需要离乡背井。

生活的稳定,生活条件的改善,使得村民对闲暇时的娱乐、公共活动有了新的需求。因此,新建的健身广场就成为村民们相互交流、娱乐的场所,这在以往是不能想象的。

4.3.4.3 人居环境的变化

过去的侯沟门村产业单一,收入与生活没有切实的保障,基本上是靠天吃饭,村民们居住条件有限,基本没有环境可言,仅仅是在山坡地带寻找较为平坦或是距离耕种土地较近的地方居住,没有统一的规划。如今收入提高了,生活稳定了,生活条件越来越好了,人们对于生活起居以及生存的环境就有了更高、更多的需求。

首先,全村主要的道路已经基本修缮,主干道路2 km,村内道路硬化率达到了95%,交通便利,道路畅通(图4-69)。道路两边设有排水的沟渠,下雨和生活污水均可排泄,不会对道路产生影响。主干道周边绿化种植也很多,不仅美化了环境,而且还起到了隔声、隔尘的作用(图4-70)。

其次,自来水入户率达到了100%,照明用电达到了100%,电视入户率达到了100%,手机使用率达到了90%,可以说侯沟门村的农户们已经开始过上了现代化的村镇生活(图4-71)。

第三,侯沟门村设有村卫生室一所,卫生员一名,合作医疗参加人数为998人,养老保险参保人数为715人,村民们有了基本的医疗保障。

第四,原先的小学已经搬到沿河湾镇上,空出的校舍现在改成侯沟门村社区服务中心(图4-72),设有图书室、妇女活动中心、村委会、老年活动室等服务用房,为

图4-69 侯沟门村修好的入村道路
(图片来源:作者自摄)

图4-70 侯沟门村道路两边的绿化与排水沟
(图片来源:作者自摄)

图4-71 侯沟门村供水管理站
(图片来源:作者自摄)

图4-72 侯沟门村社区服务中心
(图片来源:作者自摄)

村民们的休闲娱乐提供了良好的场所。此外，该社区服务中心还设有较大的广场及篮球场，也可为村民们集会与体育运动提供场地，设施健全，十分方便。

最后，生活垃圾也有集中处理站，还建有公共卫生间，为日常生活提供便利。

4.3.5 现存问题

4.3.5.1 新建住宅并不能满足村民们的生产与生活需要

较早修建的联排院落式平房住宅，每户仅有两大间或者一大一小两间瓦房（图4-73），对于人口较多的农户来讲，根本不能解决基本的住房问题。由于平房保暖性能远不及窑洞住宅，所以冬天较为寒冷，室内温度很低，居住的舒适度不佳。后来修建的两层现代化单元式住宅，设计时没有考虑院落，所以每户仅有较小的一块宅前地，对于很多还种玉米、豆类等的农户十分不便；住宅前后的道路较宽，而住宅侧面的道路宽度仅不到3 m，农户家用的农机车通行很困难，这些都说明新建住宅在设计时没有考虑农户生产生活的实际使用需求（图4-74）。

4.3.5.2 新建住宅群距离公路较近，噪声与尾气污染都很大

由于受地形及场地限制，新建住宅群落紧邻碟王公路南北两侧（图4-75），由于距离公路较近，噪声污染、汽车尾气污染以及沿路的生活垃圾污染等较大，粉尘污染也较严重，这都给侯沟门村村民日常生活带来了不便，大大影响了村民的生活品质。

4.3.5.3 虽然有了统一的规划，但是呆板有余而个性不足，与陕北自然风貌不相融

较早修建的联排院落式平房住宅群与后来建造的两层独立式低层住宅群均是由安塞县政府与当地农户共同出资、统一规划设计的。

图4-73 新建一层院落内景
（图片来源：作者自摄）

图4-74 新建两层住宅外景
（图片来源：作者自摄）

图4-75 新建住宅均在公路两边
（图片来源：作者自摄）

  院落式的平房住宅群，连成一排，沿公路南侧展开，每户均用院墙隔断，各成一院。外墙与入户门头采用了与传统石窑相似的颜色，但是房屋本身还是贴有白色瓷砖，每户一模一样，毫无差别，显得呆板、枯燥、毫无生气（**图4-76**）。

  后来建造的两层独立式低层住宅群，全都采用灰白色涂料粉刷外墙，屋顶为平屋顶，女儿墙上挂灰色小坡檐口，门窗为白色塑钢玻璃窗，每幢房子都一样，完全是城市住宅的风貌，与当地的自然山体风貌毫无关联，已经失去了陕北地域建筑的特色（**图4-77**）。

135

图4-76 新建一层住宅外观设计统一
(图片来源：作者自摄)

图4-77 新建两层住宅外观
(图片来源：作者自摄)

4.3.5.4 新建住宅群落与原有窑洞群落如何共生

新建的住宅群落无论是平房还是两层独立式住宅均与陕北地区传统的窑洞建筑群产生鲜明的对比。对于侯沟门村以及陕北地区经济条件较好的村落（如前文提到的吴起县的马湾村）而言都有一个共同的问题，新建窑洞虽实质上还是传统的石窑，但是表面都铺砌白色瓷砖，檐口铺砌暗红色琉璃瓦，已经很少见到石质材料裸露的窑洞住房（图4-78），这是现今陕北窑居建筑群落呈现的一种建造与发展趋势。窑居群落间亦掺差建造许多一层或低层的砖瓦平房（图4-79），这些新出现的建筑形式如何与传统窑居建筑聚落共生、抑或共同发展？这是现今应该仔细考虑的问题。

图4-78 新建裸露石质材料的窑洞
（图片来源：作者自摄）

图4-79 新建两层玻璃砖房
（图片来源：作者自摄）

综上所述，侯沟门村在退耕之后，利用紧邻省道的有利交通，大力发展大棚农业，经济发展水平稳步提高，农户的生活条件显著改善。但是乡村聚落的发展基本上处于停滞不前的状态，由政府出资修建的一层院落式住宅以及两层集中式住宅建筑群占用了有限的平坦地区，对耕地资源本就稀缺的陕北丘陵沟壑地区而言无疑是一种浪费。但是政府出资新建的住宅群落的住户基本都是侯沟门村邻近的山区中搬迁出来的农户，本村的住户十分稀少，这也说明了退耕之后，居于山区的零散住户正在向交通便利、基础设施完备的条件较好的地区转移。由此，"零散的"乡村聚落开始向"集聚的"发展模式转型。

4.4 影响因子及权重

退耕还林前后影响陕北地区村聚落变迁与发展的因子及其权重差异很大,下面列表说明。

表4-2 退耕还林前影响高舍沟村乡村聚落变迁与发展的因子及其权重

退耕还林前影响高舍沟村变迁与发展的因子		高舍沟村建筑聚落选址	高舍沟村建筑聚落布局方式	高舍沟村建筑聚落规模	高舍沟村院落布局方式	高舍沟村建筑单体样式与建造材料
自然因子	地质地貌条件	▲▲▲▲▲	▲▲▲▲▲	▲▲▲▲▲	▲▲▲▲	▲▲▲▲▲
	资源分布状况	▲▲▲▲▲	▲▲▲▲	▲▲▲		▲▲▲▲
	气候条件		▲▲▲		▲▲▲▲▲	▲▲▲▲
	生态环境	▲▲▲		▲▲		▲▲▲
人文因子	生产生活方式	▲▲▲▲	▲▲▲		▲▲▲▲	▲▲
	劳作半径	▲▲▲▲	▲▲▲	▲▲		
	社会风俗文化		▲▲		▲▲▲	▲▲▲
	经济发展水平		▲▲▲	▲▲▲▲▲	▲▲▲	▲▲▲
	人口状况			▲▲▲▲		
	区位条件	▲▲			▲▲▲	▲▲▲
	道路交通条件	▲▲▲▲▲	▲▲▲▲	▲▲▲▲	▲▲	▲▲
	基础与公共服务设施	▲▲▲		▲▲		

注:▲代表不同因子对乡村聚落影响的权重,▲越多就代表权重越大。笔者在这里把权重分为5个等级,最高级为5个▲。

由表4-2可以得出,影响高舍沟村建筑聚落变迁与发展的影响因子多种多样,各有侧重,不尽相同,主要归纳如下:

(1)影响高舍沟村建筑聚落选址的因子及其权重:地质地貌条件、资源分布状况以及道路交通条件是起决定性的影响因子,所占权重最大。生产生活方式、劳作半径的影响次之,生态环境、基础与公共服务设施的影响较小,区位条件影响最弱。

(2)影响高舍沟村建筑聚落布局方式的因子及其权重:地质地貌条件影响最显著,资源分布状况与道路交通条件的影响稍弱,气候条件、生产生活方式、劳作半径以及经济发展水平的影响次之,社会风俗文化对聚落的布局方式也有影响。

(3)影响高舍沟村建筑聚落规模的因子及其权重:影响高舍沟村建筑聚落规模的决定性因子是地质地貌条件和经济发展水平这两个因子,人口状况与道路交通条件的影响次之,资源分布状况对高舍沟村建筑群落的影响较小,生态环境、劳作半径以及基础与公共服务设施的影响最弱。

(4)影响高舍沟村院落布局的因子及其权重:众多因子中地质地貌条件与气候条件是起决定性作用的影响因子,生产生活方式的影响也较大,社会风俗文化与区位条件的影响次之,经济发展水平与道路交通条件的影响最小。

（5）影响高舍沟村建筑单体样式与建筑材料的因子及其权重:地质地貌条件、资源分布状况及气候条件是影响高舍沟村建筑单体样式与建筑材料的主要因子,经济发展水平的影响也较大,生态环境、社会风俗文化与区位条件的影响次之,生产生活方式与道路交通条件的影响最弱。

综上所述,在退耕还林政策实施之前,对高舍沟村聚落变迁与发展影响最大的因子是地质地貌条件、资源分布状况、生产生活方式、经济发展水平以及道路交通条件,气候条件、生态环境、劳作半径、社会风俗文化、区位条件及基础与公共服务设施的影响次之。

表4-3　退耕还林后影响高舍沟村乡村聚落变迁与发展的因子及其权重

退耕还林后影响高舍沟村变迁与发展的因子		高舍沟村建筑聚落选址	高舍沟村建筑聚落布局方式	高舍沟村建筑聚落规模	高舍沟村院落布局方式	高舍沟村建筑单体样式与建造材料
自然因子	地质地貌条件	▲▲	▲▲	▲▲	▲▲	▲▲
	资源分布状况	▲▲▲	▲▲▲	▲▲▲		▲▲▲
	气候条件		▲▲		▲▲▲	▲▲▲▲
	生态环境	▲▲▲		▲▲▲		
人文因子	退耕还林政策	▲▲▲▲▲	▲▲▲▲▲	▲▲▲▲▲	▲▲▲▲	▲▲▲▲
	生产生活方式	▲▲▲▲	▲▲▲	▲▲	▲▲▲▲	
	劳作半径	▲▲				
	社会风俗文化		▲▲		▲▲	▲▲▲▲
	经济发展水平		▲▲▲	▲▲▲▲▲	▲▲	▲▲▲▲
	人口状况			▲▲		
	区位条件	▲▲	▲▲		▲▲▲	▲▲▲
	道路交通条件	▲▲▲	▲▲▲	▲▲▲		▲▲
	基础与公共服务设施	▲▲		▲▲		

注:▲代表不同因子对乡村聚落影响的权重,▲越多就代表权重越大。笔者在这里把权重分为5个等级,最高级为5个▲。

由表4-3可以看出退耕还林工程实施之后,影响高舍沟村建筑聚落变迁与发展的影响因子的权重有很大变化,主要归纳如下:

（1）影响高舍沟村建筑聚落选址的因子及其权重:退耕还林政策决定了高舍沟村聚落的选址,是起决定性影响的新因子,退耕后生产生活方式发生改变,其对乡村聚落选址的影响仅次于退耕还林政策,资源分布状况、生态环境与道路交通条件的影响次之,地质地貌条件、劳作半径、区位条件及基础与公共服务设施的影响减弱很大,影响最小。

（2）影响高舍沟村建筑聚落布局方式的因子及其权重:退耕还林政策对于高舍沟村建筑聚落的布局方式影响巨大,生产生活方式、经济发展水平与道路交通条件的影响次之,地质地貌条件、资源分布状况、气候条件、劳作半径、社会风俗文化以及区位条件的影响最弱。

（3）影响高舍沟村建筑聚落规模的因子及其权重：经济发展水平是起决定性作用的因子，生态环境、退耕还林政策及道路交通条件的影响次之，地质地貌条件、资源分布状况、生产生活方式、人口状况、区位条件以及基础与公共服务设施的影响最小。

（4）影响高舍沟村院落布局的因子及其权重：退耕还林政策的实施改变了高舍沟村的生产生活方式，打破了传统农耕的生产模式，使其走向多元化的发展道路，因此退耕还林政策与生产生活方式对院落的布局影响最大，气候条件与区位条件的影响次之，地质地貌条件、社会风俗文化与经济发展水平的影响最弱。

（5）影响高舍沟村建筑单体样式与建筑材料的因子及其权重：退耕还林政策的实施，使得传统农耕不再是当地农户的唯一生存手段，农户居住地不再受到劳作半径的制约，因此对居住建筑的要求呈现多元化的趋势，气候条件、社会风俗文化、经济发展水平与退耕还林政策共同作用，对乡村聚落的建筑单体样式与建造材料影响巨大。区位条件的影响次之，地质地貌条件、资源分布状况以及道路交通条件的影响最小。

综上所述，退耕还林政策的实施，对于高舍沟村建筑聚落产生了巨大的影响，各个影响因子共同作用，侧重点各有不同。由表4-3可以看出，影响高舍沟建筑聚落的决定性因子已经发生变化，起决定性作用的是退耕还林政策、生产生活方式、经济发展水平和道路交通条件，其他因子，尤其是地质地貌条件、资源分布状况以及劳作半径的影响减弱很大，这与退耕还林工程实施之前有很大的不同。

4.5 陕北丘陵沟壑区乡村聚落退耕还林后现存问题解读

乡村聚落作为一个统一的整体，具有一定的空间范畴与内部空间结构，它是一个具有社会属性、经济属性与自然属性的系统性的整体。乡村聚落的发展与变化进程中有诸多要素对其起着推动与带动的作用，使其不断地自我更新与调整，最终适应外部条件的变化，从而优化自身的发展。当今陕北丘陵沟壑区的乡村聚落正是处于发展与更新的重要时期，研究与探讨推动其发展与变化的决定性要素，并研究各要素之间的作用原理，才能很好地把握该区域的乡村聚落发展与变化的趋势。

1999年以来党中央国务院推行的退耕还林政策，对我国各个地区的生态环境以及气候特征都产生了影响，特别是陕北丘陵沟壑区的气候特征、乡村聚落的生产与生活特征以及人居环境等均发生了显著变化。这也从侧面反映了陕北丘陵地区乡村农户们对于新生活的追求和向往，以及人们对于乡村现代化发展的渴望。然而，在诸多的变化与变迁中，乡村聚落的发展模式在变迁中已经出现了大量的新问题，亟待我们研究与解决。

4.5.1 传统窑居建造技术的停滞不前和新技术的表面化文章

陕北丘陵沟壑区的传统窑洞居住模式及建造技术千百年来沿袭至今，无论是土窑还是石窑均是取材于当地,但是时至社会经济高速发展的今天,这种建造模式及技术正面临着巨大的发展困境。

一方面,陕北丘陵沟壑区尤其是以丘陵地区为代表的地区,随着经济条件的改善与提高,人们普遍认为传统的窑洞式居住模式以及建造技术是一种落后的象征。只要是经济条件稍好的农户,尤其以年轻人为代表,全部"弃窑建房"。因此,该地区随处可见施工工艺粗糙、形体简单、品质低劣但是能耗却不低的简易砖混一层或低层住宅。暗红色、灰色坡屋顶(图4-80)或平屋顶、绿色玻璃、白色瓷砖贴面成为这些新建住宅的典型特征,毫无地域建筑特色。虽然这些住宅在一定程度上采光、通风较传统窑居稍好,但是保温与节能性能极差。陕北丘陵沟壑区冬天寒冷、风大、昼夜温差极大,所以一到冬天这样的新型住宅根本无法抵御寒冷,甚至出现外墙与内墙全部结冰的现象。因此可以看出,应用现代新型技术建造的所谓现代化的新型住宅,其实只是一个空壳而已,并不能适应该地区的自然及气候特征。

另一方面,传统窑洞建筑在建造技术、室内设施及外观上均没有推陈出新,始终是一成不变地适应着不断变化的周围环境,对于当地的农户来说,没有新意和吸引力。再加上当地政府对于传统建筑文化与地域建筑文化的宣传与教育的欠缺,使得农民们对于传统窑居本身以及建造技术毫无热情可言。因此,近几年就出现了在传统窑洞基础上做表面文章的现象。例如,在已经修建好的石窑外立面上铺砌白色瓷砖,窑洞的窗户全改成带绿色或蓝色玻璃的不锈钢窗户,在窑洞的檐口顶部铺设暗红色的琉璃瓦。这些都是对传统窑洞的表面化装饰,并没有解决窑洞建筑固有的采光差、通风不良等使用功能上的缺点,看似"旧居换新颜",出现了大批"新型窑居",但本质上没有改善。

图4-80 新建灰色瓦面屋顶的窑居
(图片来源:作者自摄)

4.5.2 新建建筑群落与陕北地区的生态环境不相融

上述的一层或低层的砖混住宅、"新型窑居"以及传统窑居一起构成了现今陕北地区乡村的建筑群落整体,它们与传统的窑居形成鲜明的对比(图4-81~图4-84)。

首先,砖混建筑无论从外观,还是使用性能等各个方面均不能适应陕北丘陵沟壑区的自然与气候环境,是一种较为失败的尝试。而且,砖混建筑毫无特点的千篇

图4-81 传统窑居与环境相融合
(图片来源:作者自摄)

图4-82 新建窑居外景
(图片来源:作者自摄)

图4-83 新建两层平顶砖房
(图片来源:作者自摄)

图4-84 新建一层平房
(图片来源:作者自摄)

一律的外貌特征与陕北地区的自然生态环境格格不入,的确不是陕北丘陵沟壑区新型住宅选型之首选。

其次,所谓的"新型窑居"建筑,虽然是在传统窑居的基础上改进而来,但是只做了表面化的文章,并未在实际使用功能上有所改善。表面化的绿玻、红顶、白瓷砖砌面与陕北地区自然生态环境毫无关联,亦是下乘之作。

因此,探讨如何在传统窑居的基础上,兼顾窑洞建筑的优点,改善其缺点并且使其适应当今社会的审美才是重点。在笔者的调研之中,吴起县的马湾村就涌现了几个比较优秀的新建窑洞的范例。

图4-85 马湾村新建窑洞院落内景
(图片来源:作者自摄)

图4-86 马湾村新建窑洞近景
(图片来源:作者自摄)

图4-85、图4-86所示是马湾村一家农户新建的窑洞新居。新建窑洞住宅主要是传统四合院的形式,在向阳的一面建造了5孔窑洞住宅,其他三面均修建了一层砖混平房,4组建筑围合成一个近方形的院落。主入口在院落东南角,并不直接朝向主要院落。窑洞建筑是石窑,采用传统工艺建造,外墙石材拼接规整,窑口发券,石缝细致平滑。开窗部分全部采用木材刷清漆,保留木材原有的色泽。窗户正上方除传统的斜格木质窗花不变外,正中开了一个方形窗洞,附以窗纱,有利于通风与采光。门以上不封的窗户安装白色半透明玻璃,远看很像是传统的窗户纸。与门并列的窗户开了两个较大的窗洞,配以透明玻璃,有利于采光。窑口亦是传统的石材与木椽子挑出,承接灰色的砖铺的窑口,窑顶砌有砖花式女儿墙。其他三面的砖混平房,均采用灰色清水砖建造,门窗亦是原木刷清漆,硬山屋顶,清一色的灰色。整个院落既不失传统又有创新,与周围环境相辅相成,不失为该地区的优秀窑居建筑院落。

4.5.3 忽视地域文化,脱离农户需求的集中式居住群落规划设计方式

陕北丘陵沟壑区在退耕还林政策实施后,在政府的补贴下,相当一部分农户已经不再依靠种地为生,所以传统的生产与生活方式发生了巨大的改变,农户对于新的生产与生活的需求亦不断变化。不过,虽然耕地已不是主要的生活来源,但是几乎每

家都还保留有少量种植地,有的种些稻谷,有的种些土豆或者玉米等作物,虽面积不大,但可供自家食用;此外,条件一般的农户都有农用三轮车等农用车,这就要求居住之所应该设有一定面积的院落,以供农户自己晾晒或者储存粮食、停放农用车等。

但是现在有很多地方为了所谓的"新农村"、"新气象"等虚名,大面积地建造集中式住宅群落,简单地执行所谓新农村的政策、法规和其他一些预先制定好的不适用的功能设计进行建设施工,使得所建居住建筑群落严重脱离农户的生产与生活特征,造成了很大的浪费。

例如,安塞县沿河湾镇的方家河村在西延高速公路边上修建了大面积的现代化住宅小区(图4-87、图4-88),要求居住于山上的农户限时全部搬迁过来。但是居住于山上的一些农户还靠养羊、养猪为生(图4-89、图4-90),当地政府要求农户在

图4-87 紧邻高速公路的方家河村新建住宅群落

(图片来源:作者自摄)

图4-88 方家河村新建住宅群落外景

(图片来源:作者自摄)

145

图4-89 方家河村预备搬迁的农户现居窑洞
(图片来源：作者自摄)

图4-90 方家河村预备搬迁的农户家羊圈
(图片来源：作者自摄)

限定的时间之内把羊和猪全部卖掉，要不然到了时间不搬家就会强行把猪和羊都没收，这种做法无疑给当地农户带来很多困扰。就算及时卖掉了羊和猪，搬入现代化的新居，以后的生活来源也会成为问题。这种迁新居其实是一种负担，住在新居中也不见得就是好事。这种做法，严重地脱离了当地农户的生产与生活需求，从本质上不利于地方的发展。

4.5.4 缺乏规划的散落式建筑群落，人居环境混乱不堪

陕北丘陵沟壑区在兴建新农村与实施退耕还林政策之后，大面积的农户从原本交通不便的山间沟壑中搬迁而出，由于地处丘陵山地地区，大多数人选择居于距

离公路或者河流较近的地方,交通便利、水源充足是主要的原因。但是没有统一的建设规划,随意建房、建厂,使得沿路或者沿河的人居环境混乱不堪(图4-91、图4-92),工厂污染严重、尘土飞扬;有些农户沿河流随意倾倒生活垃圾,污染河流(图4-93、图4-94);居住在路边的农户要忍受汽车尾气、烟气、尘土等的污染,人居环境十分恶劣(图4-95、图4-96)。

4.5.5 乡村基础设施后期管理滞后

新型社区及社区服务中心不断兴建,但是兴建职能建筑的背后是管理的滞后与不完善。很多村落在兴建了新住宅或者新社区之后都修建了社区中心或者农民活动中心以及很多便民的公共设施。例如,现在几乎每个村子都有农家书屋、村民活动室、妇女之家等,但是有不少建好后无人管理,长年锁着门,实际上没有起到

图4-91 吴起县金马社区金佛坪村沿吴华路修建的工厂
(图片来源:作者自摄)

图4-92 沿吴华路修建的工厂环境混乱
(图片来源:作者自摄)

图4-93 绥德县满堂川乡满堂川村沿河倾倒垃圾
（图片来源：作者自摄）

图4-94 绥德县沿河随意倾倒垃圾、污染河道
（图片来源：作者自摄）

图4-95 吴起县金佛坪村沿吴华路建造的住宅
（图片来源：作者自摄）

图4-96 吴起县金佛坪村沿吴华路建造的住宅近景
（图片来源：作者自摄）

图4-97　绥德县满堂川乡满堂川村的便民服务中心
（图片来源：作者自摄）

图4-98　绥德县满堂川乡满堂川村的农家书屋、村委会及妇女之家
（图片来源：作者自摄）

图4-99　安塞县侯沟门村公共厕所
（图片来源：作者自摄）

图4-100　吴起县马湾村随意倾倒的垃圾
（图片来源：作者自摄）

丰富农户闲暇生活的作用（图4-97、图4-98）；还有修建好的公共厕所、集中的垃圾桶，既没有人管理也没有人维护，很多形同虚设，根本没有发挥便民的作用（图4-99、图4-100）。

综上所述，退耕还林后，陕北丘陵沟壑区乡村聚落发生了巨变，乡村聚落变迁的过程中出现了众多的问题，为了解决上述问题，本研究结合退耕还林后该地区乡村聚落呈现出的新特征，探讨今后该地区乡村聚落的发展建设模式，对于解决上述问题，以及指导新型农村社区建设，缓解该地区人居矛盾意义重大。

5 退耕还林后陕北丘陵沟壑区乡村聚落发展建设模式及类型

5.1 退耕还林前乡村聚落类型划分

陕北丘陵沟壑地区地形地貌条件复杂,千沟万壑,地形破碎,传统农耕是该地区主要的生产方式,因此其乡村聚落建设模式与类型的划分均是以地形地貌为主要依据。

黄土地质构造有地域差异,根据其地质构造特征可以划分为高原型沟壑和丘陵型沟壑两大类。高原型沟壑区主要分布于渭北高原和陇东高原,面积约为2.7万 km^2,具有塬面平坦、土层较厚以及水源匮乏的特征。由于高原上沟壑较多,加之侵蚀时间长,最终原本平坦的塬面被侵蚀沟不断切割,形成冲沟型的沟壑形态。丘陵型沟壑区分布广泛,几乎占据黄土高原的50%,具有沟壑纵横、地形破碎、梁峁起伏的特点,该类地区植被覆盖率低,气候较为干旱,农业模式单一,大都广种薄收。

地形的复杂多变以及农牧生产模式的差异,往往一县之内具有多种地形、地貌,居民通常依据地形或疏或密,形成集居型聚落和散居型聚落,其布局灵活而自由。

综上所述,依据地形条件的不同,陕北丘陵沟壑区传统乡村聚落可以分为以下3种类型:沟壑山地型乡村聚落、小流域川道型乡村聚落和台塬型乡村聚落。

5.1.1 沟壑山地型乡村聚落

黄土高原地区土地面积广阔,地形条件多样,山地、高原、丘陵和平原均在其中,高原与丘陵区所占比例达到60%以上。陕北丘陵沟壑区是受水流长期侵蚀切割而形成的,地表的起伏较大,沟谷与小型台塬交织,沟谷宽而深,沟坡与山坡极为相似,塬上则完整且比较平整。因此,该地区具备山地建筑的地貌特征。

在这块沟峁丛生、地形起伏不平、水土流失严重、靠天吃饭的地区,聚落、社区规划和建筑的营建既具有一般山地聚落的普遍特征,又带有黄土高原特殊的自然、人文特征。

5.1.1.1 沟壑山地型乡村聚落特征
1. 阶梯状布置

沟壑山地型聚落呈阶梯状广泛分布于陕北丘陵沟壑区各地,如安塞、吴起、绥德、米脂一带。这些地区千沟万壑,梁峁起伏,村庄多选址在向阳的较大坡面上,沿等高线阶梯状横向展开、层层发展,堪称屋上屋,十分壮观(图5-1、图5-2)。

图 5-1 沟壑型山地聚落呈阶梯状分布
（图片来源：作者自绘）

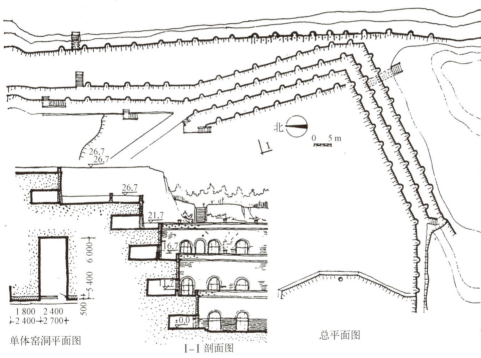

图 5-2 榆林农校的阶梯型聚落布局[71]

2. 弧圈形围绕山坡布置

有些乡村位于弧形坡的阴面，面阳抱南，窑洞居所呈现出内向型镶嵌坐落在坡壁上；也有些聚落位于弧形坡的阳面，窑洞院落呈放射状布局，窑居面向西南、东南及南面。聚落内部各家农户的院落周围修建夯土墙相互隔开，沿着等高线逐渐展开，每户的院门都朝向同一方向。有的条件好的大户人家，例如米脂刘家峁村的姜耀祖家，就在山坡上自行开挖大面积的平地，修建四合院形式的大型窑居院落（**图 5-3**）。

图5-3 米脂县姜氏庄园宅院
(图片来源：作者自摄)

3. 分散布局

陕北丘陵沟壑区的地形支离破碎、起伏较大(**图5-4**)，村落中可耕地稀少，通常有"不种百垧地，难打百石粮"的说法，在粗放型农业的背景下，耕地区域越来越大，但是在聚落腹地内的耕地数量却越来越少，而且分布极为分散，农户为了最大限度地接近自己的耕地而分散建宅，因此使得聚落之间彼此形态分散、联系相对较弱，最终形成了该地区乡村聚落逐地而居、分布零乱、密度小的特点(**图5-5**)。

图5-4 陕北丘陵沟壑区典型地貌[71]

图5-5 陕北丘陵沟壑区散居型聚落[71]

5.1.1.2 沟壑山地形乡村聚落规划要素

1. 居住特征

沟壑山地型聚落原始人居空间格局特点是呈阶梯状沿单元主河道和重要支沟的向阳缓坡地分散或围绕阳坡弧圈分布,达到尽量少用或者不占用有效耕地,节约土地资源的目的。沟壑山地型的绿色社区营建应注意村落的规模,既要使其符合资源环境承载力,又要注意基础设施建设的集约化,达到资源的有效利用(图5-6)。

图5-6 吴起县凤鸣新村山地聚落

(图片来源:作者自摄)

图5-7　米脂县杨家沟道路旁的排水渠
（图片来源：作者自摄）

图5-8　米脂县杨家沟道路上的排水口
（图片来源：作者自摄）

2. 道路布局

道路结合地形走向，并考虑聚落的用地结构和功能分布，分为主街、次街和环山路的多级别垂直的交通系统。

3. 排水体系

陕北丘陵沟壑区水土流失有其特殊的地理环境和气候条件，因而在防灾、减灾问题上也存在其特殊性。土壤的易侵蚀性、地面坡度，再加上年降雨量在300～550 mm，但是主要集中于7—9月这三个月内，经常导致洪灾滑坡、塌陷和泥石流等灾害，所以排水系统就显得尤为重要，排水系统不完善，会加剧水土流失，也是导致地质灾害最主要的因素。因此良好的排水系统是乡村聚落营建的基本保障。米脂县杨家沟的排水系统较为完备，是在清代排水系统的基础上沿用至今，有集中地分布于道路两侧的排水渠（图5-7），主干道上还设有排水口（图5-8），时至今日仍发挥着良好的排水功能。

4. 环境特征

山地聚落的发展一定要建立在生态、经济、社会协调发展的基础上。除了保证人们的健康生活条件外，生态环境恢复应作为山地型人居的先决条件。地形坡度对于山地环境而言是个极其重要的环境特质，坡度越大，地质的稳定性就越差，水土流失越严重，因此针对坡度的差异，环境治理的方法也不尽相同。在黄土高原沟壑地区，坡度达到25%以上，此时生态价值大于使用价值，就应该退耕还林还草（表5-1）。

表5-1　坡度分类表

坡　度	3%以下	3%～10%	10%～25%	25%～50%	50%～100%	100%以上
类　型	平坡地	缓坡地	中坡地	陡坡地	急坡地	悬崖坡地

5. 生产方式

退耕还林实施后，生产、生活方式的改变，聚落经济结构的调整和演变是不可避免的。传统的小农经济已经无法满足现代人的实际需求,苦守农田熬日子的时代已经一去不复返。伴随着第二产业与第三产业的蓬勃发展,聚落的功能在不断更新,因此聚落的布局形态及规模都发生了改变,道路系统的不断完备,基础服务设施的建设等都在不断地改进。由此可以看出,该地区产业结构的调整对于解决新时期农业及经济发展等问题至关重要,大力发展现代化的生态农业是有效遏制环境恶化,并解决好环境与资源之间可持续发展等问题的必然选择。

5.1.2 小流域川道型乡村聚落

5.1.2.1 小流域川道型乡村聚落特征

小流域川道型乡村聚落的布局主要依据地势走向以及河流和道路方向,或顺势延展开,或环绕河流或沟壑形成带状空间。由于环绕对象分为河流与沟壑,因此可以分为临沟型聚落和滨水型聚落两类。

临沟型聚落在陕北丘陵沟壑区最为常见,山区聚落受地形限制,多在"V"形冲沟两岸沿着等高线纵伸展开,既避免夏秋季节河水暴涨侵犯民居,同时也考虑到取水便利(图5-9)。

临沟型聚落基址多选择在坡势陡峭且不易耕种的向阳面,农户分布零散,各家院落由向阳的3～5孔靠山窑组成,还建有猪圈、羊圈、厕所、院墙和门楼,组成单独的居住单位。这类聚落靠崖修窑,前临沟壑,建筑进深方面受到限制,只能沿等高线方向发展。坦荡、开阔、层层展开的院落形态是冲沟村落的显著特点。

滨水型聚落主要分布在各河谷之中,因靠近水源而沿河道伸展(图5-10)。带形聚落通常受地形制约,为线式扩张发展模式,即最早村落由其祖先迁来,以血缘为纽带,子孙繁衍,分家另户自然向两头延伸,多照顾到比邻而居,以便防护安全,互相支援。

图5-9 陕北丘陵沟壑区临沟型乡村聚落[71]

图5-10 陕北安塞县滨水型乡村聚落[71]

5.1.2.2 小流域川道型乡村聚落规划要素

1. 居住特征

小流域川道型聚落主要分布在川道和川地与台塬陡坡的过渡地带的南向缓坡地上,既避免夏秋季节河水暴涨民居受侵,同时也考虑到生活便利。原始聚落从支沟河道交汇处的坡底发展,随着聚落规模的扩大,逐渐向河滩地位移,随道路或河道布局。处理好聚落与河道空间格局的关系,保护河道的生态安全,控制聚落沿主川道方向延伸的规模,保留聚落间的农业耕地是川道型人居生态单元人居建设系统规划建设的重要内容(图5-11~图5-13)。

2. 道路布局

川道型聚落道路主要沿沟或临水,根据地形特点及聚落内部功能结构进行合理安排。

3. 排水体系

小流域川道型聚落一般位于支沟河道交汇处,距水源较近,直接关系到水源的

图5-11 安塞县沿河湾镇贾家洼村村庄建设规划图

(图纸来源:课题组绘)

图5-12 安塞县真武洞镇东营村建设规划图
(图纸来源：课题组绘)

图5-13 安塞县真武洞镇杜庄建设规划图
(图纸来源：课题组绘)

安全。因此，需要建设排污管，所排放的污水可以经收集后处理，用以灌溉农田。应逐渐建立雨水和污水的收集与处理设施，使能源能够有效地利用。

4. 生态特征

川道型聚落内主要分布集镇规模的聚落，聚落密度较高，人口较为集中，是该地区经济与文化的核心地区，同时也是生态环境与人居建设矛盾最为突出的地区。

5. 生产方式

川道型聚落一般从支沟河道交汇处的坡底发展，逐渐向河滩地位移。河道的河滩地是黄土高原的主要农业耕地，随着现代化进程的推进，建筑空间的扩张，大量良田被建筑用地侵占，因而保护川道良田，积极推进现代化农业的进程，是构成川道型聚落合理发展的重要内容。

5.1.3 台塬型乡村聚落

5.1.3.1 台塬型乡村聚落特征

台塬型聚落受地形的限制比较小，有些跟平原聚落一样，并无太大的区别，但聚落规模受台塬面积大小所限，以团状、分散型为主（图5-14）。

1. 台塬区的团状布局聚落

台塬区的团状聚落主要是指聚落的平面形态接近矩形、圆形或者不规则的多边形。密集型聚落多分布于耕地资源丰富的平原、盆地和较大的塬地、川道内。团状聚落主要是由最初的住户在其居所前后左右不断建造建筑发展形成的，形成的时间

图5-14 台塬区地形特征图[71]

图5-15 团状聚落[71]

较长,聚落的规模比较大,人口相对较多,且社会化水平高。聚落自内向外由几条主要的骨架支撑主体道路系统,内部的路网较为复杂且变化多端(图5-15)。

2. 台塬区自由型聚落

自由型聚落是指建筑群布局没有规律,仅保证基本通风朝向,邻里之间没有明确空间关系,或居址无固定地点,一两户或者三五户人家散居。

5.1.3.2 台塬型乡村聚落规划要素

1. 居住特征

台塬型人居聚落跟平原型聚落没有太大差别,聚落形态和布局都比较灵活。安全的人居建设系统要合理地控制聚落规模的大小,进行道路系统的组织、基础设施的建设,以及减少基地边缘的侵蚀和污水与垃圾的排放。

2. 道路布局

台塬区的道路系统,要根据聚落的规模和功能结构合理安排,没有沟壑坡地的限制性高。

3. 生态特征

台塬区的人居建设与川道区人居建设是独立的两个体系,但台塬上环境的恶化,水土流失、所产生的垃圾和污水等废物的排放,对塬下川道的生态环境都有直接的影响。塬边是两个相对独立的系统的交接带,保护好塬边生态地带,可以减缓冲沟的发育速度,减少水土流失。

保持塬面的完整有以下两种方法:第一,采用工程措施,比如修建挡墙,并改变污水排放方式等;第二,采用生态措施,比如种植林草,并增加植被的多样性。同时还要注意管理与控制人为的干扰与破坏的行为等。

4. 生产方式

台塬上平坦的土地是黄土高原农业生产的主要地区,但是城镇的不断扩张与发展对于耕地的吞噬十分迅速。珍惜土地资源,合理利用沟壑山地,积极推进产业结构调整,是一条可探寻之路。

综上所述,由于陕北丘陵沟壑区长久以来均是以传统农耕为主要的生产生活方式,因此聚落的划分主要是依据聚落所处的地域特点不同来划分,直到退耕还林工程实施之后才产生了新的变化。

5.2 退耕还林后乡村聚落变化概述

退耕还林之后,陕北丘陵沟壑区传统的山地乡村聚落受到了巨大的影响,产生了很大的变化,主要表现在以下几个方面。

5.2.1 生态环境的变化

退耕还林工程实施至今,陕北丘陵区生态环境得到有效的改善。植被覆盖率显著提高,原本黄土满天飞的景象已被漫山遍野的绿色代替。沙尘暴日数不断减少,水土流失得到有效缓解,生物多样性逐渐恢复,田野间出现野兔、野猪、狼、田鼠、松鼠等野生动物,进一步反映出生态环境的好转(图5-16)。

生态环境与乡村聚落的发展与演化有着极为重要的关联。生态条件一直都是人类生存与发展的重要前提条件,其优劣直接影响着乡村聚落的分布以及演化进程。如果生态环境处于极为脆弱的状态,人类活动以及过度的开发会导致其不断地恶化;而生态环境的不断恶化会导致人类的开发活动频率更高,加快其恶化的进程,最终导致贫困与生态环境恶化的恶性循环。尤其在陕北丘陵地区,有相当一部分村落还处于贫困之中,贫困与生态环境恶化的恶性循环,是造成经济社会不可持续发展的重要原因[1]。同时,生态环境是乡村聚落的居民重要的生

---

[1] 首届中国贫困地区可持续发展战略论坛.天津滨海宣言,2006,5,13-14.

图5-16 生态环境改善
(图片来源:作者自摄)

图5-17 植被与生态变化导致乡村聚落变迁的原理解析
(图纸来源:作者自绘)

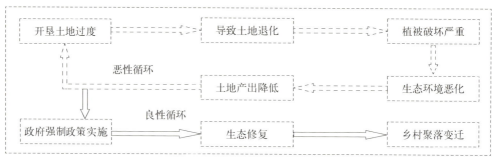

存环境,不同的生态环境导致环境容量的差异,这也会直接影响人们是否能在其中生存。

20世纪90年代之前,陕北地区的人们为了解决自身的温饱问题和提高收入及生活水平,在该区域进行了过度的土地开垦与植被砍伐;为了缩小耕作半径,乡村聚落杂乱分布于靠近山坡的区域,零散布局,形成了越垦越穷、越穷越垦的恶性循环,对生态环境的破坏极大。1999年以来实施的退耕还林政策,有效地恢复了自然生态环境,改变了陕北地区人们的生产与生活方式,散乱的乡村聚落逐渐向条件较好的地区迁移(图5-17)。

5.2.2 生产方式的变化

退耕还林工程实施之后,退耕农户不用种地就能从政府那里领取一定数额的粮食以及经济补贴,基本生活有了保障,大批劳动力得以解放,传统农耕的生产方式就此终结,原本靠天吃饭的生活方式发生了巨变,大批的劳动力逐渐向邻近的城镇转移,外出务工人员急剧增加,生活水平与收入也稳步提高(表5-2)。

表 5-2　延安吴起县乡村经济与农户收入的变化

指　　标	1999年	2000年	2001年	2002年	2003年	2004年	2005年	2006年
耕地面积(hm^2)	32 400	32 400	20 000	20 000	20 000	20 000	20 090	20 090
乡村非农行业产值(万元)	13 412	14 530	16 642	19 408	20 346	21 279	22 183	—
乡村经济总收入(万元)	19 852	19 473	19 972	22 758	25 395	29 194	31 612	32 606
农业总产值(万元)	25 637	24 477	22 793	29 563	27 236	35 519	40 932	41 708
农户人均纯收入(元)	1 314	1 396	1 429	1 534	1 688	1 889	2 086	2 298

资料来源：吴起统计年鉴(2000—2007年)。

退耕还林之后，陕北丘陵沟壑区的乡村聚落生产不再单纯依靠传统农耕，发展了多种新型的生产模式，经济作物种植，生猪、羊、鸡养殖等新兴产业发展迅速，经济作物的种植、销售、运输产业链条基本成熟，乡村聚落的产业发展呈现新的面貌，与此发展相配套的第三产业，包括服务、旅游等产业也发展迅速，陕北丘陵区的乡村面貌发生了翻天覆地的变化(图5-18、图5-19)。

5.2.3　生活方式的变化

退耕还林之后，陕北丘陵沟壑区乡村聚落的生产方式发生改变，农民的收入稳步提高，经济发展迅速，农户的生活方式也发生了改变。农户家中家用电器种类齐全，围绕土炕的室内布局方式变成现代化的客厅布局，一家人坐在沙发上观看电视成为新的生活方式(图5-20)。住宅内部设有卫生间，有单独的洗澡间，室外的厕所仍然沿用，这是乡村聚落变迁过程中的典型现象。

图5-18　侯沟门村的大棚
(图片来源：作者自摄)

图5-19 米脂县高西沟村旅游开发
（图片来源：作者自摄）

图5-20 农户室内布局
（图片来源：作者自摄）

5.2.4 人居环境的变化

过去，陕北丘陵区的乡村聚落是出了名的"脏、乱、差"，生态环境恶劣，农户收入水平低，生活条件困苦。退耕还林工程实施之后，自然生态环境得到有效改善，零散地居住于山间的农户逐渐由山区搬迁到交通便利、饮用水方便、基础设施较为完善的地区，居住的房屋也由靠山的土窑变为新修建的石窑（图5-21、图5-22）。

5.2.5 社会传统观念的变化

陕北丘陵区农耕历史久，是典型的农牧业结合地区，因此具有农耕与畜牧业两种文化的特征，即传统、闭塞与开放、热情共存的特点。由于地处偏远，交通不便，传统观念守旧、内敛，陕北丘陵区形成了以家庭或家族为中心的生活方式与观念；而民风淳朴、热情好客也是该地区居民的特点之一。

退耕还林工程的实施，打破了传统农耕的生产生活方式，零散的住户逐渐搬迁到较为集中的居住地，家庭聚居的模式不复存在，不同宗族的杂居较为普遍。年轻人外出务工后经济收入增长较快，成家之后新建窑居增加，新型聚落的发展迅速，原有的家族式居住模式被打破，传统观念的影响逐渐减弱。但是多数农户仍然看重文化、语言以及民俗上的沟通，因此，社会传统观念对于精神层面的要求仍在加强。

图5-21 安塞县靠山土窑洞
(图片来源：作者自摄)

图5-22 安塞县新建石窑洞院落
(图片来源：作者自摄)

5.2.6 乡村聚落选址、规模以及布局方式的变化

　　陕北丘陵区乡村聚落的选址、聚落规模及布局方式受到地质地貌条件、资源分布状况、人口状况、经济发展水平、生产生活方式、劳作半径、道路交通条件等因素的影响。退耕还林工程实施之后，传统农耕模式不复存在，劳作半径的影响减弱最快，生产生活方式及经济发展水平成为影响该地区乡村聚落选址、聚落发展规模及布局方式的最主要的因素。

综上所述,退耕还林给陕北丘陵沟壑区带来了巨大的变化,导致人居环境、生产方式、社会传统观念、乡村聚落的布局形态以及建筑类型发生改变。传统农耕的模式被打破,取而代之的是新兴的产业模式,因此,乡村聚落也出现了新型的发展模式。

5.3 以产业模式类型划分乡村聚落建设类型

退耕还林工程实施之后,陕北丘陵沟壑区乡村聚落正处在历史剧变的转型期,生态环境、生产生活方式、经济发展模式、土地资源、人口状况、乡村聚落规模与形态、传统观念都发生了变化,正在飞速地向城镇和非农业产业转型。同时,资金、技术等乡村资源也不断更新,现代化水平不断提升。这众多的变化使得乡村聚落农户们的生产生活空间不断地更新与扩大,基础设施缺乏、内部布局不合理、土地资源浪费、居住建筑群落模式有待改善等问题日益突出,上述问题均是乡村聚落的空间布局形态变迁的主要原因。

因此,陕北丘陵沟壑区乡村聚落的发展应该以可持续发展理论为主要依据,根据该地区生产生活方式的变化,尊重地域文化特征与传统建筑的营造智慧,发展适宜于退耕还林之后乡村聚落的建设模式。陕北丘陵沟壑地区农业区农村社区规划建设,要创造良好的乡村居住环境,改善居住条件,把乡村建设成为高起点、高标准的现代化乡村。

乡村聚落是一个较为复杂的系统,主要是由生存环境、社会群体以及个体的人所组成,并且具有整体化、动态性、地域特征鲜明等特点。转型之后的乡村聚落应当符合新的生态环境需求,并且在维护已有的生态修复成果之上,逐步提高陕北丘陵沟壑区乡村人居环境质量,节约耕地,增强抵御自然灾害的能力,适应新时期的生产生活方式及自然生态环境,并促使人与自然、城镇与乡村、现代与传统之间的协调共同发展。

退耕还林工程实施至今,陕北丘陵沟壑区乡村聚落受到巨大的影响,生产生活方式发生了改变,不再依靠传统农耕度日,摆脱了劳作半径的制约,发展了新的、多种生产方式。种植经济作物、发展阳光大棚产业、养殖生猪和羊、发展旅游以及相关产业的链条已经开始形成。由此,在退耕还林之后,陕北丘陵沟壑区乡村聚落的发展建设模式不再依据地形地貌条件进行划分,而是以生产方式的不同作为主要的划分依据。然而陕北丘陵沟壑区山地多,川道少,因此在探讨其发展建设模式时与地形地貌条件密切相关,不可割裂。

综上所述,退耕还林工程实施之后,陕北丘陵沟壑区乡村聚落发生了巨大的变化,在这重要的历史转型时期,该地区的乡村聚落呈现出由"零散"走向"集聚",土地资源不断整合,产业结构转型,劳动力解放后的二次就业,基础设施建设的投入不足等现象和问题。对于乡村聚落来说,乡村产业的发展是一切发展的基础与根本保证,只有推行科学合理的产业发展模式,不断提高该地区乡村聚落的经济发展水平与农户的收入水平,才是解决该地区乡村聚落未来发展的主要渠道。针对不同的产业发展模式,乡村聚落的选址、布局形态与居住建筑特征有所差异,笔者提出了以不同产业模式划分乡村聚落类型的方法,并根据产业模式的不同特征,探讨了以下三种陕北丘陵沟壑区乡村聚落适宜的发展建设模式。

5.4 模式一:以维护生态修复成果为主的乡村聚落发展建设模式

5.4.1 模式的选择

退耕还林之后,陕北丘陵沟壑区内植被覆盖率增加,水土流失减少,生态环境改善显著;政府给予退耕农户一定的粮食与经济补贴,使他们的基本生活有所保障。但是随着退耕还林工作的不断深化、进入后期巩固阶段,退耕的补贴力度正在逐年下降,后期的管理与维护工作量也极为庞大,那么如何保证农户们在退耕后不复耕,并能够进一步巩固退耕成果,就成为该地区乡村聚落今后发展的关键问题。针对这个问题,笔者提出了以维护生态修复成果为主的乡村聚落发展建设模式。

这种发展建设模式是以维护生态修复成果为主,大力发展山地经济作物种植的一种模式,主要是针对山地丘陵沟壑区的乡村聚落群。

由于陕北丘陵沟壑区山地众多,川道地较少,把乡村聚落全部搬迁到川道地几乎不可能,因此有相当数量的村落仍然居于山区当中。此类聚落在退耕还林之后可耕之地很少,随着政府补贴的减少,今后的生活来源就岌岌可危。因此大力发展经济作物种植是一条可持续发展的出路。

陕北丘陵沟壑区属干旱、半干旱气候,水资源严重紧缺,是西北旱作区的典型代表,长久以来主要是种植耐旱的农作物,例如豆类、谷物、土豆、南瓜等,但是退耕之后,农户失去了用于生产的土地,传统的农业生产模式被打破。因此,可在此种植沙棘或者山地苹果,使农户们既有很好的生活来源,又巩固退耕成果。种植经济作物不仅可以保持水土,增加山体的植被覆盖率,改善生态环境,其巨大的经济收益还可以稳步提高农户的收入,促进当地的经济发展,同时还可以带动周围乡村的共同发展,提供就业机会,发展区域经济。因此,为了巩固退耕成果,提高农户的收入水平,发展地方经济,种植经济作物是一举两得的不二之选。对于陕北丘陵沟壑区,主要是发展山地苹果、大枣、沙棘、香菇等经济作物的种植。

5.4.2 相关技术支持[①]

由于陕北丘陵沟壑区光照充足、昼夜温差大、通风好,生产的苹果色泽鲜艳、含糖量高、肉质细而脆,深受消费者青睐,尤其是山地苹果,在激烈的市场竞争当中,价格独占鳌头,已成为当地最大的特色产业之一。但因当地降水的65%以上集中在汛期,也就是7—9月,而苹果的生长发育关键时期在4—6月,这时的降雨量少,根本无法满足苹果的生长需求,再加上日照强、蒸发量大,导致苹果的生产处于干旱缺水的

---

① 源自"十一五"国家科技支撑计划重大项目中的"西北旱作农业区新农村建设关键技术集成与示范"课题(2008BAD96B08)。

状况下,因此灌溉水成为制约苹果生产发展的主要因素。

"西北旱作农业区新农村建设关键技术集成与示范"课题组,选择陕北的安塞县作为山地苹果节水技术综合试验示范点,针对陕北苹果的生长发育特点,综合示范集雨、保墒与节水滴灌相结合的先进高效节水技术,大幅度提高水分利用率,缓解工农业用水紧张矛盾,提升特色产业的经济效益,实现生态环境治理与农民增收的双赢目标。课题组紧紧抓住该地区干旱缺水、雨水资源利用率低的关键问题,以最具代表性的山地、旱地果园为对象,以提高产量及效益为目标,从节水灌溉、秋水春用、控制耗水、关键期调亏补水等方面出发,因地制宜,分类研究与示范节水综合技术,开发研制出调控补水包、山地膜上节水滴灌管、雨水促渗器三类新产品,示范补水包调亏补灌技术、集雨窖贮膜下滴灌技术、塑膜微集水促渗技术和农作物秸秆覆盖保墒节水四项技术,形成了相对应的技术操作规程,并在陕北安塞县沿河湾镇寨子湾村建成350亩苹果集雨节灌综合技术试验园。节水灌溉的关键产品与雨水收集和利用的方式如图5-23、图5-24所示。由此,苹果的灌溉技术得以解决,山地苹果种植的前景变得更加广阔。

5.4.3 影响因子解析

笔者针对陕北丘陵沟壑区乡村聚落的变迁与发展,在前文中提出了以影响因子作为解析该地区乡村聚落变迁与发展的研究方法,在不同地域、不同时期,由于自然因子与人文因子的变化,它们对乡村聚落的影响有所侧重,也在不断变化当中。那么,针对退耕还林后,笔者提出了以维护生态修复成果为主的乡村聚落发展模式,上述两类因子也发生了变化,如表5-3所示。

表5-3 影响模式一的因子与权重

影响模式一的因子与权重		乡村聚落选址	乡村聚落布局方式	乡村聚落规模	院落布局方式	建筑单体样式与建造材料
自然因子	地质地貌条件	▲▲	▲▲	▲▲	▲▲	▲▲
	资源分布状况(山地可种植土地为主)	▲	▲	▲		▲
	气候条件		▲▲		▲▲▲	▲▲▲
	生态环境	▲▲		▲▲▲▲		
人文因子	退耕还林政策	▲▲▲▲▲	▲▲▲▲▲	▲▲▲▲▲	▲▲▲▲	▲▲▲▲
	生活方式	▲▲▲	▲▲▲	▲▲	▲▲▲▲	
	产业模式(经济林种植)	▲▲▲▲▲	▲▲▲▲	▲▲▲▲		▲▲▲▲▲
	劳作半径	▲	▲	▲		
	社会风俗文化		▲▲		▲▲	▲
	经济发展水平		▲▲▲	▲▲▲	▲▲▲	▲▲▲
	人口状况			▲▲		
	区位条件	▲▲▲	▲▲	▲▲▲	▲▲▲	
	道路交通条件	▲▲▲▲		▲▲▲▲▲		
	基础与公共服务设施	▲▲		▲▲▲		

注:▲代表不同因子对乡村聚落影响的权重,▲越多就代表权重越大。笔者在这里把权重分为5个等级,最高级为5个▲。

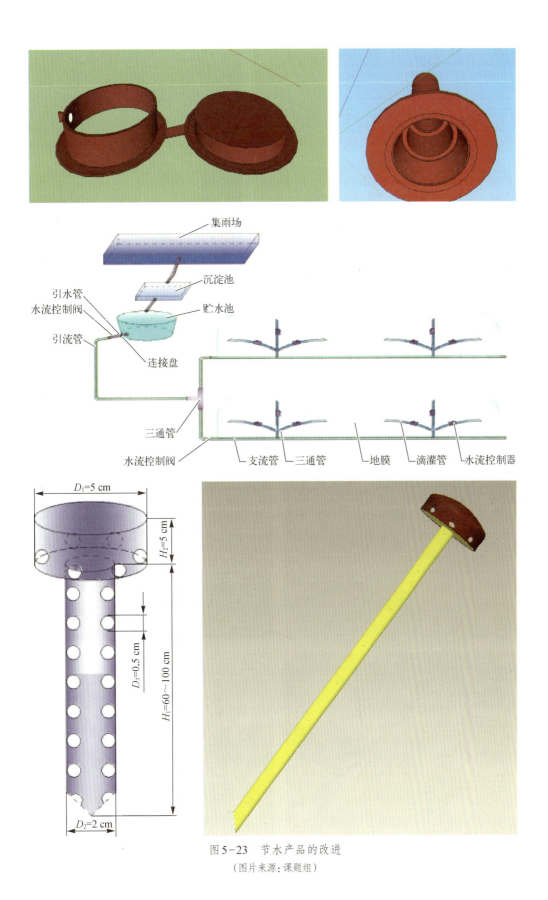

图5-23 节水产品的改进
（图片来源：课题组）

图 5-24 集雨模式及集雨场窖建设
(图片来源:课题组)

由表5-3可以看出,退耕还林工程实施之后,针对本研究提出的以维护生态修复成果为主的乡村聚落发展建设模式,自然因子与人文因子的影响也发生了变化,主要有以下特征:

(1) 影响该模式乡村聚落选址的因子解析:该类发展建设模式由于产业模式的影响,聚落的选址都在山地、丘陵沟壑区,因此,聚落的选址主要受到退耕还林政策和产业模式的影响,道路交通条件的影响稍弱,生活方式与区位条件的影响次之,地质地貌条件、生态环境条件、基础与公共服务设施对该类聚落选址的影响较小,资源分布状况与劳作半径的影响最弱,基本上不起什么作用了,这与退耕之前有很大的反差。

(2) 影响该模式乡村聚落布局方式的因子解析:针对该类发展建设模式的产业结构的特点,乡村聚落的布局方式主要受到退耕还林政策和产业模式的影响,生活方式与经济发展水平也是影响聚落布局的重要因子之一,地质地貌条件、气候条件、社会风俗文化与区位条件的影响较小,资源分布状况与劳作半径的影响最小。

(3) 影响该模式乡村聚落规模的因子解析:道路交通条件是影响该类聚落模式规模的主要影响因子,生态环境也是制约该类聚落模式的主要因子,退耕还林政策、产业模式、经济发展水平、区位条件、基础与公共服务设施的影响次之,地质地貌条件、生活方式及人口状况的影响较小,资源分布状况与劳作半径的影响最弱。

(4) 影响该模式院落布局方式的因子解析:由于山地经济作物的种植,产业模式成为影响院落布局方式的主要影响因子,退耕还林政策与生活方式的影响次之,气候条件、经济发展水平和区位条件的影响不容忽视,地质地貌条件与社会风俗文化的影响最弱。

(5) 影响该模式建筑单体样式与建造材料的因子解析:与院落布局方式相同,影响该类模式建筑单体样式与建造材料的最重要的因子是产业模式,气候条件、退耕还林政策与经济发展水平的影响较小,地质地貌条件的影响再次,资源分布状况与社会风俗文化的作用最小。

综上所述,可以看出,退耕还林政策实施之后,陕北丘陵沟壑区乡村聚落的产业发生了转型,针对维护生态修复为主的发展建设模式,自然因子与人文因子的作用也发生了改变,侧重点各有不同。针对该类发展建设模式,起决定性作用的是产业模式,退耕还林政策、生活方式、经济发展水平与区位条件是影响该类模式发展的主要影响因子。因此在乡村规划与建筑设计时应把主要的影响因子作为重点的参照对象进行研究,设计适宜该地区产业模式发展的,生态可持续的乡村聚落规划与建筑设计方案。

5.4.4 乡村聚落发展建设模式

5.4.4.1 乡村聚落选址与规模

以维护生态修复成果为主的发展建设模式,主要是指以种植经济作物为主的发展模式。由于该类模式主要是在山地地区种植经济作物,因此,乡村聚落的选址主要位于丘陵沟壑区。聚落营建地多选取丘陵沟壑中的山谷地带,山崖或沟谷的稳定性较好,聚落周围呈丘陵山体环抱之势,聚落建在等高线较缓的区域,有良好的日照、避风、向阳、

图 5-25 安塞县高石狮子前后村民小组
(图片来源:作者自摄)

图 5-26 高石狮子前后村民小组种植的山地苹果
(图片来源:作者自摄)

避开容易滑坡与坍塌及断裂的地带,在周围山地丘陵上种植经济作物(图5-25)。

该类聚落的规模受到道路交通条件和生态环境容量的限制,因此应因地制宜,根据山地的种植量与聚落建设用地的承载力来发展。

这里需要指出的是,该类模式中道路交通条件的影响十分关键。由于该类聚落种植山地经济作物,需要向外界运输果品,因此交通条件决定了其发展的规模。

安塞县沿河湾镇方塔村的高石狮子前后村民小组建设的山地苹果繁育基地(图5-26)就是此类聚落发展模式的代表,该乡村聚落是典型的山地沟壑型乡村聚落,聚落建筑群分布于山谷中,周围山上种满了山地苹果。

图5-27 高石狮子前后村民小组紧凑的聚落布局
(图片来源：作者自摄)

5.4.4.2 乡村聚落的布局形式

该类乡村聚落以种植山地型经济作物为主要的生产模式，聚落群体布局主要是依山就势，沿着丘陵沟壑间的缓坡营建，成带状展开，沿着山体道路不断延伸。该类聚落布局较为集中、紧凑，农户住宅院落之间联系紧密（图5-27）。

5.4.4.3 建筑院落与建筑单体样式

该类乡村聚落的产业模式决定了它需要独立的院落进行经济作物的储存与加工，每家都还保有少量的耕地以种植日常所需的农产品。因此，适宜修建独立式院落，集储藏（图5-28）、晾晒、收获为一体，并能停放农用机车（图5-29）。

农户们随着收入的稳步提高，生活水平也不断提升，对居住条件以及环境的要求不断提高，因此对于收入高、条件较好的该类模式下的农户，可以修建合院式的窑洞院落（图5-30、图5-31）。这种建筑院落极具地方特色，又符合该类模式的农户居住要求，继承了陕北丘陵区传统窑居的传统特色，又为其注入了新的活力，保持了山地地区特有的建筑肌理，很好地与自然环境融合在一起。

5.4.4.4 绿色建筑技术

针对该类乡村聚落的特点，可以看出，在聚落的布局与建筑的选择上基本沿用了传统窑居院落的营建模式，但是随着新技术的不断发展，传统窑居也在不断地优化当中。

图5-28 储存苹果的地窖
(图片来源：作者自摄)

图5-29 独院式窑居
（图片来源：作者自摄）

经济技术指标：
总建筑面积：96.3 m²
占地面积：215.5 m²

剖面图

窑洞正立面图

院落围墙正立面图

图5-30 安塞县方家河村窑洞院落设计案例
（图纸来源：课题组绘制）

效果图1

效果图2

效果图3

效果图4

1. 清洁可再生能源与节能技术的开发利用

乡村的清洁可再生能源及节能技术主要包含太阳能、沼气池、节能灶、节能炕等。陕北地区太阳能资源丰富，日照量充足，日照时数长，太阳能的应用前景十分广阔，且现在已经比较普及，主要应用是在厕所顶部安装太阳能热水器（**图5-32**），用于日常洗浴与发电，以提高农户的生活水平，节约能源；此外还有利用太阳能养殖牲畜的。

"三位一体"沼气池是把厕所、太阳能牲畜舍与地下沼气池连在一起建设，达到改厕、改圈、改院的效果，综合效益明显，主要原理如**图5-33**所示。

图5-31 安塞县方家河村窑洞院落设计案例效果图
（图纸来源：课题组绘制）

图5-32 农户家在厕所顶部安装的太阳能热水器
（图片来源：作者自摄）

图5-33 沼气池生态模式运行示意图
（图片来源：作者自绘）

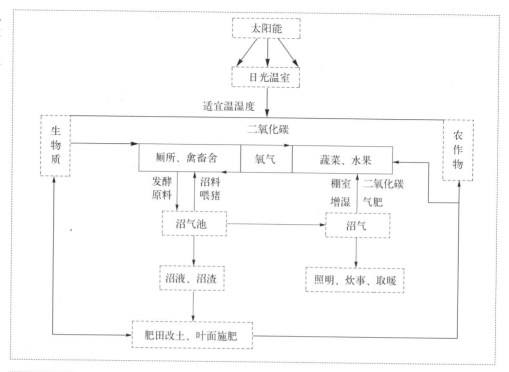

图5-34 架空炕结构示意图
1-灶；2-进烟口；3-隔墙；4-炕面板；5-底板支柱；6-面板支柱；7-炕底板；8-抹面泥；9-保温层；10-烟囱；11-烟插板；12-前炕墙；13-阻烟板；14-阻烟墙
（图片来源：作者自绘）

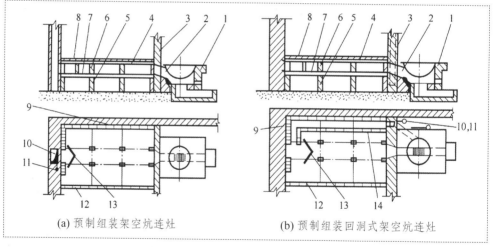

(a) 预制组装架空炕连灶　　(b) 预制组装回洞式架空炕连灶

节能炕的应用有利于节省燃料，取暖效果好，室内热环境质量好，操作简单，使用方便，无异味，安全卫生。新型节能炕主要有两类，一类是架空炕，也叫吊炕（图5-34），另一类叫作节能地炕，炕面实际上是屋内的地面。火炕在北方地区应用极广，这也是窑洞建筑的特色之一。

2. 环境整治与基础设施建设

该类发展模式居住环境的整治应遵循因地制宜、经济适用、节约环保、注重乡土特色等原则，主要是针对河道的治理，规范防洪渠的建设，以及晾晒场地、建设用地、景观环境、公共场地以及基础服务设施的整治等方面。

生活垃圾的处理包括模式的选择，垃圾收集及运输以及资源化利用等，如图5-35所示。

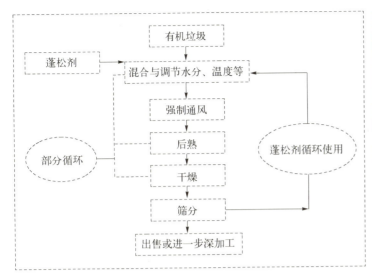

图5-35 生活垃圾处理
（图片来源：作者自绘）

基础设施建设包括给水设施与污水处理技术的应用。该类发展建设模式由于农户居住较为集中，因此主要考虑采用集中式给水方式。不同给水方式的适用条件如表5-4所示。

表5-4 不同给水方式的适用条件

考虑因素	集中式给水	分散式给水
地理位置	距城镇较近	偏远地区
水源条件	水源集中、水量充沛、水质较好	水源分散、水量较小
地形条件	平原地区	山区和丘陵地区
用户条件	居民点集中	居民点分散
经济条件	相对发达地区	相对贫困地区

排水系统与污水的处理技术主要包括污水物化处理技术、污水生物与生态处理技术以及结合处理技术（**图5-36**）。

厕所的改造，包含农户的自家厕所与村落的公共厕所改造，主要包括三格化粪池厕所、三联通沼气池厕所等类型（**图5-37**、**图5-38**）。

上述新技术、新能源的应用不仅适用于该类发展建设模式，还广泛适用于陕北丘陵沟壑区的传统乡村聚落，是传统窑居焕发新活力的根本保证。

由上可见，这种发展建设模式具有巩固生态修复成果、提高农户经济收益、传承传统地域文化与建筑特色的特征。以种植经济作物为主要的生产方式，建筑群体布局依据地形沿沟谷展开，形态灵活多变，居住较为集中，吸纳性强，可以带动周围乡村共同发展，形成"中心村"。这里要指出的是，由于聚落建筑群仍然居于丘陵沟壑地区，因此受到地形限制较大，聚落规模及人口的容量都受到环境因素的制约，不能超出环境容量的上限。

综上所述，大力发展经济作物的种植，对于退耕还林成果的后期巩固能起到良好的成效，对于陕北丘陵沟壑区生态修复的意义重大，乡村聚落的人居环境能够得

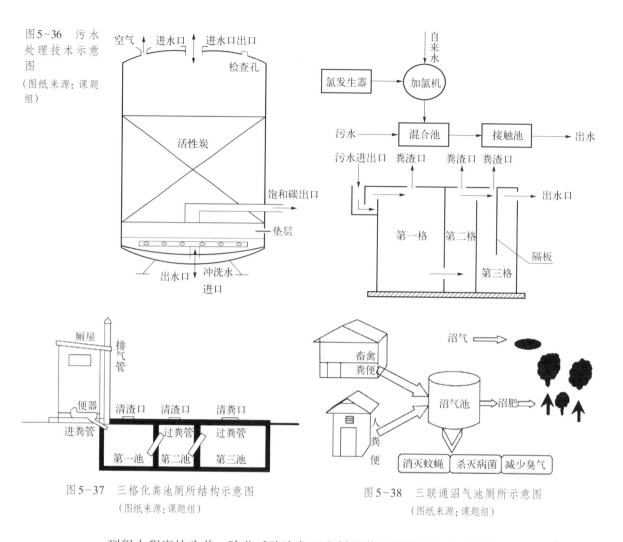

图5-36 污水处理技术示意图
(图纸来源：课题组)

图5-37 三格化粪池厕所结构示意图
(图纸来源：课题组)

图5-38 三联通沼气池厕所示意图
(图纸来源：课题组)

到很大程度的改善。陕北丘陵沟壑区乡村聚落的发展与生态环境紧密相连,农户对生态环境的保护变为由下而上的、自发的状态,乡村聚落居民的生活稳定,收入稳步提高,经济发展迅速,对于居住环境及建筑的要求也不断提高,将促进该地域的全面发展。今后,在发展较成熟的山地苹果培育基地,还可以发展具有季节性特征的"采摘式"旅游业,对于居住条件较好的农户,可以设立"民宿"点,为旅游人群提供住宿、餐饮等服务(图5-39)。

这里需要指出的是,该类发展建设模式,由于聚落群体仍然位于丘陵沟壑区的内部,对于自然灾害的抵御能力有限,修建道路以及排洪渠十分关键,应根据地形特征科学规划排洪渠与排水管道。

5.5 模式二：以设施农业及设施养畜业为主的乡村聚落发展建设模式

5.5.1 模式的选择

退耕还林之后,地处川道地的乡村聚落持有的耕地面积与山地聚落相比较多,

图 5-39 高石狮子前后村村民小组独院式窑洞院落内景
（图片来源：作者自摄）

图 5-40 安塞县侯沟门村阳光大棚与养猪场
（图片来源：作者自摄）

但是由于聚落集中，人口密集，退耕导致人均耕地面积下降显著。因此，如何合理高效地利用宝贵的川道地土地资源就成为该类聚落面临的主要问题。依靠传统农耕显然远不能满足人口增长的需求，因此就出现了设施农业与设施养畜业。可以说除了前述山地经济作物种植之外，此类产业模式也是陕北丘陵沟壑区乡村聚落极具代表性的产业模式。目前，设施农业已经成为该地区普及面最广的生产方式之一，独具陕北丘陵沟壑区特色的阳光大棚种植业就是其中的范例，牲畜养殖场与阳光大棚共同发展，成为支撑地方经济发展的主要方式（**图 5-40**、**图 5-41**）。

这种发展建设模式主要针对地处川道等较为平坦地区的乡村聚落，今后会逐渐向山地地区发展，形成阶梯状的设施农业与设施养畜的集约化生产链条，但是目前还较少。

此类模式以大棚农业为主要的生产劳作方式，依靠在大棚内种植蔬菜与水果作

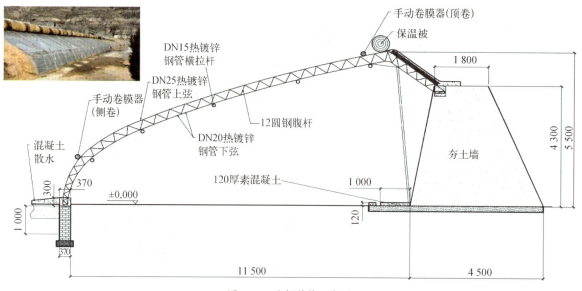

图 5-41 大棚结构示意图
（图纸来源：课题组）

为生活来源。大棚的周围一般建设有养殖场，养殖生猪和羊，牲畜的粪便可以为大棚内作物提供肥料，大棚内季节交替的产出物又可以喂食牲畜，由此形成一个良性的自给自足的生产链条。基于此项产业的发展，运输、销售等产业链条已经形成，公司化集约管理模式也已形成，现代化的生产经营模式初具规模。

5.5.2 相关技术支持[①]

此种发展建设模式的关键技术是阳光大棚与养殖场之间循环模式的建立。课题组设计了适合农户家庭的"五位一体"循环农业模式以及庭院循环的"猪—沼—菜"发展模式（图 5-42～图 5-45）。

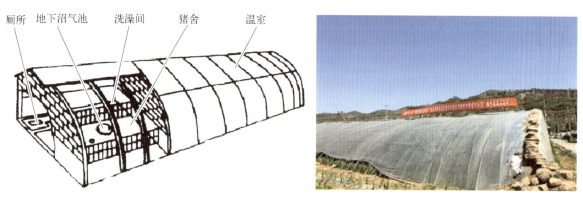

图 5-42 "五位一体"养猪模式立体图
（图纸来源：课题组）

[①] 源自"十一五"国家科技支撑计划重大项目中的"西北旱作农业区新农村建设关键技术集成与示范"课题（2008BAD96B08）。

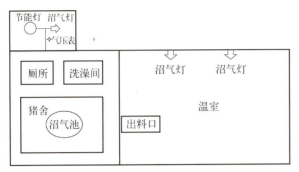

图 5-43 "五位一体"养猪模式平面图
（图纸来源：课题组）

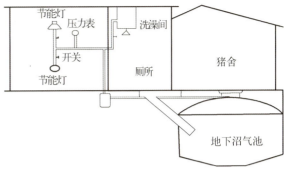

图 5-44 "五位一体"养猪模式局部平面图
（图纸来源：课题组）

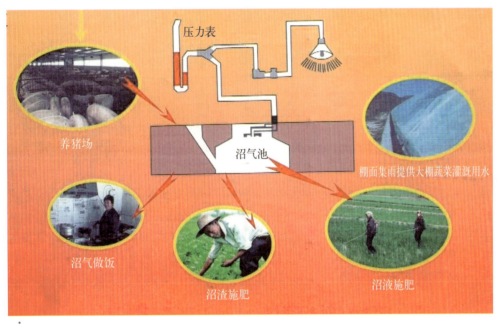

图 5-45 "猪-沼-菜"发展模式
（图片来源：课题组）

5.5.3 影响因子解析

退耕还林之后，针对以设施农业与设施养畜业为主要产业模式的乡村聚落发展建设模式，影响该类乡村聚落发展模式的因子及其权重如表 5-5 所示。

表 5-5 影响模式二的因子与权重

影响模式二的因子与权重		乡村聚落选址	乡村聚落布局方式	乡村聚落规模	院落布局方式	建筑单体样式与建造材料
自然因子	地质地貌条件	▲▲▲▲		▲▲▲▲		
	资源分布状况（土地资源为主）	▲▲	▲▲	▲		▲
	气候条件				▲▲	▲▲
	生态环境	▲▲		▲▲▲▲		

179

续表

影响模式二的因子与权重		乡村聚落选址	乡村聚落布局方式	乡村聚落规模	院落布局方式	建筑单体样式与建造材料
人文因子	退耕还林政策	▲▲▲▲▲	▲▲▲▲▲	▲▲▲	▲▲▲▲	▲▲
	生活方式	▲▲	▲▲▲▲	▲	▲▲▲▲	
	产业模式(设施农业与设施养畜业)	▲▲▲▲▲	▲▲▲▲▲	▲▲▲	▲▲▲▲▲	▲▲▲▲▲
	劳作半径					
	社会风俗文化		▲			
	经济发展水平		▲▲	▲▲▲	▲▲	▲▲▲▲
	人口状况		▲▲	▲▲▲		
	区位条件	▲▲		▲▲▲	▲▲	
	道路交通条件	▲▲▲▲		▲▲▲▲▲		
	基础与公共服务设施	▲▲		▲▲▲		

注：▲代表不同因子对乡村聚落影响的权重，▲越多就代表权重越大。笔者在这里把权重分为5个等级，最高级为5个▲。

由表5-5可以看出，退耕还林工程实施之后，针对本研究提出的以设施农业与设施养畜业为主的乡村聚落发展建设模式，自然因子与人文因子的影响也发生了变化，主要有以下特征：

（1）影响该模式乡村聚落选址的因子解析：该类发展建设模式由于产业模式的影响，聚落的选址都在川道等地势相对平坦的地区，因此，聚落的选址主要受到退耕还林政策和产业模式的影响，地质地貌条件、道路交通条件的影响稍弱，资源分布状况、生态环境条件、生活方式、区位条件、基础与公共服务设施条件的影响较小。

（2）影响该模式乡村聚落布局方式的因子解析：针对该类发展建设模式的产业结构的特点，乡村聚落的布局方式主要受到退耕还林政策和产业模式的影响，生活方式的影响次之，资源分布状况、经济发展水平与人口状况的影响较小，社会风俗文化影响最弱。

（3）影响该模式乡村聚落规模的因子解析：道路交通条件是影响该类聚落模式规模的主要影响因子，地质地貌条件、生态环境也是制约该类聚落规模的主要因子，退耕还林政策、产业模式、经济发展水平、人口状况、区位条件、基础与公共服务设施条件的影响次之，资源分布状况与生活方式的影响最小。

（4）影响该模式院落布局方式的因子解析：由于设施农业与设施养畜业的发展，产业模式与生活方式成为决定该模式院落布局的主要影响因子，退耕还林政策的影响次之，气候条件、经济发展水平和区位条件的影响相对较弱。

（5）影响该模式建筑单体样式与建造材料的因子解析：与院落布局方式相同，影响该类模式建筑单体样式与建造材料的最重要的因子是产业模式，经济发展水平的影响次之，气候条件、退耕还林政策与经济发展水平的影响较小，资源分布状况的影响最弱。

综上所述，退耕还林政策实施之后，陕北丘陵沟壑区乡村聚落的产业发生了转型,针对以设施农业与设施养畜业为主的乡村聚落发展建设模式,自然因子与人文因子的作用也发生了改变,侧重点各有不同。针对该类发展建设模式,起决定性作用的是产业模式,退耕还林政策、生活方式、经济发展水平以及道路交通条件是主要影响因子。因此在此类建设模式的规划与建筑设计时应着重关注与产业模式相结合,研究设施农业与设施养畜业的产业特征,体现产业特点,并结合相应的生产生活方式。

5.5.4 乡村聚落发展建设模式

5.5.4.1 乡村聚落选址与规模

以设施农业与设施养畜业为主的乡村聚落发展建设模式,主要是以发展大棚种植与牲畜养殖这两种产业为主的发展模式。由于该类发展模式多数选择地势平坦的川道地,因此,乡村聚落的选址主要在川道地或者坝地上。聚落群体的营建多选取靠近大棚或者养殖场的地方。早期大棚农业刚起步之时,大棚的建设与住宅的修建是相结合的,但是村落没有统一规划,较为零散,且浪费宝贵的土地资源。现在大棚的入口处仍保留有小型的住房(图5-46),主要是提供休息与少量储藏的空间,而居住建筑群已经大量地集中在道路或者大棚的周围修建。

该类聚落由于所处地势平坦,居住密度高,人口密度大,且在发展的过程中还不断地吸引周边居于山区中的零散聚落不断向其集中,因此其规模最大。

5.5.4.2 乡村聚落的布局形式

这种以发展设施农业与设施养畜业为主的乡村聚落发展建设模式,摆脱了传统的农业生产方式与居住模式,向更为集中的方向发展。产业模式的改变,生产生活方式的变化,导致农户们在大棚中就可以完成所有的劳作活动,传统的居住方式已经不能适应该类聚落的发展,而且为了更好地节约川道地宝贵的土地资源,该类聚

图5-46 安塞县侯沟门村阳光大棚旁的住宅
(图片来源:作者自摄)

图5-47 安塞县侯沟门村集中式住宅群落
（图片来源：作者自摄）

落可以参考城镇的居住模式，采用较为集中的居住方式，只要预留车辆的停放场地即可（图5-47）。

安塞县沿河湾镇的侯沟门村，就是发展以大棚农业和养猪与养羊为主的产业，取得了较大的经济收益，大棚种植、蔬菜运输与加工、牲口饲养与售卖已形成较为完备的产业链条。

在此种发展建设模式下，乡村聚落的经济发展迅速，农户收入提高很快，并且为周边邻近的乡村聚落提供了就业机会，带动了周边的乡村聚落共同发展，因此具有极强的吸纳效应，自身发展的同时，能够吸引周边的聚落不断向核心区汇集，形成规模越来越大的"中心村"效应。此类乡村聚落的布局方式主要是沿着主干道或者河谷的两侧修建，距离劳作的大棚和养殖场很近。

5.5.4.3 建筑院落与建筑单体样式

退耕还林工程实施之后，陕北丘陵沟壑区乡村聚落传统的农耕模式被打破，生产生活方式发生巨大变化，产生了大量的剩余劳动力，外出务工成为多数年轻人收入的主要来源；与此同时，经济作物种植、生猪、羊养殖以及第三产业发展迅速，为陕北丘陵区乡村聚落的人居环境建设带来新的活力。当地政府主要投资，当地农户部分出资新建了大量集中式的住宅建筑群落，完备的基础与公共服务设施、便捷的交通、方便的饮用水等都是该类集中式住宅的优势所在，这也是陕北丘陵地区乡村聚落今后发展的趋势。

此类发展建设模式由于产业模式的特点，农户对居住模式的需求发生了变化，传统的窑洞院落式住宅已经不能适应新的生产生活方式，因此，该类模式主要考虑集中式建筑群营建，现代化的室内布局与技术的引入，与城镇人口的居住模式已经十分接近，已经初步具备工业化发展的性质。

农户不再需要背着锄头赶着牛下地耕作，一切劳作活动均在大棚或者养殖场内进行,因此,生活方式发生了变化,集中式的现代化住宅新型社区、物业化管理、公共活动场地的建设是此类发展建设模式的特征(图5-48~图5-51)。

综上所述,发展循环农业和庭院循环农业模式为主的设施农业与设施养畜业,是这种发展建设模式的主要产业模式。此种发展建设模式的乡村聚落建筑群体布局受地形条件限制较弱,适宜采用集中式的居住模式,以便有效地节约宝贵的土地资源,聚落的建设由传统的、低层的、沿丘陵沟壑呈水平发散式的窑洞住宅向集约式的、垂直发展的集中式住宅转型。建筑院落不复存在,取而代之的是公共的室外场地,建筑单体样式不受限制,但是仍应尊重地域特点与生态环境特征,设立社区服务中心,配以现代化的设施与管理,与城镇居住条件相当。由此,这种发展建设模式的居住方式开始向城镇看齐,建设现代化的新型居住社区成为必然趋势。

此类乡村聚落由于地势较为平坦,且距离道路近,交通便利,基础设施比较完备,因此减灾防灾设施较为齐全。

图5-48　侯沟门村新建集中式住宅内景
(图片来源:作者自摄)

图5-49　侯沟门村居住社区的活动场所
(图片来源:作者自摄)

图5-50　安塞县集中式新建住宅(一)
(图片来源:作者自摄)

图5-51　安塞县集中式新建住宅(二)
(图片来源:作者自摄)

5.6 模式三：以旅游开发为主的乡村聚落发展建设模式

5.6.1 模式的选择

陕北丘陵沟壑区长久以来的生产方式主要是以自给自足的小农经济为主，靠天吃饭，生活条件艰苦，仅能勉强温饱，有的农户甚至连温饱都解决不了，生活没有基本的保障。乡村聚落的人居环境及周围的自然环境都极为恶劣，与景观无关。一片黄土一片天，山体都是秃的，垃圾与粪便随意丢弃，十分脏乱。

退耕还林之后，政府给退耕农户发放一定的经济与粮食补贴，解决了他们的基本生活问题，解放了大批的青壮年劳动力，农户的生活条件有了极大的改善，生活水平也逐渐好转，对生活的需求不断增加。陕北丘陵沟壑区乡村聚落改变了原来的面貌，人居环境与自然生态环境改善显著，植被覆盖率显著提高，山变绿了，天变蓝了，乡村景观焕发出勃勃生机。

该类发展建设模式主要针对生态环境较好、旅游资源丰富、地域风俗文化特征显著的陕北丘陵沟壑区乡村聚落。

陕北丘陵沟壑区的地域文化博大精深，极具地方特色，非物质文化遗存丰富，例如安塞冯家营的腰鼓文化、绥德田庄的剪纸艺术（图5-52）等，地域建筑特色显著且山地自然景观独特。基于以上丰富的地域文化资源、地域建筑资源以及地貌特征考量，该地区可发展与旅游开发项目相结合的乡村聚落发展建设模式，即本研究提出的第三种以旅游开发为主的乡村聚落发展建设模式。

5.6.2 模式分类

陕北丘陵沟壑区地域资源丰富，地域文化历史悠久且地域特征显著，因此根据旅游开发的侧重点不同，并结合不同的开发项目可以发展以下两大发展模式。

5.6.2.1 生态旅游类

主要针对生态环境较好且地域建筑资源丰富的地区，发展生态旅游、传统地域建筑与乡土景观相结合的产业模式，结合窑洞建筑居住与农家饭，发展旅游产业。

图5-52 陕北剪纸艺术
（图片来源：百度图库）

例如，米脂县的杨家沟，位于米脂县城十里铺以东约20 km处，有陕甘宁边区政府转战延安时期毛泽东、周恩来等同志居住过的窑洞建筑院落群（图5-53、图5-54），沟内自然环境优美，植被繁茂，传统窑洞聚落众多，适宜发展生态与历史文化特色旅游（图5-55、图5-56）。因此，这里形成了以旅游开发为主的产业链条，农户的生活来源主要依靠第三产业的发展，在自家就可以开展经营，既便利又节约投资。此外还有米脂县刘家峁村的姜氏庄园、绥德县贺一村的党氏庄园等（图5-57、图5-58），这里地域建筑资源丰富，通过旅游开发与地域建筑保护相结合，在弘扬传统建筑文化的同时，也使地方实现了创收。

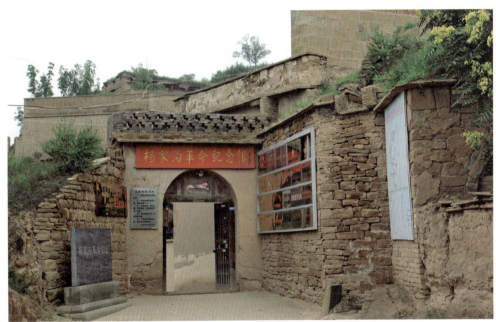

图5-53 杨家沟革命纪念馆
（图片来源：作者自摄）

图5-54 杨家沟革命纪念馆毛泽东旧居
（图片来源：作者自摄）

图5-55 杨家沟生态环境
(图片来源:作者自摄)

图5-56 杨家沟山地式传统窑洞群落
(图片来源:作者自摄)

(左)图5-57 米脂县刘家峁姜氏庄园
(图片来源:作者自摄)

(右)图5-58 绥德县贺一村党氏庄园
(图片来源:作者自摄)

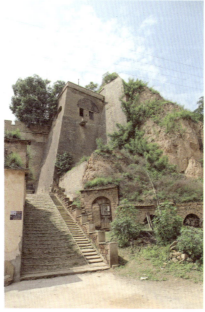 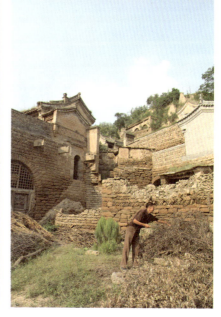

5.6.2.2 民俗文化旅游类

以安塞县腰鼓文化村冯家营村为例。安塞腰鼓闻名天下,其源头就是冯家营村,主要针对该地区地域文化较为丰富的特点,在极具非物质文化遗产特征的地域考虑发展以地域文化为主的旅游开发模式。冯家营村,距离安塞县城7.3 km,交通便利,现今依靠教授腰鼓课程为生的农户很多,每家农户都会打腰鼓,还有一个专门制作腰鼓的手工作坊(图5-59),外出演出也是生活来源之一。

图5-59 冯家营村制作腰鼓的农户家
(图片来源:作者自摄)

综上所述,该类发展建设模式主要是以人文景观与自然景观为主,因此具有尊重地域特色、因地制宜、生态环保的特点。

5.6.3 影响因子解析

退耕还林之后,农户失去耕地,生产与生活方式变化显著,针对此类以旅游开发为主的乡村聚落发展建设模式,影响其聚落发展与变迁的因子及其权重如表5-6所示。

表5-6 影响模式三的因子与权重

影响模式三的因子与权重		乡村聚落选址	乡村聚落布局方式	乡村聚落规模	院落布局方式	建筑单体样式与建造材料
自然因子	地质地貌条件	▲▲▲	▲▲▲	▲▲▲	▲▲	▲▲▲
	资源分布状况(自然与人文资源)	▲▲▲▲▲	▲▲▲▲▲	▲▲▲	▲▲▲	▲▲▲
	气候条件		▲▲		▲▲▲▲	▲▲▲▲
	生态环境	▲▲▲▲		▲▲▲▲		▲▲▲
人文因子	退耕还林政策	▲▲▲▲	▲▲▲▲	▲▲▲		
	生活方式	▲▲▲▲	▲▲▲▲		▲▲▲	▲▲
	产业模式(旅游开发)	▲▲▲▲	▲▲▲▲	▲▲▲▲	▲▲▲▲	▲▲▲▲▲
	劳作半径					
	社会风俗文化	▲▲▲▲▲	▲▲▲▲		▲▲▲▲	▲▲▲▲
	经济发展水平		▲▲▲	▲▲▲▲	▲▲	▲▲▲
	人口状况			▲▲▲		
	区位条件	▲▲			▲▲	▲▲
	道路交通条件	▲▲▲▲		▲▲▲		
	基础与公共服务设施	▲▲		▲▲		

注:▲代表不同因子对乡村聚落影响的权重,▲越多就代表权重越大。笔者在这里把权重分为5个等级,最高级为5个▲。

由表5-6可以看出，由于退耕还林政策的实施，针对本研究提出的以旅游开发为主的乡村聚落发展建设模式，自然因子与人文因子的影响也发生了变化，主要有以下特征：

（1）影响该模式乡村聚落选址的因子解析：该类发展建设模式由于产业模式的影响，聚落选址都位于生态景观良好或者地域建筑资源丰富的地区，因此，资源分布（这里主要是指自然与人文景观）、生态环境、产业模式与社会风俗文化的影响居于主导地位，退耕还林政策、生活方式、道路交通条件的影响次之，地质地貌条件影响较弱，区位条件、基础与公共服务设施的影响最小。

（2）影响该模式乡村聚落布局方式的因子解析：针对该类发展建设模式的特点，该类乡村聚落的布局模式基本延续了陕北传统乡土建筑的特色，因此资源分布状况、退耕还林政策、产业模式是主要的影响因子，生活方式与社会风俗文化稍弱，地质地貌条件与道路交通条件影响次之，气候条件也有影响，但是最小。

（3）影响该模式乡村聚落规模的因子解析：针对该类发展模式，产业模式的发达程度直接关系到乡村聚落的发展规模，因此，产业模式与退耕还林政策对其有决定性的影响，生态环境与经济发展水平对于聚落规模的影响不容忽视，地质地貌条件、资源分布状况、退耕还林政策、人口状况及道路交通条件的影响次之，基础与公共服务设施的影响最弱。

（4）影响该模式院落布局方式的因子解析：由于旅游产业的发展，产业模式与生活方式成为决定建筑院落布局的主要影响因子，气候条件、退耕还林政策及社会风俗文化的影响次之，地质地貌条件、资源分布状况、经济发展水平和区位条件的影响相对较弱。

（5）影响该模式建筑单体样式与建造材料的因子解析：影响该类模式建筑单体样式与建造材料的最重要的因子是产业模式，经济发展水平的影响次之，气候条件与社会风俗文化的影响也很大，地质地貌条件、资源分布状况、生态环境与经济发展水平都对建筑样式与材料的选择有一定的影响，退耕还林政策、生活方式及区位条件的影响相对较小。

综上所述，退耕还林政策实施之后，陕北丘陵沟壑区生态环境得到很大程度的改善，产业模式不断变化，以旅游开发为主的乡村聚落发展建设模式，自然因子与人文因子的作用也发生了改变，侧重点各有不同。针对该类发展建设模式，起决定性作用的仍然是产业模式和退耕还林政策，但是资源分布与社会风俗文化的影响十分关键，同时因该类模式更注重地域文化的传承，因此地质地貌条件的影响上升到较为重要的地位。由此，在规划与建筑设计时，应考虑旅游区域的文化与地域建筑的特征，并与周围环境相互融合。因此设计前期应对聚落及旅游资源所处环境与类型加强研究，为规划与设计该类乡村聚落打下良好的前期基础。

5.6.4 乡村聚落发展建设模式

5.6.4.1 乡村聚落选址与规模

以旅游开发为主的乡村聚落发展建设模式，对于旅游资源的选择十分关键，因此旅游资源的丰富与否是决定其聚落选址的主要因素。聚落的选址一般都在距离旅游资源较近的地方，围绕其发展与布局，与环境及资源协调发展（图5-60）。

图5-60 米脂县杨家沟周边聚落
(图片来源：作者自摄)

在这些地区，农户们可以将自家居住的窑洞住宅作为对外经营的场所，发展旅馆、餐饮、休闲、商业等第三产业，在促进地方经济发展的同时，也提高了农户的收入水平，同时对于逐渐转好的生态环境进行有效的巩固。此种发展建设模式不拘泥于沟壑型、台塬型或者川道型乡村聚落，主要是以乡村聚落所处的地方特征来进行划分，因此，仅对于生态环境良好的、非物质文化遗产丰富的、有古建筑群落及建筑旧址的乡村聚落适用。

该类聚落的规模一般不会很大，以免对生态环境及地域建筑群造成过多的负面干扰，因此，聚落的规模会随着开发的力度有所变化，但是总体而言较为适中。

5.6.4.2 乡村聚落的布局形式

此类聚落的布局形式不局限于该地区一般的山地聚落布局方式，由于旅游产业开发的影响，它们呈现出围绕旅游资源展开，布局自由、灵活的特征。

针对不同的开发模式，聚落的布局不尽相同，针对生态旅游开发模式，呈现出距离旅游资源越近密度越高、布局越紧密，距离旅游资源越远布局越稀疏、较为零散的特点。

针对地域文化旅游开发，聚落的布局模式主要考虑文化场景的复原、展示与沿袭，因此要考虑提供良好的公共活动场所或者家庭式的手工作坊，以此为核心进行整体村落的布局形态设计。

如图5-61～图5-64所示，安塞县冯家营村是此种建设发展模式的设计实例，充分考虑了安塞腰鼓这一非物质文化遗产的现代价值，以弘扬与发展安塞腰鼓文化为核心进行建筑群体布局设计，预留的广场可以进行腰鼓演出与教授，公共建筑靠近道路，交通便利；现居农户的居住建筑位于公共建筑的后方，设计较为规整与集中。建筑样式的选择仍然沿用传统窑居建筑的多种元素，建筑色彩和材料与传统石窑极为接近，因此新建公共建筑群落及农家院落与陕北丘陵沟壑区的生态环境可融为一体。

图5-61 冯家营村新村规划总平面图
（图纸来源：课题组绘）

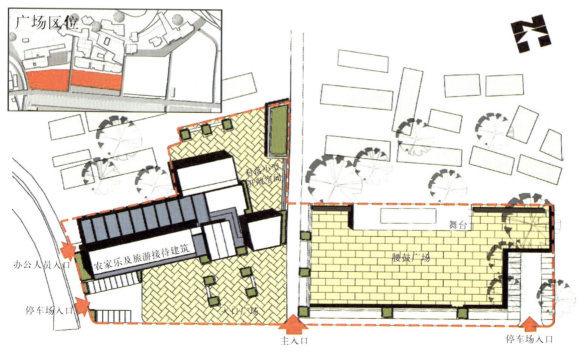

图5-62 冯家营村新村规划广场总平面图
（图纸来源：课题组绘）

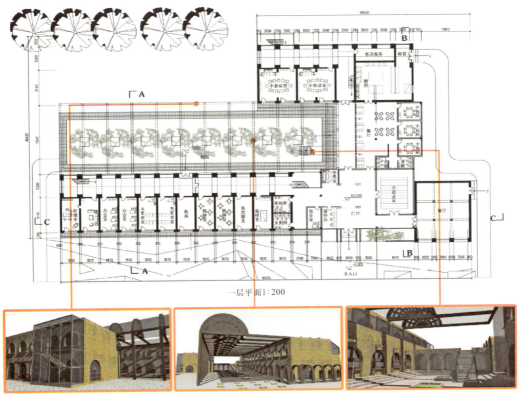

图5-63 冯家营村新村农家乐接待中心建筑设计(一)
(图纸来源:课题组绘)

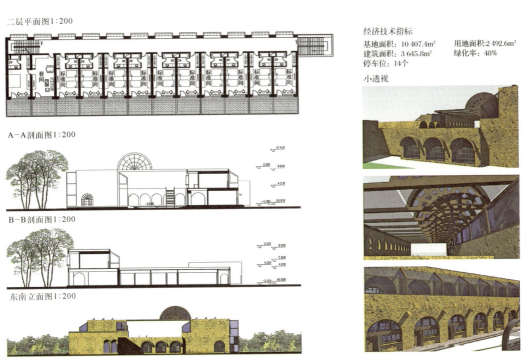

图5-64 冯家营村新村农家乐接待中心建筑设计(二)
(图纸来源:课题组绘)

5.6.4.3 建筑院落与建筑单体样式

该类发展建设模式主要是依靠旅游开发为主要的生产生活来源,因此,与旅游资源相互融合成为建筑选型的关键。由于该类型的旅游资源均与地域文化、地域建筑以及社会风俗密切相关,因此建筑院落与单体样式也主要考虑沿用陕北丘陵沟壑区传统山地聚落——窑洞聚落的特征(图5-65),以窑洞及院落为主,结合住宿、餐饮、娱乐、教育及观光为一体,体现传统地域特色,弘扬陕北特色文化与建筑。

5.6.4.4 绿色建筑技术

该类建筑聚落由于主要采用该地区传统山地聚落的营建及居住模式,因此也要不断优化传统民居,其绿色建筑技术应用与前文提到的第一种以维护生态成果为主的乡村聚落发展建设模式类似,这里不再赘述。

由此可知,这种以旅游开发为主的发展建设模式,建筑群体布局应因地制宜,根据周围生态环境进行设计,传统窑居的元素必不可少,建筑单体与群体布局及样式都要与周围环境相呼应,发展具有陕北丘陵沟壑区地域特色的乡村旅游,带动地方经济发展,扩大乡村聚落的建设规模。

综上所述,本研究针对退耕还林后陕北丘陵沟壑区乡村聚落产业转型的新特点,以产业模式作为划分该地区乡村聚落发展建设模式的主要依据,探讨以上3种发展建设模式,为乡村规划及建筑设计领域提供了切实可行的理论方法与设计依据,这也是今后乡村规划设计中应重视与考虑的主要因素。

图5-65 冯家营村新村住宅建筑设计
(图纸来源:课题组绘)

住宅参考方案一

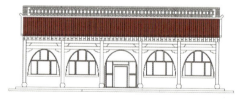

1. 本方案建筑面积180 m²,起居室满足日常的生活需要,同时农具间可以存放必要的农具,提高新窑洞内的居住质量,设有3个卧室,此户型适合人口多的家庭居住。
2. 本方案采用传统的窑洞形式,保持当地的文化传统,同时也融入古建筑的屋顶,使民居更具有文化气息。

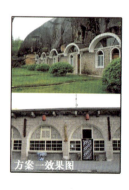

方案一效果图

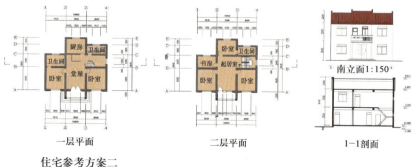

一层平面　　二层平面　　1-1剖面

住宅参考方案二

1. 本方案一层建筑面积为99.6 m²,二层建筑面积为90.4 m²,总建筑面积为190 m²。
2. 平面设计时强调节能意识,起居室、卧室等主要房间在南北两侧,楼梯在中间,上下贯通的空间使餐厅也充满阳光。
3. 厨房及卫生间统一标准,使用系列化成套厨房设备及卫生餐具,群体组合灵活,可适应不同地形,节约土地资源。

附　录[①]

附录一　退耕还林实施现状

2000年1月开始，中共中央2号文件和国务院西部地区开发会议将退耕还林（草）列为西部大开发的重要内容。2000年3月，经国务院批准（林计发〔2000〕111号）长江上游、黄河上中游地区17个省区的188个县的退耕还林试点工作正式启动。同年9月，国务院下发了《关于进一步做好退耕还林还草试点工作的若干意见》，明确了退耕还林的基本政策。

2001年，九届全国人大第四次会议正式将退耕还林列入我国国民经济和社会发展"十五"计划。2001年退耕还林增加到20个省区的224个县。退耕还林试点工程累计完成任务187.9万hm^2，其中退耕还林还草101.1hm^2，宜林荒山荒地造林86.8万hm^2。

在全国多个县市实施的试点取得了显著成绩后，2002年1月，党中央国务院决定在全国范围内启动退耕还林还草工程，工程建设范围涉及25个省（自治区、直辖市）及新疆生产建设兵团，共1 889个（市、区、旗）。至此，我国的退耕还林工作进入全面启动阶段。

2005年11月16日，国家林业局举行退耕还林工程"十一五"构想新闻发布会，宣布在巩固已有成果的基础上，"十一五"期间，我国将投资1 377亿元继续实施退耕还林工程，从根本上扭转水土流失和土地沙化严重的局面，为促进西部大开发战略的实施等作出更大的贡献。

截至2007年9月底，全国完成退耕还林工程总任务2 424.75万hm^2，其中退耕地还林926.1万hm^2；荒山荒地造林1 365.32万hm^2，封山育林133.33万hm^2。各年度退耕还林工程任务与完成情况见表1。

从退耕还林工程年度计划任务完成情况表可以看出，退耕还林工程任务安排大幅波动是与政策不断调整及完善密切相关的：1999年从四川、陕西、甘肃三省率先开始试点；2000年退耕还林工程试点工作正式启动；2001年进一步扩大试点范围；2002年退耕还林工程在25个省（自治区、直辖市）全面启动，任务量急剧增加；2003年退耕还林工程任务量达到峰值；2004年由于政府换届有一些结构性的调整，任务大幅度减少；2005年退耕还林工程的重点转移到荒山荒地造林；2006年退耕任务很少，自2007年开始只在荒山荒地造林，退耕还林不再进行，工程进入后期巩固阶段。

表1　1999—2007年全国退耕还林（草）工程实施成果

指标		单位	1999年	2000年	2001年	2002年	2003年	2004年	2005年	2006年	2007年
完成造林总面积		万hm^2	46.7	88.5	89.0	442.4	619.6	321.8	189.8	97.7	105.6
其中	退耕还林	万hm^2	39.7	42.8	40.5	204.0	308.6	82.5	66.7	21.9	6.0
	荒山荒地造林	万hm^2	7.0	45.7	48.5	238.4	311.0	239.3	123.1	75.9	97.7

---

① 本附录摘录自历史性的政府文件资料，故尽量保持原来的表述。

续 表

指　标	单位	1999年	2000年	2001年	2002年	2003年	2004年	2005年	2006年	2007年
种草面积	万 hm²			14.4	11.1	19.6	12.3	4.7	6.0	4.0
粮食兑现	亿 kg			4.0	51.6	86.8	156.2	279.3		
生活补助兑现	亿元			3.5	4.6	26.4	3.4	22.4		
国家投资完成总数	亿元		15.4	32.1	110.6	208.6	214.3	250.9	232.1	208.4
其中 粮食折现金	亿元			20.4	63.1	129.6	157.8	202.8		
其中 种苗费	亿元			3.3	7.4	33.1	49.8	26.7	23.8	
其中 科技投入	亿元				0.12	0.32	5.64	2.74	0.18	
其中 其他费用	亿元			4.41	14.5	23.5	27.1	15.4		6.4

数据来源：笔者根据1999—2007年《中国林业统计年鉴》整理获得。

陕西省退耕还林工程年度实施现状

全省累计完成国家退耕还林计划233.97万 hm²，其中退耕地还林101.92万 hm²，荒山荒地造林122.05万 hm²，封山育林10万 hm²。由此可见，2002年、2003年实施任务量大（详见表2）。

表2　陕西省退耕还林工程完成状况　　　　　　　　　（万 hm²）

年　份	计划退耕	退耕地还林	荒山荒地造林	封山育林
1999	8.14	2.17	6.65	—
2000	7.4	5.33	2.07	—
2001	10	4.67	5.53	—
2002	54	25.33	28.67	
2003	56	28	28	
2004	26.67	4	22.67	
2005	23.51	11.51	6	6
2006	8	1.33	6.67	
2007	9.33	—	9.33	
2008	6.67	—	4	2.67
2009	4	—	2.67	1.33
合计	233.97	101.92	122.05	10

数据来源：各年度陕西省发展和改革委员会下达计划文件。

陕西省退耕还林工程各区域实施现状

如表3所示，建设重点在陕北地区。

表3　陕西省退耕还林各区域比重

区　域	退耕还林（万 hm²）	占全省比重（%）
陕西省	233.97	—
陕北地区	112.94	48.3
关中地区	55.21	23.6
陕南地区	65.83	28.1

数据来源：各年度陕西省发展和改革委员会下达计划文件。

陕西省退耕还林工程流域实施现状

如表4所示，建设重点在黄河流域。

表4　陕西省退耕还林各流域比重

流　域	完成退耕还林（万 hm²）	占全省比重（%）	退耕地还林（万 hm²）	荒山荒地造林（万 hm²）	封山育林（万 hm²）
黄河流域	165.94	70.9	70.91	88.74	6.28
长江流域	68.03	29.1	31.01	33.30	3.72

数据来源：各年度陕西省发展和改革委员会下达计划文件。

陕西省退耕还林工程各地市实施现状

如表5、表6所示，建设重点为延安、榆林、安康。

表5　陕西省退耕还林各地市面积统计

地　市	完成总量（万 hm²）	退耕地还林（万 hm²）	荒山荒地造林（万 hm²）	封山育林（万 hm²）	占全省比重（%）
榆　林	53.65	18.95	34.24	0.81	22.9
延　安	59.29	33.49	25.06	0.74	25.3
铜　川	6.35	2.34	3.23	0.77	2.7
渭　南	17.30	6.48	9.64	1.18	7.4
西　安	2.81	1.32	0.64	0.85	1.2
宝　鸡	15.04	5.33	8.50	1.21	6.4
咸　阳	13.68	4.21	8.49	0.97	5.8
杨凌区	—	—	0.04	—	0.0
汉　中	18.97	8.51	9.20	1.26	8.1
安　康	29.55	14.27	14.33	0.94	12.6
商　洛	17.30	7.36	8.67	1.27	7.4

数据来源：各年度陕西省发展和改革委员会下达计划文件。

表6 陕西省退耕还林计划任务依据地市各年度实施面积　　　　　　　　　（万 hm²）

年度		陕西	榆林	延安	铜川	渭南	西安	宝鸡	咸阳	杨凌	汉中	安康	商洛
合计	合计	233.97	53.65	59.29	6.35	17.30	2.81	15.04	13.68	0.04	18.97	29.55	17.30
	退耕地还林	101.92	18.59	33.49	2.34	6.48	1.32	5.33	4.21	0.00	8.51	14.27	7.36
	荒山荒地造林	122.05	25.06	25.06	3.23	9.64	0.64	8.50	8.49	0.04	9.20	14.33	8.67
	封山育林	10.00	0.74	0.74	0.77	1.18	0.85	1.21	0.91	0.00	1.26	0.94	1.27
1999	合计	28.39	4.84	10.99	1.62	1.82	0.23	0.73	0.85		2.19	2.77	2.35
	退耕地还林	21.74	2.45	9.29	1.32	1.42	0.20	0.43	0.55	0.00	1.81	2.44	1.82
	荒山荒地造林	6.65	2.39	1.70	0.30	0.40	0.03	0.30	0.29	0.00	0.38	0.32	0.53
2000	合计	7.40	0.85	1.08	0.20	0.61	0.30	0.71	0.56		0.83	1.13	1.13
	退耕地还林	5.33	0.77	1.00	0.10	0.27	0.14	0.35	0.27	0.00	0.73	1.00	0.70
	荒山荒地造林	2.07	0.08	0.08	0.10	0.33	0.16	0.35	0.29	0.00	0.10	0.13	0.43
2001	合计	10.00	1.14	3.05	0.15	0.59	0.35	0.52	0.41		1.06	1.52	1.21
	退耕地还林	4.67	0.47	1.27	0.01	0.23	0.15	0.23	0.19	0.00	0.63	0.86	0.61
	荒山荒地造林	5.33	0.67	1.78	0.13	0.36	0.20	0.29	0.22	0.00	0.43	0.66	0.60
2002	合计	54.00	15.09	15.77	1.17	2.60	0.37	3.55	1.80	0.03	3.81	6.87	2.93
	退耕地还林	25.33	5.85	9.49	0.27	0.87	0.20	1.25	0.67	0.00	1.85	3.43	1.47
	荒山荒地造林	28.67	9.23	6.29	0.91	1.73	0.17	2.31	1.13	0.03	1.97	3.43	1.47
2003	合计	56.00	15.77	13.33	0.59	5.07	0.23	2.81	3.87	0.00	3.93	7.00	3.40
	退耕地还林	28.00	6.47	6.67	0.42	2.40	0.19	1.69	2.07	0.00	2.27	4.00	1.83
	荒山荒地造林	28.00	9.31	6.67	0.17	2.67	1.12	1.12	1.80	0.00	1.67	3.00	1.57
2004	合计	26.77	6.52	7.73	0.58	1.90	0.29	1.81	1.67		1.90	2.54	1.73
	退耕地还林	4.00	0.51	1.33	0.11	0.20	0.27	0.34	0.10	0.00	0.37	0.37	0.30
	荒山荒地造林	22.67	6.01	6.40	0.47	1.70	0.02	1.47	1.47	0.00	1.53	2.17	1.43
2005	合计	23.51	4.05	4.37	1.12	1.93	0.68	2.41	1.50		2.27	3.17	2.01
	退耕地还林	11.51	2.00	3.77	0.05	1.01	0.15			0.00			
	荒山荒地造林	6.00	1.30	0.40	0.53	0.30		0.73	0.70	0.00	0.70	0.67	0.67
	封山育林	6.00	0.75	0.20	0.53	0.63	0.53	0.77	0.60	0.00	0.80	0.40	0.80
2006	合计	8.00	1.85	1.33	0.19	0.59	0.03	0.93	0.83	0.00	0.78	0.79	0.68
	退耕地还林	1.33	0.08	0.67	0.06	0.09	0.03	0.13	0.07	0.00	0.08	0.06	0.08
	荒山荒地造林	6.67	1.77	0.67	0.13	0.50	0.00	0.80	0.77	0.00	0.70	0.73	0.60
2007	荒山荒地造林	9.33	2.71	0.53	0.17	0.99	0.00	0.57	1.17	0.00	0.94	1.57	0.69
2008	合计	6.67	0.49	0.61	0.29	0.89	0.23	0.67	0.61		0.79	1.33	0.75
	退耕地还林	4.00	0.49	0.27	0.16	0.47	0.03	0.37	0.36	0.00	0.47	0.98	0.39
	荒山荒地造林	2.67	0.00	0.33	0.13	0.41	0.20	0.29	0.25	0.00	0.33	0.35	0.36

续 表

年 度		陕西	榆林	延安	铜川	渭南	西安	宝鸡	咸阳	杨凌	汉中	安康	商洛
2009	合计	4.00	0.35	0.48	0.27	0.32	0.11	0.34	0.41	0.00	0.46	0.85	0.41
	退耕地还林	2.67	0.28	0.27	0.16	0.17	0.00	0.19	0.29	0.00	0.33	0.67	0.30
	荒山荒地造林	1.33	0.07	0.21	0.11	0.15	0.11	0.15	0.12	0.00	0.13	0.19	0.11

数据来源：根据各年度陕西省发展和改革委员会下达的计划文件整理。

陕西省退耕还林坡耕地退耕面积

由表7可见，退耕地还林主要造林地块为25°以上坡耕地，数据来源于2009年度各市上报全面自查数据。

表7 陕西省退耕还林坡耕地退耕统计 （万 hm²）

类别	退耕还林总面积	25°以上陡坡地	15°～25°坡耕地	<15°坡耕地
面积	101.92	58.37	36.98	6.56
占比(%)	100	57.3	36.3	6.4

陕西省退耕还林林种面积解析

1999—2006年，国家累计确认陕西省退耕地还林面积101.92万hm²，其中生态林92.57万hm²（黄河流域64.03万hm²，长江流域28.54万hm²），占总面积的90.82%；经济林8.90万hm²（黄河流域6.51万hm²，长江流域2.39万hm²），占总面积的8.74%；草0.45万hm²（黄河流域0.38万hm²，长江流域0.07万hm²），占总面积的0.44%。退耕地还林主要还的是生态林，占退耕地还林总面积的90.82%，远远超过了国家规定的还生态林面积应在80%以上的规定（数据来源于国家确认陕西省退耕还林面积，下达补助奖金文件）。以上退耕地还林面积还将作为国家退耕还林政策兑现依据，具体补助标准是：粮食补助黄河流域140元/(亩·年)，长江流域210元/(亩·年)，现金补助20元/(亩·年)。补助期为：还生态林补助8年，还经济林补助5年，还草补助2年。2007年，为了解决退耕农户当前生活困难问题，国家决定继续对退耕农户直接补助，补助标准是：粮食补助黄河流域70元/(亩·年)，长江流域105元/(亩·年)，现金补助20元/(亩·年)。补助期为：还生态林补助8年，还经济林补助5年，还草补助2年，从2007年起对退耕还林粮食和生活补助政策期满的退耕还林农户继续发放补助。各地分年度退耕地还林面积如表8所示。

表8 陕西省退耕还林林种面积统计 （万 hm²）

年度	类别	合计	汉中	安康	商洛	宝鸡	咸阳	西安	渭南	铜川	榆林	延安
合计	合计	101.92	8.51	14.27	7.36	5.33	4.21	1.32	6.48	2.34	18.59	33.49
	生态林	92.57	7.68	13.27	6.88	4.53	3.48	1.12	6.21	1.16	18.59	29.66
	经济林	8.90	0.78	0.98	0.48	0.72	0.47	0.20	0.27	1.17	0.00	3.83
	草	0.45	0.05	0.03	0.00	0.10	0.27	0.00	0.00	0.01	0.00	0.00

续 表

年度	类别	合计	汉中	安康	商洛	宝鸡	咸阳	西安	渭南	铜川	榆林	延安
1999	合计	21.74	1.81	2.44	1.82	0.43	0.55	0.20	1.42	1.31	2.45	9.29
	生态林	16.59	1.45	2.04	1.47	0.11	0.20	0.10	1.31	0.24	2.45	7.23
	经济林	4.97	0.34	0.41	0.35	0.25	0.28	0.10	0.11	1.07	0.00	2.07
	草	0.18	0.03	0.00	0.00	0.07	0.07	0.00	0.00	0.01	0.00	0.00
2000	合计	5.33	0.73	1.00	0.70	0.35	0.27	0.14	0.27	0.10	0.77	1.00
	生态林	4.92	0.65	0.93	0.68	0.28	0.22	0.12	0.24	0.08	0.77	0.93
	经济林	0.39	0.07	0.07	0.02	0.07	0.03	0.02	0.03	0.02	0.00	0.07
	草	0.02	0.01	0.00	0.00	0.00	0.01	0.00	0.00	0.00	0.00	0.00
2001	合计	4.67	0.63	0.86	0.61	0.23	0.19	0.15	0.23	0.01	0.47	1.27
	生态林	4.17	0.56	0.74	0.59	0.19	0.16	0.14	0.20	0.01	0.47	1.12
	经济林	0.42	0.06	0.10	0.02	0.04	0.00	0.01	0.04	0.00	0.00	0.15
	草	0.07	0.01	0.03	0.00	0.00	0.03	0.00	0.00	0.00	0.00	0.00
2002	合计	25.33	1.85	3.43	1.47	1.25	0.67	0.20	0.87	0.27	5.85	9.49
	生态林	23.90	1.67	3.23	1.44	1.08	0.58	0.17	0.83	0.22	5.85	8.83
	经济林	1.38	0.18	0.20	0.03	0.16	0.05	0.03	0.03	0.05	0.00	0.66
	草	0.04	0.00	0.00	0.00	0.01	0.04	0.00	0.00	0.00	0.00	0.00
2003	合计	28.00	2.27	4.00	1.83	1.69	2.07	0.19	2.40	0.42	6.47	6.67
	生态林	26.72	2.16	3.89	1.76	1.50	1.87	0.17	2.34	0.39	6.47	6.17
	经济林	1.15	0.11	0.11	0.07	0.17	0.09	0.02	0.06	0.03	0.00	0.50
	草	0.13	0.00	0.00	0.00	0.01	0.11	0.00	0.00	0.00	0.00	0.00
2004	合计	4.00	0.37	0.37	0.30	0.34	0.20	0.27	0.20	0.11	0.51	1.33
	生态林	3.84	0.36	0.36	0.30	0.33	0.19	0.25	0.20	0.10	0.51	1.24
	经济林	0.16	0.0	0.02	0.00	0.01	0.00	0.01	0.00	0.01	0.00	0.09
	草	0.01	0.00	0.00	0.00	0.00	0.01	0.00	0.00	0.00	0.00	0.00
2005	合计	11.54	0.77	2.10	0.55	0.91	0.20	0.15	1.01	0.05	2.00	3.77
	生态林	11.14	0.76	2.03	0.55	0.90	0.20	0.14	1.01	0.05	2.00	3.51
	经济林	0.37	0.01	0.08	0.00	0.00	0.00	0.01	0.00	0.00	0.00	0.26
	草	0.00	0.00	0.00	0.00	0.00	0.00	0.00	0.00	0.00	0.00	0.00
2006	合计	1.33	0.08	0.06	0.08	0.13	0.07	0.03	0.09		0.08	0.67
	生态林	1.28	0.07	0.06	0.08	0.13	0.06	0.03	0.09	0.06	0.08	0.63
	经济林	0.06	0.01	0.00	0.00	0.00	0.01	0.00	0.00	0.06	0.00	0.04
	草	101.92	8.51	14.27	7.36	5.33	4.21	1.32	6.48	2.34	18.59	33.49

陕西省退耕还林涉及人口情况解析

截至2016年,陕西省退耕还林涉及102个县级单位、1 508个乡镇,占全省1 745个乡镇的86.4%;涉及20 863个村,占全省29 069个村数的71.7%;涉及230万户,占全省总户数的33%;涉及

915万人,占全省总人口数2 178万人的42%(来源于各地统计上报数据)。延安市退耕还林所有乡镇率100%,涉及村数率94.79%,涉及农户率90%以上的县有吴起、安塞、子长、延长、延川、甘泉等7个县。涉及农村人口率90%以上的县有吴起、志丹、安塞、宝塔、子长、延川、延长等7个县区(表9)。

表9 陕西省退耕还林工程涉及乡、村、户以及人口统计

单 位	涉及乡镇(个)	涉及村数(个)	涉及户数(个)	涉及人口(人)
陕西省	1 508	20 863	2 299 509	9 152 544
榆林市	226	4 631	245 259	1 459 974
延安市	163	3 239	385 689	1 303 758
铜川市	38	519	72 132	261 706
渭南市	158	1 785	231 881	925 484
西安市	56	612	40 140	183 815
宝鸡市	139	1 394	115 274	495 457
咸阳市	140	2 321	78 109	353 364
汉中市	226	2 270	267 955	984 303
安康市	199	2 273	476 423	1 725 914
商洛市	163	1 818	386 647	1 458 769

附录二 退耕还林相关政策

关于开展2000年长江上游、黄河上中游地区退耕还林(草)试点示范工作的通知

来源:国家林业局退耕还林办公室

国家林业局 国家计委 财政部 林计发〔2000〕111号(2000年3月9日)

国家林业局政府网11月1日讯 各有关省、自治区、直辖市人民政府:

为认真贯彻落实党中央、国务院关于西部大开发战略部署,指导好各地退耕还林(草)工作,在广泛调查研究、充分听取各地意见基础上,组织编制了《长江上游、黄河上中游地区2000年退耕还林(草)试点示范实施方案》,现印发给你们,并将有关事项通知如下:

一、充分认识开展退耕还林(草)试点示范的重要意义

在西部地区实施以天然林保护、宜林荒山荒地造林种草和陡坡耕地有计划分步骤地退耕还林(草)为主的生态环境保护和建设,是党中央、国务院针对我国西部生态环境状况,站在国家和民族长远发展的高度,着眼于经济与社会可持续发展全局作出的重大决策,是实施西部大开发的根本和切入点。加快西部生态环境建设,可以大大改善这一地区的生存环境,拓展中华民族的生存空间;可以为西部开发创造良好的生产建设条件和投资环境,加速推进西部大开发的进程;可以推动西部地区农业生产要素优化配置和农村经济结构调整,促进西部地区脱贫致富,增进民族团结,巩固国防;还是防治水土流失,从根本上扭转长江、黄河流域水患灾害的治本之策。

在西部地区生态环境建设中,陡坡耕地退耕还林(草)是减少水土流失、改善生态环境的关键

措施。陡坡地开垦,对植被和地表破坏最大,造成的水土流失最严重,导致中下游江河和湖库淤积抬高,加重了长江、黄河中下游地区的水患。因此,实施退耕还林(草),恢复林草植被势在必行。

改革开放20年来党的农村政策的巨大成功和科学技术的迅速发展,使我国粮食综合生产能力明显提高,全国粮食总量出现了阶段性、结构性、区域性供过于求,为西部地区实施退耕还林(草)提供了重要条件和历史机遇。以粮食换林草,可以大大减轻粮食存储的压力,节省大量的仓储和保管费用,减少库存粮食的陈化、损耗。从长远看,生态环境逐步改善后,还会促进平川地区和中下游地区粮食进一步增产,有利于实现全国粮食生产的良性循环。同时,实施退耕还林(草)有利于带动西部地区农业产业结构调整,发展效益农业,增加农民收入,加快贫困地区农民脱贫致富,有效扩大西部农村需求,拉动经济增长。

二、正确把握退耕还林(草)试点示范的主要原则

开展退耕还林(草)应坚持全面规划、分步实施、突出重点、先易后难、先行试点、稳步推进。试点示范工作组织中,应注意把握好以下原则:

(一)坚持因地制宜,分类指导,实事求是,注重实效。要核准坡耕地的面积、分布、结构,并根据财力、物力、人力和科技等条件可能,合理确定坡耕地退耕还林(草)的任务。

(二)坚持生态、经济和社会效益相统一。在确保生态目标实现的同时,要保证农民的生计,切实解决好群众最为关心的吃饭、烧柴、增收等实际问题,真正做到退得下、稳得住、能致富、不反弹。

(三)坚持政策引导与农民自愿相结合。要尊重农民的意愿,不搞强迫命令。要通过政策引导,使农民认识到退耕还林(草)既是改善生态环境的迫切需要,又是调整农村种植结构、增加经济收入的必然选择,符合农民的根本利益,使退耕还林(草)逐步成为农民的自觉行动。

(四)坚持依靠科技进步。要围绕提高造林种草成活率和保存率,依据不同区域自然条件的差异,按照适地适树(草)的要求,相应确定适宜的造林树(草)种。在植被配置上,宜乔则乔,宜灌则灌,宜草则草,乔灌草相结合。在植被恢复方式上,宜封则封,宜飞则飞,宜造则造,封、飞、造结合,做到规划、设计、施工都要严格按照科学规律办事。

(五)坚持示范带动,稳步推进。通过试点带动,逐步推进,确保工程开好头,起好步,经过试点不断总结和完善,在积累经验的基础上全面展开。

(六)坚持省级政府负全责和实行地方各级政府目标责任制。实行退耕还林(草)的目标、任务、资金、粮食、责任"五到省",并由省级政府对国家负总责。同时,还要将目标、任务、责任分解落实到市、县、乡人民政府,建立地方各级政府负责制。

三、选择好试点县,明确工程任务

退耕还林(草)工作涉及千家万户,事关广大农民当前收入和长远生计,政策性强,操作难度大,是一项复杂的社会系统工程。因此,退耕还林(草)应在全面规划的基础上,选择一些干部素质好、群众觉悟高、自然条件适宜、地域有代表性、种苗供应有保证、粮食组织供应机构健全的县先行开展试点,摸索经验,稳步推进。

退耕还林(草)试点范围确定为长江上游(以三峡库区为界)的云南、四川、贵州、重庆、湖北和黄河上中游(以小浪底库区为界)的陕西、甘肃、青海、宁夏、内蒙古、山西、河南、新疆(含生产建设兵团)13个省(自治区、直辖市)的174个县(团、场)。

2000年工程任务确定为退耕还林(草)面积515万亩,并按照"退一还二、还三"的要求,相应安排宜林荒山荒地人工造林种草面积648万亩。

在退耕还林(草)规模不变的前提下,各省(自治区、直辖市)对试点县可以进行调整,但必须报国家林业局备案。

四、实施以粮代赈、退耕还林(草)的政策及投入

试点示范工作的开展要按照"退耕还林(草)、封山绿化、以粮代赈、个体承包"要求进行。

(一)国家向退耕户无偿提供粮食。粮食补助的标准,应根据农户退耕面积、当地实际平均粮食单产和还林还草情况综合确定,原则上要有利于鼓励农民积极退耕。粮食补助的期限,根据试点情况确定,需要几年就补几年,以防止砍树复耕。粮源的组织由省(自治区、直辖市)负责,原则上以地方国有粮食企业的商品周转粮为主,必要时可动用地方储备粮或申请动用中央储备粮。粮食的供应要在当地政府统一组织下,就近调运,组织到乡、到村,兑付到户,减少供应环节,降低供应成本。向农民提供的粮食,不仅要兑现数量,而且要确保质量,坚决杜绝给农民陈化粮。粮食供应的品种及各品种搭配比例,由省(自治区、直辖市)政府根据当地农民的生活与种植习惯、当地粮食库存实际情况等合理确定。每亩退耕地每年补助粮食(原粮)的标准,长江上游地区为300斤,黄河上中游地区为200斤,每斤粮食按0.7元折算,由中央财政承担,以省为单位统一算账。粮食调运费用由地方财政承担,不能转嫁到农民身上。各地不得以任何形式将补助粮食折算成现金发放。有关粮食费用的结算,由财政部门会同粮食部门和农业发展银行办理。

(二)国家给退耕户适当现金补助。考虑到农民退耕后近几年内需要维持医疗、教育等必要的开支,中央财政在一定时期内给农民适当的现金补助。现金补助标准按每亩退耕地每年补助20元安排,现金补助的期限,根据试点情况确定,需要几年就补几年。

(三)国家向退耕户无偿提供种苗。退耕还林(草)和宜林荒山荒地人工造林种草,由林业部门统一组织采种、育苗单位向农民无偿供应所需的种子和苗木。种苗费按建设生态林标准每亩补助50元,由中央基建投资安排,提供给种苗生产单位。

(四)实行个体承包。按照"谁造林(草)、谁管护、谁受益"的原则,实行责权利挂钩,积极引导和支持退耕后的农民大力治理荒山荒地,并把植树种草和管护任务长期承包到户到人,30年不变。退耕地造林种草后由当地县级人民政府逐块登记造册,及时核发林草权属证明,并纳入规范化管理。

(五)实行"退一还二、还三"甚至更多。国家补助的粮食和现金是按退耕地亩产计算的,包括补助了农民投入的种子、化肥、劳务及净产出。因此,在有条件的地方,农民除负责退耕地造林外,还要承担两亩或两亩以上宜林荒山荒地造林种草任务。考虑到各地现有宜林荒山荒地数量不同,有的可能做不到"退一还二、还三",有的可能要超过。因此,要因地制宜,以省为单位规划,以县为单元实施。

(六)实行报账制。国家在各省(自治区、直辖市)申报基础上平衡下达退耕还林(草)的年度计划和粮食、现金、种苗费用指标。各地要将退耕还林(草)的任务逐级落实到户,并分户建卡,由农户按规定的数量和进度进行退耕还林(草)。造林后,在地方政府统一组织下,由林业部门对退耕还林(草)进度、质量及管护情况组织检查验收,农户凭卡和验收证明,按报账制办法领取粮食和补助现金。

五、认真抓好退耕还林(草)试点示范的实施工作

(一)加强组织领导,落实好责任制。工程实施实行省级政府负全责和地方各级政府目标责任制。各有关省(自治区、直辖市)要以对党和人民高度负责的态度,切实做到对本地区的试点示范工作负全责,并要采取有力措施,层层签订责任状,落实责任制。要把试点的成效作为考核地

（市）、县、乡各级领导干部政绩的重要内容；同时，各有关部门要明确职责，分工合作，共同做好工作。各级林业部门要当好政府的参谋助手，积极做好规划、指导、组织、协调和监督工作。

（二）加强宣传引导工作。各级宣传部门和新闻单位，要广泛利用广播、电视、报刊等各种形式，以生动、形象的事实来宣传退耕还林（草）的重大意义、政策措施以及相关的规定，形成有力的舆论氛围；各级党委和政府，特别是农村基层组织要深入细致地做好农民的思想政治工作和教育引导工作。对实施退耕还林（草）中出现的一些暂时性问题，要采取有效措施及时解决，绝不能因此而影响农民对退耕还林（草）工作的信心；要组织编印相应的宣传手册、宣传提纲和宣传挂图，发到试点示范区，使广大干部群众充分了解建设内容、操作办法、治理措施和政策规定等，确实做到思想统一、认识统一、行动统一。

（三）结合各地实际，认真编制好各级退耕还林（草）试点示范实施方案。各地要从实际出发，认真编制好省级、县级退耕还林（草）试点示范实施方案和基层的作业设计，明确任务，落实政策，探索经验，逐步推广。省级实施方案由省林业主管部门会同计划、财政、粮食等有关部门编制，报国家林业局、国家计委、财政部、国家粮食局审核。县级实施方案由省组织编制、论证和审批，报国家有关部门备案。

（四）加强种苗供应工作。种苗生产供应工作直接关系到工程实施的成效甚至成败，必须超前组织好。要搞好种苗建设规划；加快种苗生产基地和基础设施建设；组织采种和育苗生产，并建立起以现有采种基地、种子园和苗圃为主体的省、地、县、乡、四级种苗生产供应体系；同时，各级林业部门要强化服务意识，特别是对农民所需优良经济林苗木，要提前掌握需求情况，做好市场预测和技术指导工作。

（五）加强科技保障工作。要坚持对试点示范工作实行科学规划、科学设计、科学实施、科学管理，切实将科技保障贯穿于试点示范的全过程，覆盖试点的所有区域。要根据不同气候条件、土地类型进行科学分类，认真区划宜林宜草地的区域，合理确定林草植被的恢复方式；要积极筛选、组装配套出一批先进成熟的科技成果，系统地加以推广；要结合工程实际需要，组织各级科研部门对工程建设存在的技术难题进行攻关；要建立健全各级科技推广网络，做好技术指导及科技服务工作；要积极进行不同层次的培训，特别是要加强对农民的培训，提高工程建设者的整体素质。

（六）加强试点示范的管理和监督检查工作。为使退耕还林（草）试点示范工作健康有序地进行，国家林业局将会同国家计委、财政部、国家粮食局等部门研究制定退耕还林（草）试点示范各项管理办法和规定。各省（自治区、直辖市）也要相应制定工程设计、施工、检查、验收等具体标准和办法，强化和规范工程实施的管理。要强化对试点工作的检查监督和实绩考核。国家林业局会同有关部委加强对退耕还林（草）试点示范工作进行检查、核查和稽查，国家林业局内设立的工程管理监督机构专司此项工作。各省（自治区、直辖市）也要对本地区试点示范县的监督检查工作作出安排，并结合当地情况制订相应的调控措施。

以粮代赈、退耕还林还草的粮食供应暂行办法

来源：国家林业局退耕还林办公室

国家计委、国家粮食局、国家林业局、财政部、农业部、中国农业发展银行

计粮办〔2000〕241号（2000年3月14日）

国家林业局政府网11月1日讯　根据党中央、国务院关于实施西部大开发战略及加快生态环

境建设的总体部署,实行"以粮代赈、退耕还林还草",是新形势下加大生态环境治理力度的重要举措。为搞好退耕补助粮食供应,满足退耕区人民群众生活的基本需要,确保"以粮代赈、退耕还林还草"工程顺利实施,切实加强退耕补助粮食供应的有效管理,特制定以下暂行办法:

一、退耕补助粮食供应的基本原则

退耕补助粮食供应是"以粮代赈、退耕还林还草"工作的重要内容,涉及面广,政策性强,必须统筹规划,周密安排,精心组织。在实施中应坚持以下原则:

(一)由地方政府负责粮食供应工作,制订粮食供应的具体办法,并组织实施。

(二)以国家制定的生态环境建设规划和以国家林业局、国家计委、财政部《关于开展2000年长江上游、黄河上中游地区退耕还林(草)试点示范工作的通知》为依据,确保补助粮食的供应,促进退耕还林还草工程的实施。

(三)与扶贫攻坚和稳定解决农村贫困人口的温饱密切结合,统筹考虑。

(四)保证粮食数量、质量并及时兑付到农户,努力降低运作成本。

二、粮食供应标准和期限

退耕还林还草后的粮食补助标准,应根据农户退耕面积、当地实际平均粮食单产和还林还草情况综合确定。每亩退耕地每年补助粮食(原粮)的标准,长江上游地区为300斤,黄河上中游地区为200斤,省内可进行平衡安排。

粮食补助的期限,暂定5年,并根据试点情况,需要几年就补几年,以防止砍树复耕。

三、粮源安排

粮源由省级人民政府按就地就近原则统筹安排解决。原则上以地方国有粮食购销企业的商品周转粮为主,必要时再动用地方储备粮或申请动用中央储备粮。

四、粮食的品种与质量

粮食供应的品种,由省政府根据退耕地区农民的生活习惯、退耕土地原种粮食品种、当地粮食库存实际情况等,合理确定粮食供应的品种及各品种的搭配比例,更好地满足退耕区农民生活基本需要。

供应的粮食必须达到国家规定的质量标准。凡未经检验或检验不合标准的粮食,不得供应给退耕区农民。

五、粮食供应工作的组织

(一)由各省级粮食部门根据省级政府确定的粮食供应管理办法和国家林业局、国家计委、财政部、国家粮食局审核的省级退耕还林还草试点示范实施方案,制订粮食供应的计划和方案,负责粮食供应工作的具体组织实施,并委托国有粮食购销企业承担粮食的发放、兑付业务。粮食调运费用由地方财政负担。

(二)承担粮食供应任务的企业,要根据林业部门对退耕还林还草进度、质量的检查验收凭证(如退耕还牧草的,要根据农业部门的检查验收凭证),按国家确定的补助标准,向退耕区农户发放粮食。

(三)粮食部门要充分利用现有收购网点,本着就地就近,减少环节,保证质量,品种对路,价格合理,降低费用,加强服务的原则,采用计划安排、从国有粮食购销企业招标等办法,保证粮食按时、按质、按量供应到项目县(市)、乡(镇),并全额兑付到户。对没有收购网点的乡(镇),可增设临时供应网点,基本做到每个有补助粮食供应任务的乡(镇)设有一个供应网点,方便农民领取粮食。

六、粮食作价办法

粮食购销企业按顺价销售、不发生新的亏损的原则供应粮食,出库价格核定、粮食企业成本核算等具体办法由各省级人民政府自行确定。

补助粮款的具体结算办法,由有关部门另行研究制订。

七、加强领导,切实做好补助粮食的供应工作

各级人民政府要切实做好退耕还林还草的粮食供应工作。粮食部门要在各级政府统一领导和有关部门的配合支持下,切实承担起补助粮食的组织供应工作,促进"以粮代赈、退耕还林还草"工作的顺利进行。有退耕还林还草任务的地方粮食部门要有专人负责这项工作,落实责任和任务。要加强内部监督,健全管理制度,堵塞各种漏洞,确保做好粮食供应工作。

国务院关于进一步做好退耕还林还草试点工作的若干意见

国务院　国发〔2000〕24号（2000年9月10日）

国家林业局政府网11月1日讯　各省、自治区、直辖市人民政府,国务院各部委、各直属机构：

今年以来,按照党中央、国务院的部署,长江上游、黄河上中游各有关地区认真开展退耕还林还草的试点工作,进展比较顺利,得到广大农民的拥护和支持。但试点工作中也出现了一些新情况、新问题。主要是：一些地区由于试点范围偏大,工作衔接不够,种苗供需矛盾突出,树种结构不够合理,经济林比重普遍较大；有些地区由于严重干旱以及管理粗放,造林成活率较低。为了明确责任,严格管理,推动试点工作的健康发展,根据国务院总理办公会议的决定,并经今年7月中西部地区退耕还林还草工作座谈会讨论,现就进一步做好退耕还林还草试点工作作出以下规定：

一、加强领导,明确责任,实行省级政府负总责

1. 各级领导要深刻领会党中央、国务院关于实施退耕还林还草,加强西部生态环境保护和建设的重大意义,进一步提高认识,加强领导,切实把退耕还林还草试点工作列入重要议事日程,及时研究解决实施中的重大问题,保证这项工作健康有序地开展。

2. 实行省级政府对退耕还林还草试点工作负总责和市（地）、县（市）政府目标责任制。退耕还林还草试点工作,实行目标、任务、资金、粮食、责任五到省。各有关省级政府要确定一位省级领导同志具体负责,并认真组织实施好退耕还林还草试点工作。市（地）、县（市）、乡级政府也要层层落实退耕还林还草试点工作的目标和责任,实行目标管理责任制,层层签订责任状,认真进行检查和考核,确保试点工作顺利实施。

3. 国务院各有关部门要根据职能分工,密切配合,共同做好退耕还林还草的有关工作。国务院西部地区开发领导小组办公室负责退耕还林还草工作的综合协调,组织有关部门研究制定退耕还林还草有关政策和办法；国家计委会同有关部门负责退耕还林还草总体规划的审核、计划的汇总、基建年度计划的编制和综合平衡；财政部负责退耕还林还草中央财政补助资金的安排和监督管理,参与退耕还林还草总体规划、计划的编制；国家林业局负责退耕还林还草工作的总体规划、计划的编制,以及工作指导和督促检查监督；农业部负责已垦草场的退耕还草及天然草场的恢复和建设有关规划、计划的编制,以及技术指导和监督检查；水利部负责退耕还林还草地区小流域治理、水土保持等相关工作的技术指导和监督检查；国家粮食局负责粮源的协调和调剂工作。

各有关省（自治区、直辖市）、市（地）、县（市）的计划、财政、林业、农业、水利、粮食等部门，要在本级政府的统一领导下，按照各自的职能分工，各司其职、各负其责，密切配合，共同做好工作。

4. 实施退耕还林还草，应坚持"全面规划、分步实施，突出重点、先易后难、先行试点、稳步推进"的原则，有计划、分步骤地进行。各省（自治区、直辖市）政府根据国家核定的试点计划任务，负责编制本地区的年度计划，审批县级实施方案，报国务院有关部门备案。各地必须严格执行计划，不准随意扩大试点范围和增加面积。对于超出试点计划面积的，其粮食、现金和种苗补助，由本地区自行解决。

5. 各地退耕还林还草目标的确定，应与改善生态环境、调整农业结构和农民脱贫致富相结合，做好统筹规划和相互衔接，处理好退耕还林还草和农民生计的关系问题。退耕还林还草要坚持政策引导和农民自愿原则，充分尊重农民的意愿。对生产条件较好，粮食产量较高，又不会造成水土流失的耕地，农民不愿退耕的，不得强迫退耕。

二、完善退耕还林还草政策，充分调动广大群众的积极性

6. 要认真落实"退耕还林（草）、封山绿化、以粮代赈、个体承包"的措施，切实把国家无偿向退耕户提供粮食、现金、种苗的补助政策落实到户。国家每年根据退耕面积核定各省（自治区、直辖市）退耕还林还草所需粮食和现金补助总量。粮食和现金的补助年限，先按经济林补助5年，生态林补助8年计算，到期后可根据农民实际收入情况，需要补助多少年再继续补助多少年。要坚持营造生态林为主，而且不许自行砍伐。各部门、各地区要抓紧进行调查研究，对生态林和经济林的比例做出科学的规定，生态林一般应占80%左右。对超过规定比例多种的经济林，只补助种苗费，不补助粮食。退耕户完成现有耕地退耕还林还草后，应继续在宜林荒山荒地造林种草，国家除对退耕地补助粮食外，还将对荒山荒地造林种草所需种苗给予补助。对1999年先行试点地区要按此抓紧兑现。

7. 粮源的组织由省（自治区、直辖市）政府负责，原则上以地方国有粮食企业的商品周转粮为主。当地政府要统一组织粮食的供应，就近调运，组织到乡、到村，兑付到户，减少供应环节，降低供应成本。每亩退耕地每年补助粮食（原粮）的标准，长江上游地区为300斤，黄河上中游地区为200斤。退耕地实际产量超过粮食补助标准，而农民不愿退耕的，要尊重农民意愿，绝不可强迫农民退耕。水土流失严重的地区，需要退耕而实际亩产粮食超过补助标准的，应相应提高补助标准。补助粮食的价款由中央财政承担，调运费用由地方财政承担，都不得向农民分摊。有关补助粮食费用的结算，由财政部门会同粮食部门和农业发展银行办理。

8. 国家给退耕户适当的现金补助。为鼓励农民退耕还林还草，并考虑到农民日常生活需要，国家在一定时期内可给予现金补助。现金补助标准按退耕面积每年每亩20元计算，补助年限与粮食补助年限相同。补助款由国家提供。

9. 国家向退耕户提供造林种草的种苗费补助。种苗费补助标准按退耕还林还草和宜林荒山荒地造林种草每亩50元计算，直接发给农民自行选择采购种苗。补助款由国家提供。

10. 退耕还林还草试点工程的前期工作和科技支撑等方面的费用，按退耕还林还草基本建设投资的一定比例由国家给予补助，由国家计委根据工程情况在年度计划中适当安排。

11. 对应税的退耕地，自退耕之年起，对补助粮达到原收益水平的，国家扣除农业税部分后再将补助粮发放给农民；停止粮食补助时，不再对退耕地征收农业税。具体由国务院有关部门另行规定。进行生态林草建设的，按国家有关税收优惠政策执行。

12. 采取中央对地方财政转移支付方式，对地方财政减收给予适当补偿。实施退耕还林还草

试点的县,其农业税等收入减收部分,由中央财政以转移支付的方式给予适当补助。

13. 实施退耕还林还草的地区,要把退耕还林还草与扶贫开发、农业综合开发、水土保持等政策措施结合起来,对不同渠道的资金,可以统筹安排,综合使用。要调整农业支出结构,统筹安排使用支农资金。实施退耕还林还草地区的财政扶贫资金可重点用于该地区包括基本农田、小型水利在内的基础设施建设和农牧民科技培训、科技推广,提高缓坡耕地和河川耕地的生产能力,提高农民的科技水平,促进退耕还林还草。

14. 要在确定土地所有权和使用权的基础上,实行"谁退耕、谁造林(草)、谁经营、谁受益"的政策,将责权利紧密结合起来,调动农民群众的积极性,使退耕还林还草真正成为农民的自觉行为。农民承包的耕地和宜林荒山荒地,植树种草以后,承包期一律延长到50年,允许依法继承、转让,到期后可按有关法律和法规继续承包。

15. 采取多种形式推进退耕还林还草。有条件的地区可本着协商、自愿的原则,由农村造林专业户、社会团体、企事业单位等租赁、承包退耕还林还草,其利益分配等问题由双方协商解决。鼓励在有条件的地区实行集中连片造林、种草,鼓励个人兴办家庭林场和草场,实行多种经营。

三、健全种苗生产供应机制,确保种苗的数量和质量

16. 要按市场规律和科学规律办事,加强退耕还林还草的种苗基地建设,做好种苗生产和供应工作。要根据本行政区域内退耕还林还草的总体规划,做好种苗建设规划。林业部门和农业部门要做好对种苗生产、供应的指导、管理工作,切实抓好种苗基地建设,鼓励集体、企业和个人采取多种形式培育种苗,扩大种苗生产能力。

17. 要加强种子、苗木检验检疫工作。有关部门要加强种子质量检验工作,及时发现和制止生产、销售不合格种子。加强苗木生产全过程质量管理、检查监督、检验检疫,杜绝伪劣、带病虫害等不合格苗木造林。生产、销售种子和苗木必须有林业或农业部门出具的标签、质量检验证和检疫证,凡是不具备"一签两证"的种子、苗木,不准进入市场。

18. 要加强种苗调剂工作。各试点县退耕还林还草所用种苗,要做到尽量在本县内解决,尽量使用乡土和抗逆性强的树草种及新品种。因本地种苗供应不足须从外县调拨的,由林业或农业部门积极组织调剂。

19. 要加强种苗市场行政执法力度。坚决制止垄断种苗市场、哄抬种苗价格的行为,严厉打击种苗销售中的不法行为,维护农民合法权益。

四、依靠科技进步,合理确定林草种结构和植被恢复方式

20. 要根据不同气候水文条件和土地类型进行科学规划,做到因地制宜,乔灌草合理配置,农林牧相互结合。要加强推广应用先进实用科技成果,特别是要推广应用耐旱树草种以及良种壮苗繁育技术、集水保墒技术、植物生长促进剂、干热河谷造林种草技术等,提高造林种草质量。要加强防治林草病虫害的研究和管理,确保林草的健康成长。

21. 要在作业设计中科学地确定林种、树种和草种比例。要以分类经营为指导,坚持因地制宜的原则。在水土流失和风沙危害严重、25°以上的陡坡地段及江河源头、湖库周围、石质山地、山脉顶脊等生态地位重要地区,要全部还生态林草,并做到宜乔则乔、宜灌则灌、宜草则草,乔灌草结合,还林后实行封山管护,还草后实行围栏封育。在立地条件适宜且不易造成水土流失的地方,在保证整体生态效益的前提下,适当发展经济、用材林和薪炭林。退耕还林还草要确保生态林草的主体地位。

22. 要建立科技支撑体系。各地要因地制宜制订退耕还林还草科技保障方案,依据植被地带

性分布规律和水资源的承载力,研究乔灌草植被建设的适宜类型、适宜规模与合理布局,确定科学的乔灌草植被结构模式及相应的科技支撑措施。

五、加强建设管理,确保退耕还林还草顺利开展

23. 做好退耕还林还草的前期工作。要抓紧组织编制县级退耕还林还草实施方案,特别是要做好乡镇作业设计工作。要把退耕还林还草任务落实到山头地块,落实到农户。

24. 在地方各级政府对本行政区域内的退耕还林还草实行目标责任制的同时,还要实行项目责任制,确定项目责任人,对退耕还林还草的数量、质量、效益和管理负全责。

25. 各试点县(市)都要建立技术承包责任制,认真抓好先进科技成果的推广应用和工程建设质量。可由科技人员对退耕还林还草项目进行技术承包,技术承包人要与试点县(市)签订承包合同,负责技术指导、技术服务,其报酬与工程质量挂钩,实行奖惩制度。

26. 建立规范的退耕还林还草项目管理机制,严格按规划设计、按设计施工、按标准验收、按验收结果兑现政策和奖惩。

27. 实行报账制。退耕还林还草任务完成后,由省、县两级政府组织林业、农业等有关部门专业人员,对农户退耕还林还草进行检查验收,农户凭验收卡领取粮食和现金补助,并逐级报账。

28. 退耕还林还草任务完成后,由当地林业、农业主管部门进行核实和登记,并由当地人民政府依法发放林草权属证书,明晰权属,使农民退耕后能安心地从事林草管护和其他生产,并为防止复垦提供法律保障。

29. 建立分级技术培训制度。国家林业局和农业部按各自职能分工,认真抓好试点县的县级主管领导、工程技术骨干等人员的培训工作。各地也要结合工程建设需要,对基层干部和农民进行退耕还林还草方针政策和先进实用技术等方面的培训。

30. 建立信息反馈和定期报告制度,及时、准确地反馈各地试点工作的情况和问题。

六、严格检查监督,确保退耕还林还草工程质量

31. 国务院有关部门要抓紧制定检查验收办法,认真做好监督检查工作。国务院有关部门和省、县两级政府及其有关部门,要通过自查、抽查、核查,认真落实验收工作,并将检查验收结果作为政策兑现的依据。

32. 要依据检查结果严格兑现奖惩。对于成绩突出的地方和个人要予以奖励;对未完成任务、质量不合格的,要相应扣减粮食及现金补助;对出现重大问题的,将追究项目责任人及相关人员的责任。

33. 要建立退耕还林还草举报制度。有关县、乡政府要公布举报电话,设立举报信箱,接受社会和群众监督。对违法违纪现象,一经核实,要按照有关规定对责任人做出处罚,对举报有功人员给予奖励。

退耕还林还草试点粮食补助资金财政、财务管理暂行办法

国家林业局退耕还林办公室

财政部　国务院西部开发办　国家计委　国家粮食局　国家林业局　农业部
中国农业发展银行　财建〔2000〕292号(2000年10月7日)

国家林业局政府网11月2日讯　根据《国务院关于进一步做好退耕还林还草试点工作的若干意见》(国发〔2000〕24号)精神,为加强粮食补助资金的管理,做好退耕还林还草粮食供应工

作,保障退耕农民吃粮不受影响,确保退耕还林还草工作顺利实施,特制定本办法。

一、退耕还林还草粮食供应

(一)每亩退耕地每年补助粮食(原粮)标准,长江上游地区为300斤,黄河上中游地区为200斤,其他地区按国家规定的标准执行。

(二)粮食补助年限,先按经济林补助5年、生态林补助8年计算,到期后可根据农民实际收入情况,需要补助多少年再继续补助多少年。各地退耕后的土地必须严格按国家规定的比例种植生态林、经济林,对超过规定比例多种的经济林,不补助粮食。

(三)粮源由省级人民政府按就地就近原则统筹安排,原则上以地方国有粮食购销企业的商品周转粮为主,必要时可动用地方储备粮或申请动用中央储备粮。对退耕农户供应的粮食品种,由地方政府根据当地口粮消费习惯和种植习惯以及当地粮食库存实际情况合理确定。供应给退耕户的粮食必须达到国家规定的质量标准,凡不符合标准的粮食,储存时间过长的粮食,不得供应给退耕农民,如有违反,严肃处理。

(四)对退耕农户只能供应粮食实物,不得以任何形式将补助粮食折算成现金发放,也不得将补助粮食折算成代金券发放。对应税的退耕地,自退耕之年起,对补助粮达到原收益水平的,国家要扣除农业税部分后再将补助粮发放给农民。

二、补助粮食资金的拨付和管理

(一)国家计划内退耕还林还草补助的粮食,按每斤原粮0.7元计算,由中央财政负担,对省级人民政府包干。如有节余,滚动用于退耕还林还草粮食补助,不得挪作他用;如有缺口,由地方政府自行负担。粮食调运费用由地方财政承担,纳入地方财政预算,不得转嫁给供应粮食的企业和退耕农户。

(二)粮食补助资金实行农业发展银行专户拨付和管理。中央财政对省级财政的粮食补助资金暂通过现有的"国家储备粮油补贴"专户拨付。有关省(自治区、直辖市)财政厅(局)必须在该专户下单设明细账,专门登记粮食补助资金收支情况。有关省(自治区、直辖市)对下拨付粮食补助资金也必须通过农业发展银行专户,没有设立的,应尽快开设。

(三)中央财政粮食补助资金,对地方每年拨付两次,上半年补贴在4月底之前拨付,下半年补贴在10月底之前拨付。省级财政部门在收到补贴后,要根据粮食供应情况,在2周内将补助资金拨付到退耕还林还草的县(市)。

(四)退耕还林还草补助粮食调运费的具体拨付、管理办法,由省级财政部门商粮食部门、农业发展银行制定。

三、用粮食补助资金及时归还银行贷款

(一)为退耕户供应粮食的企业必须按月向县级财政、计划、粮食、林业、农业部门和农业发展银行报送退耕还林还草粮食供应月报。月报应载明供应粮食的数量、质量、品种、购进成本、销售价格、调运费用开支等情况。

(二)县级财政会同粮食、林业、农业部门审核、汇总供粮企业月报后,按季与农业发展银行结算退耕还林还草供应粮食的货款,直接从粮食补助资金专户抵扣。抵扣货款后,农业发展银行相应核销供粮企业的贷款。

(三)县级财政部门与农业发展银行按季结算粮食货款后,必须在2日内通知给退耕户供应粮食的企业,企业收到通知后,主动与开户行核对贷款和有关账目。

(四)在专户中间歇暂存的粮食补助资金,按同期银行活期存款利率计算利息,利息转增本金,不得挪作他用。

四、粮食补助资金的清算

(一)粮食补助资金实行"按季反映、年终清算"。在每季度结束后10日内,由有关省(自治区、直辖市)财政厅(局)向财政部报送"退耕还林还草粮食补助资金使用情况表",同时抄送国务院西部开发办公室、农业部、国家粮食局、中国农业发展银行、国家林业局。季报反映本季度退耕还林还草面积,粮食供应数量、质量、销售价格,粮食补助资金拨付、归还银行、专户结存和粮食调运费开支、补贴情况。具体格式另行通知。

(二)日历年度结束后,由有关省(自治区、直辖市)财政厅(局)编制"退耕还林还草粮食补助资金使用年度决算表",经省级林业、粮食、农业部门和农业发展银行签章,于次年2月底之前报送财政部,抄送国家林业局、农业部、国家粮食局、中国农业发展银行。年报格式另行通知。

(三)财政部收到有关省(自治区、直辖市)决算后,根据林业、农业部门验收的退耕还林还草面积和有关补助标准予以批复。林业、农业部门验收面积没有达到计划面积的,多拨的粮食补助资金在下年度扣抵。对于超出试点计划面积的,其粮食补助由本地自行解决。

实行"以粮代赈、退耕还林还草"是党中央、国务院实施西部大开发战略,加快生态环境建设的重要举措。各级财政、粮食、林业、农业、农业发展银行等部门,要加强协作和配合,各司其职,相互监督,共同做好粮食供应和粮食补助资金管理工作。

国务院关于进一步完善退耕还林政策措施的若干意见

国家林业局退耕还林办公室

国务院　国发〔2002〕10号(2002年4月11日)

国家林业局政府网11月1日讯　各省、自治区、直辖市人民政府,国务院各部委、各直属机构:

两年多来,按照党中央、国务院的部署,长江上游、黄河上中游等地区认真开展了退耕还林的试点工作。各级党委、政府高度重视,组织得力,退耕还林试点工作进展良好,取得了一定经验。实践证明,党中央关于退耕还林的决策和"退耕还林、封山绿化、以粮代赈、个体承包"政策是完全正确的,深受广大干部和群众的拥护,是加强西部地区生态环境建设和保护的重要举措,也是贫困山区农民脱贫致富的有效途径。为了加强对退耕还林试点工作的指导,国务院下发了《关于进一步做好退耕还林还草试点工作的若干意见》(国发〔2000〕24号),对确保退耕还林的顺利实施和健康发展起到了重要保证作用。但是,在试点期间也出现了一些需要研究和解决的问题,有些政策措施也要进一步完善。为把退耕还林工作扎实、稳妥、健康地向前推进,现就进一步完善退耕还林政策措施作出如下规定:

一、退耕还林必须遵循的原则

(一)退耕还林要坚持生态效益优先,兼顾农民吃饭、增收以及地方经济发展;坚持生态建设与生态保护并重,采取综合措施,制止边治理边破坏问题;坚持政策引导和农民自愿相结合,充分尊重农民意愿;坚持尊重自然规律,科学选择树种;坚持因地制宜,统筹规划,突出重点,注重实效。

(二)实施退耕还林要认真落实"退耕还林、封山绿化、以粮代赈、个体承包"的政策措施,坚持个体承包的机制,实行责权利相结合。必须切实把握"林权是核心,给粮是关键,种苗要先行,干部是保证"这几个主要环节,确保退耕还林取得成功。

二、科学制订规划,加快退耕还林进度

（三）进一步明确退耕还林的范围。凡是水土流失严重和粮食产量低而不稳的坡耕地和沙化耕地,应按国家批准的规划实施退耕还林。对需要退耕还林的地方,只要条件具备,应扩大退耕还林规模,能退多少退多少。对生产条件较好,粮食产量较高,又不会造成水土流失的耕地,农民不愿退耕的,不得强迫退耕。

（四）因地制宜,科学制订规划。各省(自治区、直辖市,下同)要依据国家退耕还林工程规划编制省级退耕还林工程规划,明确工程建设的目标任务、建设重点和政策措施。

要根据不同气候水文条件和土地类型进行科学规划,做到因地制宜,乔灌草合理配置,农林牧相互结合。在干旱、半干旱地区,重点发展耐旱灌木,恢复原生植被。在雨量充沛,生物生长量高的缓坡地区,可大力发展竹林、速生丰产林。

各地在确保地表植被完整,减少水土流失的前提下,可采取林果间作、林竹间作、林草间作、灌草间作等多种合理模式还林,立体经营,实现生态效益与经济效益的有效结合。退耕后禁止林粮间作。

（五）及时下达退耕还林任务。为了抓住造林最佳季节,保证工程建设质量,从今年起,国家将根据退耕还林总体规划在10月31日前下达下一年度计划任务。各省要根据国家下达的年度任务,对水土流失严重的坡耕地、沙化耕地优先安排退耕还林,并按照轻重缓急的原则确定实施退耕还林的工程县(市、区、旗,下同),在接到计划一个月内将年度任务分解下达到各县。要组织编制县级退耕还林工程实施方案,特别是要做好乡镇作业设计,把工程任务落实到山头地块,落实到农户。

根据气候条件,在确保完成整地的条件下,允许国家退耕还林年度任务实行滚动安排。

（六）退耕还林要以营造生态林为主,营造的生态林比例以县为核算单位,不得低于80%。对超过规定比例多种的经济林,只给种苗和造林补助费,不补助粮食和现金。

三、认真落实林权,调动和保护农民退耕还林的积极性

（七）实施退耕还林后,必须确保退耕农户享有在退耕土地和荒山荒地上种植的林木所有权,并依法履行土地用途变更手续,由县级以上人民政府发放权属所有证明。

（八）在确定土地所有权和使用权的基础上,实行"谁退耕、谁造林、谁经营、谁受益"的政策。农民承包的耕地和宜林荒山荒地造林以后,承包期一律延长到50年,允许依法继承、转让,到期后可按有关法律和法规继续承包。

（九）采取多种形式推进退耕还林。有条件的地区可本着协商、自愿的原则,由农村造林专业户、社会团体、企事业单位等租赁、承包退耕还林,其利益分配等问题由双方协商解决。鼓励在有条件的地区实行集中连片造林,鼓励个人兴办家庭林场,实行多种经营。

四、切实抓好粮食补助兑现,确保农民口粮供应

（十）国家无偿向退耕户提供粮食、现金补助。粮食和现金补助标准为:长江流域及南方地区,每亩退耕地每年补助粮食(原粮)150 kg;黄河流域及北方地区,每亩退耕地每年补助粮食(原粮)100 kg。每亩退耕地每年补助现金20元。粮食和现金补助年限,还草补助按2年计算;还经济林补助按5年计算;还生态林补助暂按8年计算。补助粮食(原粮)的价款按每公斤1.4元折价计算。补助粮食(原粮)的价款和现金由中央财政承担。在粮食和现金补助期间,退耕农户在完成现有耕地退耕还林后,必须继续在宜林荒山荒地造林,由县或乡镇统一组织。

（十一）国家在下达年度计划的同时,核定各省的粮食补助总量,并下达到各省。对退耕农户

只能供应粮食实物,不得以任何形式将补助粮食折算成现金或者代金券发放。

(十二)退耕还林补助粮食的调运组织由省级政府负责,原则上以地方国有粮食购销企业的商品周转粮为主,必要时可动用地方储备粮或申请动用中央储备粮。粮源缺口较大时,由国家根据实际情况帮助协调解决。当地政府要统一组织粮食的供应,就近调运,组织到乡,兑现到户,减少供应环节,降低供应成本。

(十三)粮食购销企业按顺价销售、不发生新亏损的原则供应粮食。农业发展银行据实收回贷款后,应适当返还粮食企业合理费用。粮食调运等有关费用,由地方政府承担,纳入地方财政预算,不得转嫁到供应粮食的企业和退耕农户。

(十四)对退耕农户供应的粮食品种,由省级政府根据当地口粮消费习惯和种植习惯以及当地粮食库存实际情况合理确定。各地可根据退耕户需要供应成品粮。对供应给退耕还林农户的粮食必须进行认真检验,补助粮食必须达到国家规定的质量标准。凡不符合口粮标准的,不得供应给退耕农户。

(十五)按报账制办法发放补助粮食。退耕还林第一年,粮食补助可分两次兑付。第一次在完成整地并经县级人民政府指定的主管部门检查验收后,可以预先兑付部分补助粮;第二次待退耕还林成活率验收合格后再兑现补助粮余额。每次兑现补助粮的数量由地方政府确定。以后每年要及时对退耕农户的幼林抚育、管护进行验收,验收合格的要及时发放验收卡,农户凭验收卡到粮食供应点领粮。承担粮食供应任务的企业要根据县级人民政府指定的主管部门的检查验收凭证,按国家确定的补助标准,向退耕户发放粮食。有关补助费用的结算办法,由省级财政部门会同粮食部门和农业发展银行进一步修改完善。

五、必须做到种苗先行,保障种苗供给

(十六)国家向退耕户提供种苗和造林费补助。退耕还林、宜林荒山荒地造林的种苗和造林费补助款由国家提供,国家计委在年度计划中安排。种苗和造林费补助标准按退耕地和宜林荒山荒地造林每亩50元计算。尚未承包到户及休耕的坡耕地,不纳入退耕还林兑现钱粮补助政策的范围,但可作宜林荒山荒地造林,按每亩50元标准给予种苗和造林费补助。干旱、半干旱地区若遇连年干旱等特大自然灾害确需补植或重新造林的,经国家林业局核实后,国家酌情给予补助。

退耕还林种苗和造林补助费发放方式,由各省根据实际情况确定。在尊重退耕农户意愿的前提下,退耕农户与种苗供应方签订书面合同,并在造林验收后,由种苗供应单位与退耕农户结算种苗补助费。任何单位和个人不得为退耕农户指定种苗供应商。种苗和造林补助费,只能用于种苗、造林补助和封育管护等支出,不得挪作他用。

(十七)种苗的数量充足、质量优良、品种对路,是实施退耕还林的必要前提和基础条件,必须先行建设,超前准备。各地区和各有关部门要提前做好种苗的生产培育,组织好种苗的供应。

(十八)林业主管部门负责做好种苗建设规划,切实抓好种苗和采种基地建设。种苗生产供应要从实际出发,采取多种形式,走产业化经营的路子,积极鼓励农户育苗,促进农业结构调整和农民增收,要发挥国有苗圃龙头企业作用,组织和带动农民发展苗木产业,扩大种苗生产能力。

(十九)林业主管部门要负责提供种苗调运、栽培管理方面的技术指导和技术服务,加强种苗质量和疫病检验检测工作,确保种苗供应单位和育苗专业户按规定的树种、数量、质量提供退耕还林所需的合格种苗。

(二十)有关部门要加强种苗市场、价格的规范管理和监督检查。对生产、销售的种苗必须有林业部门出具的标签、质量检验证和检疫证，凡是不具备"一签两证"的种苗，不准进入市场。坚决制止垄断经营种苗和哄抬种苗价格的行为，严厉打击种苗销售中的不法行为，维护农民合法权益。

六、落实退耕还林各项配套措施，巩固退耕还林建设成果

（二十一）关于退耕地还林的农业税征收减免政策。凡退耕地属于农业计税土地，自退耕之年起，对补助粮达到原常年产量的，国家扣除农业税部分后再将补助粮发放给农民；补助粮食标准未达到常年产量的，相应调减农业税，合理减少扣除数量。退耕之前的常年产量，按土地退耕前五年的常年产量平均计算。补助给农民的现金不计入补助粮食标准。退耕地原来不是农业税计税土地的，无论原来产量多少，都不得从补助粮食中扣除农业税。

农业税征收机关要按照退耕的农业税计税土地常年产量和当地补助粮食标准确定退耕土地应征收的农业税税额，并通知补助粮食发放单位从补助粮食中代扣农业税。退耕地的农业税只能从补助粮食中扣除，不得向农民征收。在停止粮食补助的年度，同时停止扣除农业税。

实施退耕还林的县，其农业税收入减收部分，由中央财政以转移支付的方式给予适当补助。

（二十二）为了加强生态保护和建设，要结合退耕还林工程开展生态移民、封山绿化。对居住在生态地位重要、生态环境脆弱、已丧失基本生存条件地区的人口实行生态移民。对迁出区内的耕地全部退耕、草地全部封育，实行封山育林育草，恢复林草植被。中央对生态移民生产生活设施建设给予补助。地方政府要搞好迁入地的生产生活设施建设，对生态移民的农户给予妥善安排，解决好他们的生计问题。有条件的地方，要把生态移民与小城镇建设结合起来。

（二十三）为保护好现有植被，巩固生态环境建设成果，各地区要结合退耕还林及天然林资源保护工程的实施，积极开展农村能源建设，从各地实际出发，大力发展沼气、小水电、太阳能、风能以及营造薪炭林等。沼气池建设要逐步标准化、规范化，走产业化发展道路。中央对农村能源建设给予适当补助。

（二十四）退耕还林后必须实行封山禁牧、舍饲圈养。退耕还林的农户，要保证造林的成活率、保存率，管护好林地和草地不受破坏。要彻底改变牲畜饲养方式，实行舍饲圈养，严禁牲畜对林草植被的破坏。要根据当地的实际情况，制定切实可行的管理办法，加大执法力度。禁止采集发菜、滥挖甘草等人为破坏林草植被行为。

（二十五）加强川地、缓坡耕地的农田基本建设，提高粮食单产，解除农民退耕后吃粮的后顾之忧，扩大陡坡耕地的退耕空间，切实做到"树上山，粮下川"。实施退耕还林的地区，要将扶贫开发、农业综合开发、水土保持、生态环境综合治理等不同渠道的资金统筹安排，综合使用。

（二十六）退耕还林的地区，要结合生态建设，大力调整农村产业结构，发展龙头企业和支柱产业，开辟新的生产门路。要制定优惠政策吸引企业及社会各界参与生态环境建设，积极推广"公司加农户""工厂加基地"等做法，为农产品建立稳定的市场渠道，努力增加农民收入。

七、加强组织领导和监督检查，确保退耕还林工作顺利进行

（二十七）退耕还林是一项十分复杂的系统工程，广大干部特别是基层干部必须切实转变作风，深入基层，不折不扣地贯彻落实国家有关退耕还林的政策，组织群众做好退耕还林工作，要加强监督检查，务必注重实效，反对形式主义，及时发现和解决存在的问题。

（二十八）要进一步提高认识，统一思想。各级领导干部要进一步提高对退耕还林重大意义的认识，本着实事求是、因地制宜的原则，正确处理好生态效益与经济效益的关系，当前与长远的关系，真正把退耕还林这项"功在当代，利在千秋"的大事抓紧抓好。

（二十九）退耕还林实行"目标、任务、资金、粮食、责任"五到省，省级政府对工程负总责。各省级政府须确定一位省级领导同志具体负责，并认真组织实施好退耕还林工作。各级政府要切实把退耕还林工作列入重要议事日程，加强领导，及时研究解决实施中的重大问题。各省级政府要层层落实工程建设的目标和责任，层层签订责任状，并认真进行检查和考核。

（三十）各省西部开发办和计划、财政、林业、粮食等部门，要在本级政府的统一领导下，按照各自的职能分工，各司其职、各负其责，密切配合，充分发挥部门优势，共同做好工作。

（三十一）退耕还林工程的规划、作业设计等前期工作费用和科技支撑费用，国家给予适当补助，由国家计委根据工程建设情况在年度计划中安排。前期工作费用和科技支撑费用的有关管理办法，由国务院有关部门另行制定。

退耕还林地方所需检查验收、兑现等费用由地方承担，国家有关部门的核查经费由中央承担。

（三十二）各省级政府、各县级政府要认真组织好县级自查、省级抽查工作，县级验收结果作为补助政策兑现的直接依据。有关部门要加强对退耕还林补助资金拨付、使用情况的监督检查，特别是要充分发挥审计等监督部门的作用。退耕还林粮食、现金补助兑现情况，要纳入乡村政务公开的内容，张榜公布，接受群众监督，防止冒领、杜绝贪污。要建立退耕还林举报制度，公布举报电话、设立举报箱，接受社会监督。对违法违纪现象，一经核实，要按照有关规定对责任人做出处罚，并奖励举报有功人员。

（三十三）本意见所称退耕还林，包括退耕地还林、还草、还湖和相应的宜林荒山荒地造林。本意见由国务院西部地区开发领导小组办公室负责解释。国务院有关部门按照职能分工，在本部门主管范围内，根据实际需要进一步制定具体实施意见。

退耕还林工程现金补助资金管理办法

国家林业局退耕还林办公室

财政部　财农〔2002〕156号（2002年11月6日）

国家林业局政府网11月2日讯

第一条　为加强退耕还林工程现金补助资金（以下简称现金补助）的管理，提高现金补助的使用效益，保障退耕还林工程顺利实施，根据有关法律、法规和国务院关于实施退耕还林工程的文件精神，制定本办法。

第二条　现金补助是指中央财政安排的用于退耕农户退耕后维持医疗、教育、日常生活等必要开支的专项补助资金。

第三条　现金补助标准为每亩退耕地每年补助20元。现金补助年限，还生态林补助8年，还经济林补助5年，还草补助2年。1999—2001年还草补助年限按国务院批准的有关政策执行。

第四条　地方向中央财政申请现金补助，由省级林业主管部门，根据国家下达的退耕还林计划任务，编制年度资金申请报告，报送省级财政部门审核，省级财政部门审核后于每年3月底以前向财政部申报。资金申请报告包括当年退耕还林计划任务、工程进度、现金补助预算安排等方面的内容。

中央直属实施单位向中央财政申请现金补助，由中央有关部门，根据国家下达的退耕还林计划任务，编制年度资金申请报告，于每年3月底以前向财政部申报。

第五条　中央财政补助地方的现金补助，由财政部根据退耕还林计划任务落实情况、工程进展情况和省级财政部门上报的资金申请报告,审核并下拨省级财政部门。

中央直属实施单位的现金补助,由财政部根据退耕还林计划任务落实情况、工程进展情况和资金申请报告,核拨给中央有关部门,中央有关部门再拨付所属实施单位。如果中央有关部门已纳入财政国库管理制度改革试点范围,由中央财政直接支付或授权支付到项目实施单位。

第六条　省级财政部门会同省级林业主管部门,对中央财政下拨的现金补助,按照规定的预算级次和程序拨付资金。

第七条　退耕还林实施单位可向退耕户一次性发放年度现金补助,并实行按户建卡制(登记卡、检查验收卡制),退耕户凭卡领取现金。

第八条　各级财政部门要对现金补助使用情况进行总结。省级财政部门应于每年3月底以前将上年度现金补助使用管理情况总结报送财政部。

第九条　各级财政部门和林业主管部门要加强对现金补助的监督检查,确保现金补助足额发放给退耕农户。

第十条　任何单位或个人不得从发放给退耕户的现金补助中抵扣有关税费。不得截留、挤占、挪用现金补助。

第十一条　实施单位要建立健全内部稽查制度和内部控制制度,加强日常财务监督。要积极配合财政、审计等部门的监督检查、审计工作,如实提供会计凭证、账簿、财务会计报告和其他会计资料及有关情况。

第十二条　京津风沙源治理工程的退耕还林现金补助资金的管理,依照本办法执行。

第十三条　各省(自治区、直辖市)财政部门可根据本办法制定实施细则,并报财政部备案。

第十四条　本办法自2003年1月1日起实施。其他有关退耕还林现金补助的规定与本办法不一致的,以本办法为准。

退耕还林条例

国家林业局退耕还林办公室

·中华人民共和国国务院令(第367号)

(2002年12月6日国务院66次常务会议通过,自2003年1月20日起施行)

(2002年12月14日)

国家林业局政府网11月1日讯

第一章　总　　则

第一条　为了规范退耕还林活动,保护退耕还林者的合法权益,巩固退耕还林成果,优化农村产业结构,改善生态环境,制定本条例。

第二条　国务院批准规划范围内的退耕还林活动,适用本条例。

第三条　各级人民政府应当严格执行"退耕还林、封山绿化、以粮代赈、个体承包"的政策措施。

第四条　退耕还林必须坚持生态优先。退耕还林应当与调整农村产业结构、发展农村经济、防治水土流失、保护和建设基本农田、提高粮食单产、加强农村能源建设、实施生态移民相结合。

第五条　退耕还林应当遵循下列原则:

(一)统筹规划、分步实施、突出重点、注重实效;

（二）政策引导和农民自愿退耕相结合,谁退耕、谁造林、谁经营、谁受益；

（三）遵循自然规律,因地制宜,宜林则林,宜草则草,综合治理；

（四）建设与保护并重,防止边治理边破坏；

（五）逐步改善退耕还林者的生活条件。

第六条　国务院西部开发工作机构负责退耕还林工作的综合协调,组织有关部门研究制定退耕还林有关政策、办法,组织和协调退耕还林总体规划的落实；国务院林业行政主管部门负责编制退耕还林总体规划、年度计划,主管全国退耕还林的实施工作,负责退耕还林工作的指导和监督检查；国务院发展计划部门会同有关部门负责退耕还林总体规划的审核、计划的汇总、基建年度计划的编制和综合平衡；国务院财政主管部门负责退耕还林中央财政补助资金的安排和监督管理；国务院农业行政主管部门负责已垦草场的退耕还草以及天然草场的恢复和建设有关规划、计划的编制,以及技术指导和监督检查；国务院水行政主管部门负责退耕还林还草地区小流域治理、水土保持等相关工作的技术指导和监督检查；国务院粮食行政管理部门负责粮源的协调和调剂工作。

县级以上地方人民政府林业、计划、财政、农业、水利、粮食等部门在本级人民政府的统一领导下,按照本条例和规定的职责分工,负责退耕还林的有关工作。

第七条　国家对退耕还林实行省、自治区、直辖市人民政府负责制。省、自治区、直辖市人民政府应当组织有关部门采取措施,保证退耕还林中央补助资金的专款专用,组织落实补助粮食的调运和供应,加强退耕还林的复查工作,按期完成国家下达的退耕还林任务,并逐级落实目标责任,签订责任书,实现退耕还林目标。

第八条　退耕还林实行目标责任制。

县级以上地方各级人民政府有关部门应当与退耕还林工程项目负责人和技术负责人签订责任书,明确其应当承担的责任。

第九条　国家支持退耕还林应用技术的研究和推广,提高退耕还林科学技术水平。

第十条　国务院有关部门和地方各级人民政府应当组织开展退耕还林活动的宣传教育,增强公民的生态建设和保护意识。

在退耕还林工作中做出显著成绩的单位和个人,由国务院有关部门和地方各级人民政府给予表彰和奖励。

第十一条　任何单位和个人都有权检举、控告破坏退耕还林的行为。

有关人民政府及其有关部门接到检举、控告后,应当及时处理。

第十二条　各级审计机关应当加强对退耕还林资金和粮食补助使用情况的审计监督。

第二章　规划和计划

第十三条　退耕还林应当统筹规划。

退耕还林总体规划由国务院林业行政主管部门编制,经国务院西部开发工作机构协调、国务院发展计划部门审核后,报国务院批准实施。

省、自治区、直辖市人民政府林业行政主管部门根据退耕还林总体规划会同有关部门编制本行政区域的退耕还林规划,经本级人民政府批准,报国务院有关部门备案。

第十四条　退耕还林规划应当包括下列主要内容：

（一）范围、布局和重点；

（二）年限、目标和任务；

（三）投资测算和资金来源；

（四）效益分析和评价；

（五）保障措施。

第十五条 下列耕地应当纳入退耕还林规划，并根据生态建设需要和国家财力有计划地实施退耕还林：

（一）水土流失严重的；

（二）沙化、盐碱化、石漠化严重的；

（三）生态地位重要、粮食产量低而不稳的。

江河源头及其两侧、湖库周围的陡坡耕地以及水土流失和风沙危害严重等生态地位重要区域的耕地，应当在退耕还林规划中优先安排。

第十六条 基本农田保护范围内的耕地和生产条件较好、实际粮食产量超过国家退耕还林补助粮食标准并且不会造成水土流失的耕地，不得纳入退耕还林规划；但是，因生态建设特殊需要，经国务院批准并依照有关法律、行政法规规定的程序调整基本农田保护范围后，可以纳入退耕还林规划。

制订退耕还林规划时，应当考虑退耕农民长期的生计需要。

第十七条 退耕还林规划应当与国民经济和社会发展规划、农村经济发展总体规划、土地利用总体规划相衔接，与环境保护、水土保持、防沙治沙等规划相协调。

第十八条 退耕还林必须依照经批准的规划进行。未经原批准机关同意，不得擅自调整退耕还林规划。

第十九条 省、自治区、直辖市人民政府林业行政主管部门根据退耕还林规划，会同有关部门编制本行政区域下一年度退耕还林计划建议，由本级人民政府发展计划部门审核，并经本级人民政府批准后，于每年8月31日前报国务院西部开发工作机构、林业、发展计划等有关部门。国务院林业行政主管部门汇总编制全国退耕还林年度计划建议，经国务院西部开发工作机构协调，国务院发展计划部门审核和综合平衡，报国务院批准后，由国务院发展计划部门会同有关部门于10月31日前联合下达。

省、自治区、直辖市人民政府发展计划部门会同有关部门根据全国退耕还林年度计划，于11月30日前将本行政区域下一年度退耕还林计划分解下达到有关县（市）人民政府，并将分解下达情况报国务院有关部门备案。

第二十条 省、自治区、直辖市人民政府林业行政主管部门根据国家下达的下一年度退耕还林计划，会同有关部门编制本行政区域内的年度退耕还林实施方案，经国务院林业行政主管部门审核后，报本级人民政府批准实施。

县级人民政府林业行政主管部门可以根据批准后的省级退耕还林年度实施方案，编制本行政区域内的退耕还林年度实施方案，报本级人民政府批准后实施，并报省、自治区、直辖市人民政府林业行政主管部门备案。

第二十一条 年度退耕还林实施方案，应当包括下列主要内容：

（一）退耕还林的具体范围；

（二）生态林与经济林比例；

（三）树种选择和植被配置方式；

（四）造林模式；

（五）种苗供应方式；

（六）植被管护和配套保障措施；

（七）项目和技术负责人。

第二十二条　县级人民政府林业行政主管部门应当根据年度退耕还林实施方案组织专业人员或者有资质的设计单位编制乡镇作业设计，把实施方案确定的内容落实到具体地块和土地承包经营权人。

编制作业设计时，干旱、半干旱地区应当以种植耐旱灌木（草）、恢复原有植被为主；以间作方式植树种草的，应当间作多年生植物，主要林木的初植密度应当符合国家规定的标准。

第二十三条　退耕土地还林营造的生态林面积，以县为单位核算，不得低于退耕土地还林面积的80%。

退耕还林营造的生态林，由县级以上地方人民政府林业行政主管部门根据国务院林业行政主管部门制定的标准认定。

第三章　造林、管护与检查验收

第二十四条　县级人民政府或者其委托的乡级人民政府应当与有退耕还林任务的土地承包经营权人签订退耕还林合同。

退耕还林合同应当包括下列主要内容：

（一）退耕土地还林范围、面积和宜林荒山荒地造林范围、面积；

（二）按照作业设计确定的退耕还林方式；

（三）造林成活率及其保存率；

（四）管护责任；

（五）资金和粮食的补助标准、期限和给付方式；

（六）技术指导、技术服务的方式和内容；

（七）种苗来源和供应方式；

（八）违约责任；

（九）合同履行期限。

退耕还林合同的内容不得与本条例以及国家其他有关退耕还林的规定相抵触。

第二十五条　退耕还林需要的种苗，可以由县级人民政府根据本地区实际组织集中采购，也可以由退耕还林者自行采购。集中采购的，应当征求退耕还林者的意见，并采用公开竞价方式，签订书面合同，超过国家种苗造林补助费标准的，不得向退耕还林者强行收取超出部分的费用。

任何单位和个人不得为退耕还林者指定种苗供应商。

禁止垄断经营种苗和哄抬种苗价格。

第二十六条　退耕还林所用种苗应当就地培育、就近调剂，优先选用乡土树种和抗逆性强树种的良种壮苗。

第二十七条　林业、农业行政主管部门应当加强种苗培育的技术指导和服务的管理工作，保证种苗质量。

销售、供应的退耕还林种苗应当经县级人民政府林业、农业行政主管部门检验合格，并附具标签和质量检验合格证；跨县调运的，还应当依法取得检疫合格证。

第二十八条 省、自治区、直辖市人民政府应当根据本行政区域的退耕还林规划,加强种苗生产与采种基地的建设。

国家鼓励企业和个人采取多种形式培育种苗,开展产业化经营。

第二十九条 退耕还林者应当按照作业设计和合同的要求植树种草。

禁止林粮间作和破坏原有林草植被的行为。

第三十条 退耕还林者在享受资金和粮食补助期间,应当按照作业设计和合同的要求在宜林荒山荒地造林。

第三十一条 县级人民政府应当建立退耕还林植被管护制度,落实管护责任。

退耕还林者应当履行管护义务。

禁止在退耕还林项目实施范围内复耕和从事滥采、乱挖等破坏地表植被的活动。

第三十二条 地方各级人民政府及其有关部门应当组织技术推广单位或者技术人员,为退耕还林提供技术指导和技术服务。

第三十三条 县级人民政府林业行政主管部门应当按照国务院林业行政主管部门制定的检查验收标准和办法,对退耕还林建设项目进行检查验收,经验收合格的,方可发给验收合格证明。

第三十四条 省、自治区、直辖市人民政府应当对县级退耕还林检查验收结果进行复查,并根据复查结果对县级人民政府和有关责任人员进行奖惩。

国务院林业行政主管部门应当对省级复查结果进行核查,并将核查结果上报国务院。

第四章 资金和粮食补助

第三十五条 国家按照核定的退耕还林实际面积,向土地承包经营权人提供补助粮食、种苗造林补助费和生活补助费。具体补助标准和补助年限按照国务院有关规定执行。

第三十六条 尚未承包到户和休耕的坡耕地退耕还林的,以及纳入退耕还林规划的宜林荒山荒地造林,只享受种苗造林补助费。

第三十七条 种苗造林补助费和生活补助费由国务院计划、财政、林业部门按照有关规定及时下达、核拨。

第三十八条 补助粮食应当就近调运,减少供应环节,降低供应成本。粮食补助费按照国家有关政策处理。

粮食调运费用由地方财政承担,不得向供应补助粮食的企业和退耕还林者分摊。

第三十九条 省、自治区、直辖市人民政府应当根据当地口粮消费习惯和农作物种植习惯以及当地粮食库存实际情况合理确定补助粮食的品种。

补助粮食必须达到国家规定的质量标准。不符合国家质量标准的,不得供应给退耕还林者。

第四十条 退耕土地还林的第一年,该年度补助粮食可以分两次兑付,每次兑付的数量由省、自治区、直辖市人民政府确定。

从退耕土地还林第二年起,在规定的补助期限内,县级人民政府应当组织有关部门和单位及时向持有验收合格证明的退耕还林者一次兑付该年度补助粮食。

第四十一条 兑付的补助粮食,不得折算成现金或者代金券。供应补助粮食的企业不得回购退耕还林补助粮食。

第四十二条 种苗造林补助费应当用于种苗采购,节余部分可以用于造林补助和封育管护。

退耕还林者自行采购种苗的,县级人民政府或者其委托的乡级人民政府应当在退耕还林合同生效时一次付清种苗造林补助费。

集中采购种苗的,退耕还林验收合格后,种苗采购单位应当与退耕还林者结算种苗造林补助费。

第四十三条 退耕土地还林后,在规定的补助期限内,县级人民政府应当组织有关部门及时向持有验收合格证明的退耕还林者一次付清该年度生活补助费。

第四十四条 退耕还林资金实行专户存储、专款专用,任何单位和个人不得挤占、截留、挪用和克扣。

任何单位和个人不得弄虚作假、虚报冒领补助资金和粮食。

第四十五条 退耕还林所需前期工作和科技支撑等费用,国家按照退耕还林基本建设投资的一定比例给予补助,由国务院发展计划部门根据工程情况在年度计划中安排。

退耕还林地方所需检查验收、兑付等费用,由地方财政承担。中央有关部门所需核查等费用,由中央财政承担。

第四十六条 实施退耕还林的乡(镇)、村应当建立退耕还林公示制度,将退耕还林者的退耕还林面积、造林树种、成活率以及资金和粮食补助发放等情况进行公示。

第五章 其他保障措施

第四十七条 国家保护退耕还林者享有退耕土地上的林木(草)所有权。自行退耕还林的,土地承包经营权人享有退耕土地上的林木(草)所有权;委托他人还林或者与他人合作还林的,退耕土地上的林木(草)所有权由合同约定。

退耕土地还林后,由县级以上人民政府依照森林法、草原法的有关规定发放林(草)权属证书,确认所有权和使用权,并依法办理土地变更登记手续。土地承包经营合同应当作相应调整。

第四十八条 退耕土地还林后的承包经营权期限可以延长到70年。承包经营权到期后,土地承包经营权人可以依照有关法律、法规的规定继续承包。

退耕还林土地和荒山荒地造林后的承包经营权可以依法继承、转让。

第四十九条 退耕还林者按照国家有关规定享受税收优惠,其中退耕还林(草)所取得的农业特产收入,依照国家规定免征农业特产税。

退耕还林的县(市)农业税收因灾减收部分,由上级财政以转移支付的方式给予适当补助;确有困难的,经国务院批准,由中央财政以转移支付的方式给予适当补助。

第五十条 资金和粮食补助期满后,在不破坏整体生态功能的前提下,经有关主管部门批准,退耕还林者可以依法对其所有的林木进行采伐。

第五十一条 地方各级人民政府应当加强基本农田和农业基础设施建设,增加投入,改良土壤,改造坡耕地,提高地力和单位粮食产量,解决退耕还林者的长期口粮需求。

第五十二条 地方各级人民政府应当根据实际情况加强沼气、小水电、太阳能、风能等农村能源建设,解决退耕还林者对能源的需求。

第五十三条 地方各级人民政府应当调整农村产业结构,扶持龙头企业,发展支柱产业,开辟就业门路,增加农民收入,加快小城镇建设,促进农业人口逐步向城镇转移。

第五十四条 国家鼓励在退耕还林过程中实行生态移民,并对生态移民农户的生产、生活设施给予适当补助。

第五十五条 退耕还林后,有关地方人民政府应当采取封山禁牧、舍饲圈养等措施,保护退耕还林成果。

第五十六条　退耕还林应当与扶贫开发、农业综合开发和水土保持等政策措施相结合,对不同性质的项目资金应当在专款专用的前提下统筹安排,提高资金使用效益。

第六章　法　律　责　任

第五十七条　国家工作人员在退耕还林活动中违反本条例的规定,有下列行为之一的,依照刑法关于贪污罪、受贿罪、挪用公款罪或者其他罪的规定,依法追究刑事责任;尚不够刑事处罚的,依法给予行政处分:

(一)挤占、截留、挪用退耕还林资金或者克扣补助粮食的;

(二)弄虚作假、虚报冒领补助资金和粮食的;

(三)利用职务上的便利收受他人财物或者其他好处的。

国家工作人员以外的其他人员有前款第(二)项行为的,依照刑法关于诈骗罪或者其他罪的规定,依法追究刑事责任;尚不够刑事处罚的,由县级以上人民政府林业行政主管部门责令退回所冒领的补助资金和粮食,处以冒领资金额2倍以上5倍以下罚款。

第五十八条　国家机关工作人员在退耕还林活动中违反本条例的规定,有下列行为之一的,由其所在单位或者上一级主管部门责令限期改正,退还分摊的和多收取的费用,对直接负责的主管人员和其他直接责任人员,依照刑法关于滥用职权罪、玩忽职守罪或者其他罪的规定,依法追究刑事责任;尚不够刑事处罚的,依法给予行政处分:

(一)未及时处理有关破坏退耕还林活动的检举、控告的;

(二)向供应补助粮食的企业和退耕还林者分摊粮食调运费用的;

(三)不及时向持有验收合格证明的退耕还林者发放补助粮食和生活补助费的;

(四)在退耕还林合同生效时,对自行采购种苗的退耕还林者未一次付清种苗造林补助费的;

(五)集中采购种苗的,在退耕还林验收合格后,未与退耕还林者结算种苗造林补助费的;

(六)集中采购的种苗不合格的;

(七)集中采购种苗的,向退耕还林者强行收取超出国家规定种苗造林补助费标准的种苗费的;

(八)为退耕还林者指定种苗供应商的;

(九)批准粮食企业向退耕还林者供应不符合国家质量标准的补助粮食或者将补助粮食折算成现金、代金券支付的;

(十)其他不依照本条例规定履行职责的。

第五十九条　采用不正当手段垄断种苗市场,或者哄抬种苗价格的,依照刑法关于非法经营罪、强迫交易罪或者其他罪的规定,依法追究刑事责任;尚不够刑事处罚的,由工商行政管理机关依照反不正当竞争法的规定处理;反不正当竞争法未作规定的,由工商行政管理机关处以非法经营额2倍以上5倍以下的罚款。

第六十条　销售、供应未经检验合格的种苗或者未附具标签、质量检验合格证、检疫合格证的种苗的,依照刑法关于生产、销售伪劣种子罪或者其他罪的规定,依法追究刑事责任;尚不够刑事处罚的,由县级以上人民政府林业、农业行政主管部门或者工商行政管理机关依照种子法的规定处理;种子法未作规定的,由县级以上人民政府林业、农业行政主管部门依据职权处以非法经营额2倍以上5倍以下的罚款。

第六十一条　供应补助粮食的企业向退耕还林者供应不符合国家质量标准的补助粮食的,由县级以上人民政府粮食行政管理部门责令限期改正,可以处非法供应的补助粮食数量乘以标准口粮单价1倍以下的罚款。

供应补助粮食的企业将补助粮食折算成现金或者代金券支付的,或者回购补助粮食的,由县级以上人民政府粮食行政管理部门责令限期改正,可以处折算现金额、代金券额或者回购粮食价款1倍以下的罚款。

第六十二条　退耕还林者擅自复耕,或者林粮间作、在退耕还林项目实施范围内从事滥采、乱挖等破坏地表植被的活动的,依照刑法关于非法占用农用地罪、滥伐林木罪或者其他罪的规定,依法追究刑事责任;尚不够刑事处罚的,由县级以上人民政府林业、农业、水利行政主管部门依照森林法、草原法、水土保持法的规定处罚。

第七章　附　　则

第六十三条　已垦草场退耕还草和天然草场恢复与建设的具体实施,依照草原法和国务院有关规定执行。

退耕还林还草地区小流域治理、水土保持等相关工作的具体实施,依照水土保持法和国务院有关规定执行。

第六十四条　国务院批准的规划范围外的土地,地方各级人民政府决定实施退耕还林的,不享受本条例规定的中央政策补助。

第六十五条　本条例自2003年1月20日起施行。

国务院办公厅关于完善退耕还林粮食补助办法的通知

国家林业局退耕还林办公室

国务院办公厅　国办发〔2004〕34号（2004年4月13日）

国家林业局政府网11月1日讯　各省、自治区、直辖市人民政府,国务院有关部门:

为了更好地贯彻落实国务院关于退耕还林的政策,保证退耕还林健康顺利进行,经国务院批准,现就完善退耕还林粮食补助办法有关问题通知如下:

一、坚持退耕还林的方针政策,国家无偿向退耕户提供粮食补助的标准不变。从今年起,原则上将向退耕户补助的粮食改为现金补助。中央按每公斤粮食（原粮）1.40元计算,包干给各省、自治区、直辖市。具体补助标准和兑现办法,由省级人民政府根据当地实际情况确定。

二、向退耕户继续提供粮食补助的,由省级人民政府仍按原办法组织粮食供应,兑现到户,粮食调运费用继续由地方财政承担。

三、退耕还林补助资金要专户存储,专款专用。任何单位和个人不得挤占、截留、挪用和克扣,不得弄虚作假、虚报冒领补助资金。要加大对违法违纪行为的查处力度。中央补助资金的具体管理办法由财政部制定,另行下发。

四、地方各级人民政府要深入细致地做好有关工作,安排好群众的生产生活。加强基本农田建设,提高退耕户粮食自给能力,保证粮食市场供应,防止毁林复耕。

五、加强检查验收工作,认真落实和兑现补助政策。退耕还林的面积、补助资金的数额,都要严格登记造册,张榜公布,认真接受群众监督,做到公开、公正、公平。

国务院关于完善退耕还林政策的通知

国发〔2007〕25号

各省、自治区、直辖市人民政府，国务院各部委、各直属机构：

实施退耕还林是党中央、国务院为改善生态环境作出的重大决策，受到了广大农民的拥护和支持。自1999年开始试点以来，工程进展总体顺利，成效显著，加快了国土绿化进程，增加了林草植被，水土流失和风沙危害强度减轻；退耕还林（含草，下同）对农户的直补政策深得人心，粮食和生活费补助已成为退耕农户收入的重要组成部分，退耕农户生活得到改善。但是，由于解决退耕农户长远生计问题的长效机制尚未建立，随着退耕还林政策补助陆续到期，部分退耕农户生计将出现困难。为此，国务院决定完善退耕还林政策，继续对退耕农户给予适当补助，以巩固退耕还林成果、解决退耕农户生活困难和长远生计问题。现就有关政策通知如下：

一、指导思想、目标任务和基本原则

（一）指导思想。以邓小平理论和"三个代表"重要思想为指导，坚持以人为本，全面贯彻落实科学发展观，采取综合措施，加大扶持力度，进一步改善退耕农户生产生活条件，逐步建立起促进生态改善、农民增收和经济发展的长效机制，巩固退耕还林成果，促进退耕还林地区经济社会可持续发展。

（二）目标任务。一是确保退耕还林成果切实得到巩固。加强林木后期管护，搞好补植补造，提高造林成活率和保存率，杜绝砍树复耕现象发生。二是确保退耕农户长远生计得到有效解决。通过加大基本口粮田建设力度、加强农村能源建设、继续推进生态移民等措施，从根本上解决退耕农户吃饭、烧柴、增收等当前和长远生活问题。

（三）基本原则。坚持巩固退耕还林成果与解决退耕农户长远生计相结合；坚持国家支持与退耕农户自力更生相结合；坚持中央制定统一的基本政策与省级人民政府负总责相结合。

二、政策内容

（四）继续对退耕农户直接补助。现行退耕还林粮食和生活费补助期满后，中央财政安排资金，继续对退耕农户给予适当的现金补助，解决退耕农户当前生活困难。补助标准为：长江流域及南方地区每亩退耕地每年补助现金105元；黄河流域及北方地区每亩退耕地每年补助现金70元。原每亩退耕地每年20元生活补助费，继续直接补助给退耕农户，并与管护任务挂钩。补助期为：还生态林补助8年，还经济林补助5年，还草补助2年。根据验收结果，兑现补助资金。各地可结合本地实际，在国家规定的补助标准基础上，再适当提高补助标准。凡2006年底前退耕还林粮食和生活费补助政策已经期满的，要从2007年起发放补助；2007年以后到期的，从次年起发放补助。

（五）建立巩固退耕还林成果专项资金。为集中力量解决影响退耕农户长远生计的突出问题，中央财政安排一定规模资金，作为巩固退耕还林成果专项资金，主要用于西部地区、京津风沙源治理区和享受西部地区政策的中部地区退耕农户的基本口粮田建设、农村能源建设、生态移民以及补植补造，并向特殊困难地区倾斜。

中央财政按照退耕地还林面积核定各省（区、市）巩固退耕还林成果专项资金总量，并从2008年起按8年集中安排，逐年下达，包干到省。专项资金要实行专户管理，专款专用，并与原有国家各项扶持资金统筹使用。具体使用和管理办法由财政部会同发展改革委、西部开发办、农业部、林业局等部门制定,报国务院批准。

三、配套措施

(六)加大基本口粮田建设力度。建设基本口粮田是解决退耕农户长远生计、巩固退耕还林成果的关键。要加大力度,力争用5年时间,实现具备条件的西南地区退耕农户人均不低于0.5亩、西北地区人均不低于2亩高产稳产基本口粮田的目标。对基本口粮田建设,中央安排预算内基本建设投资和巩固退耕还林成果专项资金给予补助,西南地区每亩补助600元,西北地区每亩补助400元。退耕还林有关地区要加大投入力度,加强基本口粮田建设。

(七)加强农村能源建设。各地要从实际出发,因地制宜,以农村沼气建设为重点、多能互补,加强节柴灶、太阳灶建设,适当发展小水电。采取中央补助、地方配套和农民自筹相结合的方式,搞好退耕还林地区的农村能源建设。

(八)继续推进生态移民。对居住地基本不具备生存条件的特困人口,实行易地搬迁。对西部一些经济发展明显落后,少数民族人口较多,生态位置重要的贫困地区,巩固退耕还林成果专项资金要给予重点支持。

(九)继续扶持退耕还林地区。中央有关预算内基本建设投资和支农惠农财政资金要继续按原计划安排,统筹协调,保证相关资金能够整合使用。鼓励退耕农户和社会力量投资巩固退耕还林成果建设,允许退耕农户投资投劳兴建直接受益的生产生活设施。

(十)调整退耕还林规划。为确保"十一五"期间耕地不少于18亿亩,原定"十一五"期间退耕还林2 000万亩的规模,除2006年已安排400万亩外,其余暂不安排。国务院有关部门要进一步摸清25°以上坡耕地的实际情况,在深入调查研究、认真总结经验的基础上,实事求是地制订退耕还林工程建设规划。

(十一)继续安排荒山造林计划。为加快国土绿化进程,推进生态建设,今后仍继续安排荒山造林、封山育林。继续按原渠道安排种苗造林补助资金,并视情况适当提高补助标准。在安排荒山造林任务的同时,地方政府要负责安排好补植补造、抚育管理、病虫害防治和工程管理等工作,并安排相应经费。在不破坏植被、造成新的水土流失的前提下,允许农民间种豆类等矮秆农作物,以耕促抚、以耕促管。

四、组织实施

(十二)加强领导,落实责任。省级人民政府要对本地区巩固退耕还林成果、解决退耕农户长远生计工作负总责,坚持目标、任务、资金、责任"四到省"原则。市、县、乡要层层落实巩固成果的目标和责任,逐乡、逐村、逐户地狠抓落实。

(十三)科学规划,统筹安排。有关省级人民政府要制订切实可行的巩固退耕还林成果专项规划,重点包括退耕地区基本口粮田建设规划、农村能源建设规划、生态移民规划、农户接续产业发展规划等,并安排必要的退耕还林工作经费。规划要综合考虑还林的经营管理措施和退耕农户近期生计及长远发展配套项目,坚持因地制宜,突出重点,远近结合,综合整治,并与当地新农村建设规划等各专项规划相衔接。规划报发展改革委会同西部开发办、财政部、农业部、林业局等有关部门审批。经批准的规划作为安排年度项目和巩固退耕还林成果专项资金的前提和依据。退耕还林工作经费安排方案要随专项规划一并上报。

(十四)强化监督,严格检查。地方各级人民政府要认真落实政策,严肃工作纪律,严格核实退耕还林面积,严格资金支出管理,严禁弄虚作假骗取和截留挪用对农户的补助资金及专项资金。对于不认真执行中央政策的,根据问题性质和情节轻重,依法追究有关责任人员特别是地方人民政府负责人的责任。各级监察、审计部门要加强监督检查。

（十五）健全机制，加强协调。建立巩固退耕还林成果部际联席会议制度，协调巩固退耕还林成果有关工作。有关部门要按照规划要求，各司其职，各负其责，加强沟通，协同配合，形成合力，确保退耕还林成果切实得到巩固，退耕农户长远生计得到有效解决。

退耕还林工程涉及亿万农民，把这一项荫及子孙、惠及万民的工程建设好、巩固好、发展好，需要地方各级人民政府和全社会的共同努力。地方各级人民政府要从事关我国生态安全、全面建设小康社会和构建社会主义和谐社会的高度，充分认识巩固退耕还林成果的重要性和紧迫性，采取有力措施，确保政策落到实处，取得实效。

国务院

2007年8月9日

参 考 文 献

[1] 王礼先.水土保持学[M].北京:中国林业出版社,2005.
[2] 慧怡安.陕北黄土丘陵沟壑区农村聚落发展及其优化研究[D].西安:西北大学,2010.
[3] 岳大鹏.陕北黄土高原多沙粗沙区乡村聚落发展与土壤侵蚀研究[D].西安:陕西师范大学,2005.
[4] 朱平.乡村聚落的发展与保护[J].地理教育,2005(2):21-22.
[5] 张秋良.退耕还林与区域可持续发展的研究[D].北京:北京林业大学,2003.
[6] 陈迎.可持续发展指标体系与国际比较研究[J].世界经济,1997(6):62-68.
[7] 贾卫国.退耕还林政策的可持续性研究[D].南京:南京林业大学,2005.
[8] 杨先斌.退耕还林政策的可持续性研究[D].重庆:重庆大学,2007.
[9] 杜英.黄土丘陵区退耕还林生态系统耦合效应研究——以安塞县为例[D].杨凌:西北农林科技大学,2008.
[10] 陈源泉,高旺盛.基于农业生态服务价值的农业绿色GDP核算——以安塞县为例[J].生态学报,2007,27(1):250-259.
[11] 董孝斌,高旺盛,严茂超.基于能值理论的农牧交错带两个典型县域生态经济系统的耦合效应分析[J].农业工程学报,2005,21(11):1-6.
[12] 刘梦云,寇宝平,常庆瑞,等.安塞小流域土壤养分分布特征研究[J].西北农林科技大学学报(自然科学版),2002,30(6):21-24.
[13] 张小燕,杨改河,陈宏.陕西安塞县农业地域资源优势及开发[J].西北农林科技大学学报(自然科学版),2002,30(6):25-29.
[14] 安塞县林业局退耕办.安塞县退耕还林调查工作情况报告[R].2006.
[15] 王闰平,陈凯.中国退耕还林还草现状及问题分析[J].水土保持研究,2006,13(5):188-192.
[16] 惠怡安,徐明.陕北丘陵沟壑区生态修复与农村聚落耦合发展初探[J].水土保持通报,2010,30(2):83-86.
[17] 郭晓东,马利邦,等.陇中黄土丘陵区乡村聚落空间分布特征及其基本类型分析[J].地理科学,2013,33(1):45-50.
[18] 王瑾瑜,赵玉凤.丘陵沟壑地区农村聚落建设基本形制的宏观研究[J].山西建筑,2009,35(29):57-58.
[19] 周道玮,盛连喜,吴正方,等.乡村生态学概论[J].应用生态学报,1999,10(3):369-372.
[20] 邢谷锐,徐逸伦.城市化背景下乡村聚落空间演变特征研究[J].安徽农业科学,2007,35(7):2087-2089,2159.

［21］蔡为民,唐华俊,陈佑启,等.近20年黄河三角洲典型地区农村居民点景观格局［J］.资源科学,2004,26(5):89-97.

［22］李立.乡村聚落:形态、类型与演变——以江南地区为例［M］.南京:东南大学出版社,2007.

［23］尹怀庭,陈宗兴.陕西乡村聚落分布特征与演变［J］.人文地理,1995,10(4):17-24.

［24］汤国安,赵牡丹.基于GIS的乡村聚落空间分布规律研究［J］.经济地理,2000,20(5):1-4.

［25］赵牡丹,汤国安,等.黄土丘陵沟壑区不同坡度分级系统及地面坡谱对比［J］.水土保持通报,2002,22(4):33-37.

［26］甘枝茂,岳大鹏,等.陕北黄土丘陵沟壑区乡村聚落分布及用地特征［J］.陕西师范大学学报(自然科学版),2004,3:102-106.

［27］云正明.农村庭院生态学概论［M］.石家庄:河北科学技术出版社,1989.

［28］Hudson F S. A geography of settlement［M］. London: Macdonald and Evans, 1970.

［29］王智平,安萍.村落生态系统的概念及其特征［J］.生态学杂志,1995,14(1):43-44.

［30］陈勇,陈国阶.对乡村聚落生态研究中若干基本概念的认识［J］.农村生态环境,2002,18(1):54-57.

［31］党晶晶.退耕还林政策对农村社区发展的效应研究——以榆林市榆阳区为例［D］.杨凌:西北农林科技大学,2011.

［32］哈迪斯蒂.生态人类学［M］.北京:文物出版社,2002.

［33］Schjellerup Inge, La Morada. A case study on the impact of human pressure on the environment in Ce jade Selva, Northeastern Peru［J］. Ambio, 2000, 29(7): 451-454.

［34］Saleh Mohammed Abdullah Eben. Value assessment of cultural landscape in A lckas settlement, southwestern Saudi Arabia［J］. Ambio, 2000, 29(2): 60-66.

［35］Misra M K, Dash S S. Biomass and energetics of non-timber forest resources in a cluster of tribal villages on the eastern ghats of Orissa, India［J］. Biomass & Bioenergy, 2000, 18(3): 29-247.

［36］Tripathi R S, Sah V K. Material and energy flows in high-hill, mid-hill and valley farming systems of Garhwal Hinalaya［J］. Agric Ecosyst Environ, 2001, 86(1): 75-91.

［37］Türker M F, Kaygusuz K. Socio-economic analysis of fuelwood use in a rural area of Turkey［J］. Bioresource Technology, 1995, 54(3): 285-290.

［38］Mimura Nobuo, Nunn Patrick. Trends of beach erosion and shoreline protections in Fiji［J］. Journal of Coastal Research, 1988, 14(1): 37-46.

［39］Rey Violette, Bachvarov Matin. Rural settlements in transition-agricultural and countryside crisis in the Central-Eastern Europe［J］. GeoJournal, 1998, 44(4):

345-353.

[40] 雷木·巴哈德·曼德尔,李柱臣.土地利用模式[J].地理译报,1986,5(1):52-56.

[41] 范少言,陈宗兴.试论乡村聚落空间结构的研究内容[J].经济地理,1995,15(2):44-47.

[42] Grossman D. Do we have a theory for settlement geography? –The case of Iboland[J]. Professional Geographer, 1971, 23(3): 197-203.

[43] Bunce M. Rural settlement in an urban world[M]. New York: St Martin Pr,1982.

[44] 陈国阶.西部大开发与聚落生态建设——以西南山区为例[J].农村生态环境,2001,17(2):5-8.

[45] 陈国阶,刘绍权,等.中国山区发展报告——中国山区聚落研究[M].北京:商务印书馆,2007.

[46] 陈国阶.2003中国山区发展报告[M].北京:商务印书馆,2004.

[47] Babcock B A, Ziberman D. The economics of a public fund for environment amenities–A study of CRP contracts[J]. American Journal of Agricultural Economics, 1996, 78(4): 961-971.

[48] 高海清.陕北地区退耕还林(草)可持续发展支撑体系研究[D].杨凌:西北农林科技大学,2009.

[49] 支玲.从中外退耕还林背景看我国以粮代赈目标的多样性[J].林业经济,2001(7):29-32.

[50] 张殿发,张祥华.西部地区退耕还林急需解决的问题及建议[J].中国水土保持,2001,228(3):9-11.

[51] 吴志文.对实施退耕还林(草)的问题与对策探讨[C].中国科协2001年学术年会,2001:692-693.

[52] 李世东,吴转颖.退耕还林试点若干问题的探讨[J].防护林科技,2002,51(2):65-68.

[53] 黄富祥,康慕谊,张新时.退耕还林还草过程中的经济补偿问题探讨[J].生态学报,2002,22(4):471-478.

[54] 杨明洪.退耕还林投资模式选择及评价[J].林业经济,2002(2):38-40.

[55] 罗荣桂,丁正平.外部性校正与长江上游退耕还林还草补偿机制[J].武汉理工大学学报,2003,25(7):84-87.

[56] 周普生,陈崇贵.西北地区退耕应优先还草[J].经济研究参考,2001(7):34-35.

[57] 宫渊波.对四川省退耕还林区发展果品经济林的思考[J].四川林业科技,2001,22(1):11-14.

[58] 李育材.退耕还林技术模式[M].北京:中国林业出版社,2001.

[59] 陈宝书.退耕还草技术指南[M].北京:金盾出版社,2002.

[60] 汪亚峰,李茂松,等.试论退耕还林中对坡度标准的界定[J].水土保持科技情

报,2004(6):25-27.

[61] 彭文英,张科利,李双才.黄土高原退耕还林(草)紧迫性地域分级论证[J].自然资源学报,2002,17(4):438-443.

[62] 朱芬萌,杨改河,等.陕西黄土高原地区退耕与粮食补助模式研究[J].水土保持学报,2002,16(2):115-117.

[63] 唐克丽.开发西部切入点的研究——以黄土高原生态环境建设切入点为例[J].第四纪研究,2000,20(6):504-513.

[64] 唐克丽,等.中国水土保持[M].北京:科学出版社,2004.

[65] 史念海.黄土高原历史地理研究[M].郑州:黄河水利出版社,2001.

[66] 史念海.河山集:第二集[M].北京:三联书店,1981.

[67] 魏新民.隋唐以前黄土高原生态资源环境变迁研究[J].干旱区资源与环境,2010,24(3):109-114.

[68] 郗静.陕北黄土高原退耕还林与生态环境建设研究[D].西安:西北大学,2006.

[69] 杨述河.榆林土地资源利用与评价[M].北京:中国大地出版社,2002.

[70] 刘啸.陕北多沙粗沙区水土保持与区域经济可持续发展研究[D].西安:陕西师范大学,2004.

[71] 王军.西北民居[M].北京:中国建筑工业出版社,2009.

[72] 林文棋.试论新农村建设中的规划创新[J].规划师论坛,2007,7(2):5-7.

[73] 王万斌,武国强.辉煌灿烂的陕北文化[J].学理论,2010(8):106-107.

[74] 山仑,徐炳成,杜峰,等.陕北地区不同类型植物生产力及生态适应性研究[J].水土保持通报,2004,24(1):1-7.

[75] 黄梅,李小兵,谭艺平.小城镇规划中的生态环境容量研究[J].经济地理,2005,25(4):569-570.

[76] 袁中金,等.小城镇生态规划[M].南京:东南大学出版社,2003.

[77] 徐明.陕北黄土丘陵区农村聚落建设与生态修复关系研究[D].西安:西北大学,2009.

[78] 加速造林种草改善生态环境——对繁峙县乱砍伐森林、陡坡开荒的考察报告[J].山西林业科技,1981(4):2-3.

[79] 贺建林.试论移民对生态环境与社会经济环境的影响——以湖南省涔天河水库扩建工程为例[J].云南环境科学,2000,19(3):6-8.

[80] 彭华.土壤侵蚀临界坡度研究进展[J].水土保持科技情报,2004(2):30-32.

[81] 倪文进,杨竹霜.实施坡改梯的政策措施初探[J].中国水土保持,1999,10:34-35.

[82] 靳长兴.论坡面侵蚀的临界坡度[J].地理学报,1995,50(3):234-239.

[83] Carson M A, Kirkby M J. Hill slope form and process[M]. Cambridge: Cambridge University Press, 1972.

[84] 王协康,方铎.坡面侵蚀临界坡度的研究[J].四川水力发电,2000(2):11-15.

[85] 尹国康.地貌过程界限规律的应用意义[J].泥沙研究,1984(12):26-35.

[86] 陈法扬.不同坡度对土壤冲刷量影响的实验[J].中国水土保持,1985(2):18-19.

[87] 蒋定生.黄土高原水土流失与治理模式[M].北京:中国水利水电出版社,1997.

[88] 陈永宗,景可,蔡强国.黄土高原现代侵蚀与治理[J].北京:科学出版社,1998.

[89] 王玉宽.黄土丘陵沟壑区被面径流侵蚀试验研究[J].中国水土保持,1993(7):222-224.

[90] 李世东.中国退耕还林发展阶段研究[J].世界林业研究,2003,16(1):36-41.

[91] 李世东.中外退耕还林之比较及其启示[J].世界林业研究,2002,15(2):22-27.

[92] 温亚利,陈丽蓉.退耕还林的经济理论分析[J].林业经济,2002(4):27-30.

[93] 尹华.陕西省退耕还林工程建设现状与发展对策研究[D].杨凌:西北农林科技大学,2010.

[94] 李钰.陕甘宁生态脆弱区人居环境研究[D].西安:西安建筑科技大学,2011.

[95] 邵治亮,王生宝.吴起县退耕还林(草)后续产业发展探讨[J].中国农学通报,2008,24(6):479-481.

致 谢

本书源自本人的博士学位论文，书稿的顺利付梓，是诸多学者与朋友的关爱和帮助的结果，他们给予我的帮助与启发不可估量。有感于自己力量的有限和研究的困难，那些一路上帮助过我、鼓励过我的人都该被铭记于这篇致谢，只是难免有挂一漏万之虞。

首先，衷心感谢我亲爱的导师王军教授。先生学识渊博，治学严谨，智慧过人，在我无法前行的时候一次次点亮希望的明灯；先生对学生的帮扶体谅，对社会弱势群体的慈悲之心，完全重塑了我对学术和学者的看法。在导师指导下从事的多项相关研究以及设计工作加深了我对课题的认知与体会，大年三十老师仍待在办公室里与我探讨和研究问题，谆谆教诲的温暖场景令我常常追忆感慨。

其次，本研究在硕士论文期间打下了良好的基础，特别要感谢我的硕士生导师侯卫东研究员对我的启蒙与帮助，是侯老师帮我将研究目光第一次锁定在陕北。此外，岳邦瑞教授和李煜副教授对于本研究一些观点的形成深有启发。在此谨向诸位师长表示由衷的感谢。

本书的写作离不开调研所在地各界人士的关心和帮助。感谢安塞县冯家营村侯良友全家、吴起县刘家卯村林明一家等在调研过程中热心带我参观村落。感谢安塞县退耕还林办公室苏峰副主任、卫主席，绥德县县委刘剑锋秘书安排车辆调研，感谢绥德县林业局庞局长提供数据及资料介绍……没有这些朋友的热情帮助，本书调研部分将不可能顺利完成。

本书能够顺利出版，要感谢同济大学出版社吴丽丽、刘芳编辑和中国建筑工业出版社胡毅编辑的认真负责，以及出版期间给予的帮助与建议。

最后，感谢亲人及朋友们多年来的支持、鼓励及关爱，我在遇到挫折与举步维艰时才能一次一次地重新出发：刘欣、燕宁娜、靳亦冰在我论文陷入困境时耐心地倾听与鼓励；父母、公婆在我写作过程中充分理解与关怀，帮助我分担养育儿子的重任。特别感谢丈夫马晓东先生，在我遇到写作瓶颈时暖心安慰，始终如一地全力支持我专注于研究和论文，最终保障了本书的顺利完成。

贺文敏
2019年11月14日于杭州